U0113298

"一带一路"背景下

中国企业海外并购行为研究

——巴基斯坦篇

YIDAIYILU BEIJINGXIA
ZHONGGUO QIYE HAIWAI BINGGOU XINGWEI YANJIU
BAJISITAN PIAN

池昭梅　等◎著

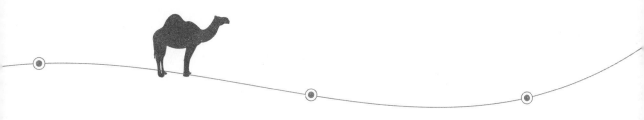

西南财经大学出版社

·成都·

图书在版编目(CIP)数据

"一带一路"背景下中国企业海外并购行为研究.巴基斯坦篇/池昭梅等著.—成都:西南财经大学出版社,2018.12

ISBN 978-7-5504-3471-4

Ⅰ.①—⋯ Ⅱ.①池⋯ Ⅲ.①企业兼并—跨国兼并—研究—中国
Ⅳ.①F279.214

中国版本图书馆 CIP 数据核字(2018)第 091022 号

"一带一路"背景下中国企业海外并购行为研究——巴基斯坦篇

池昭梅 等 著

责任编辑:李特军

助理编辑:冯雪

封面设计:墨创文化

责任印制:朱曼丽

出版发行	西南财经大学出版社(四川省成都市光华村街 55 号)
网　　址	http://www.bookcj.com
电子邮件	bookcj@foxmail.com
邮政编码	610074
电　　话	028-87352211　87352368
照　　排	四川胜翔数码印务设计有限公司
印　　刷	四川五洲彩印有限责任公司
成品尺寸	185mm×260mm
印　　张	16.5
字　　数	380 千字
版　　次	2018 年 12 月第 1 版
印　　次	2018 年 12 月第 1 次印刷
书　　号	ISBN 978-7-5504-3471-4
定　　价	92.00 元

前　言

2013 年，习近平主席首次提出建设"新丝绸之路经济带"和"21 世纪海上丝绸之路"的合作倡议；2015 年，国家发展改革委、外交部、商务部联合发布《推动共建丝绸之路经济带和 21 世纪海上丝绸之路的愿景与行动》，共建"一带一路"的时代序幕被徐徐拉开。"一带一路"倡议致力于亚欧大陆及附近海洋的互联互通，实现沿线各国多元、自主、平衡、可持续的发展。自此，中国企业在多个领域以多种方式积极展开与"一带一路"沿线国家之间的经济合作交流活动。

海外并购是中国实施"走出去"战略的重要途径之一，也是中国企业积极融入全球价值链、参与国际竞争、实现企业跨越式发展的有效手段。在 2007 年国际金融危机之后，中国海外并购不断升温。随着"一带一路"倡议的不断推进，"一带一路"沿线国家逐渐成为新兴的投资目的地。根据中国商务部公布的数据，2017 年中国境内企业对"一带一路"沿线国家实施并购 62 起，投资额为 88 亿美元，相较 2016 年，增长 32.5%，占中企当年海外并购投资总额的 9.1%，比 2016 年的占比增长约 3 个百分点。

海外并购虽然是企业获得协同效应、追求资本增值的有效途径，但也是一项操作复杂、风险极高的交易行为。根据中国企业国际化海外风险管理论坛发布的《2016 年企业海外财务风险管理报告》，中国企业的海外并购只有不到 20% 能够真正成功。因此，深入研究中国企业海外并购行为、分析海外国家投资环境、解读投资并购相关规范，对于提高海外并购成功率、助推中国企业"走出去"实现跨越式发展具有重大而迫切的现实意义。

在"一带一路"倡议布局中，中巴经济走廊被称为"第一乐章"，是优先实施的旗舰项目。本书围绕中国企业海外并购行为全方位研究巴基斯坦的具体国情及相关监管规范，并对中国企业在巴基斯坦实施的部分并购案例进行了深入分析，以期为中国企业成功实施海外并购、推动中国与巴基斯坦之间的开放合作关系、促进"一带一路"倡议的实施提供国别宏观环境、制度规范以及实践经验的技术支持。本书根据研究内容的需要综合运用了规范研究法、案例研究法和事件研究法等多种研究方法。本书的出版在一定程度上丰富、发展了国内关于巴基斯坦金融市场、法律环境、税收规范、并购实践等方面的研究成果，并填补了目前国内对巴基斯坦会计规范、并购规范的研究空白。

本书分为两大部分：上篇（理论篇）和下篇（实践篇）。其中，上篇包含第一章至第六章，下篇包含第七章至第八章。

第一章为概论，从研究的背景和意义、研究方法和内容及研究的学术贡献等方面，对全书进行了提纲挈领的阐述。第二章为巴基斯坦投资环境分析，主要是对巴基斯坦的自然环境、经济环境、金融环境和法律环境四个方面进行分析。第三章为巴基斯坦并购规范，在分析、评价巴基斯坦外商投资政策及其实施效果的基础上，深入研究巴基斯坦并购领域的法律规范及制度安排，并将其与美国、欧盟和中国进行比较。第四章为巴基斯坦税收规范，对其开设的公司所得税、销售税、联邦消费税、关税等主要税种进行系统介绍，并针对并购领域的特殊税收规定以及涉税风险进行分析。第五章为巴基斯坦企业会计规范，全面分析巴基斯坦在企业财务报告方面的监管制度、规范体系、基本原则等总体情况，以及巴基斯坦的公众责任公司、伊斯兰金融机构、中型企业和小型企业适用的具体会计规范。第六章为巴基斯坦金融市场，重点分析巴基斯坦的外汇市场、货币市场、资本市场及金融监管。以上各章还包含了针对海外并购的相关风险及其应对策略的讨论。

第七章对中国企业在巴基斯坦实施的两起商业并购案例的基本情况进行了介绍；第八章则是针对上述两起案例从并购绩效、风险防范等不同角度进行分析，共包含六篇论文。

本书的第一章由池昭梅教授和冯钰钰撰写；第二章由王秋霞副教授、玉宁、莫婷婷、廖菲菲撰写；第三章由王晓莹副教授、莫婷婷、冯钰钰撰写；第四章由杨柳、理诗、秦弋雯、Edna Gnomblerou 撰写；第五章由池昭梅教授、黄维干副教授、李冰轮、甘梦云、赖真臻撰写；第六章由冯颖副教授、刘晴怡、黄爱富撰写；第七章由李冰轮、黄爱富、赖真臻撰写；第八章由池昭梅教授、黄维干副教授、区聪、Edna Gnomblerou、陈绪婷、甘雨、邓越撰写。

本书的出版得到了广西财经学院校领导及国际教育学院领导和老师的关心和帮助，在此表示感谢。同时，非常感谢西南财经大学出版社的领导和编辑的鼎力支持。

巴基斯坦的文化、宗教、社会经济的发展水平与具体运行方式等综合国情与中国和发达国家相比存在较大差异。由于对巴基斯坦真实的社会经济生活缺乏切实的了解和掌握，本书在分析巴基斯坦相关规范对并购交易的实务影响方面还不够透彻和细化。同时，虽然中国和巴基斯坦两国间的经济交流合作日益增多，但是截至目前完成的海外并购数量尚少、时间尚短，由于缺乏足够的实例及相关数据，我们对中国企业在巴基斯坦海外并购实际效果的分析只能是个例分析和短期分析。因此，本书在研究的广度和深度等方面还有待提高，希望各位专家、学者和广大读者不吝赐教。

池昭梅
2018 年 6 月

目录

上篇　理论篇

下篇 实践篇

上篇　理论篇

第一章　概论

第一节　研究背景和意义

一、研究背景

（一）"一带一路"倡议的背景

"一带一路"（The Belt and Road，B&R）指的是"丝绸之路经济带"和"21世纪海上丝绸之路"。"一带一路"倡议将高举和平发展旗帜，在我国与沿线有关国家达成的双边、多边机制的基础上，积极发展合作伙伴关系，致力于打造政治互信、经济融合、文化包容的利益共同体、命运共同体和责任共同体。

改革开放以来，我国建了立经济特区、对外开放口岸，逐步成为世界制造业的加工中心，加入WTO、积极参与现有国际经济秩序的建设，在经济全球化进程中扮演着日益重要的角色，实现了本国社会经济的巨大发展。近年来，在经济全球化不断深入发展的同时，全球区域经济一体化也得到了空前发展。经济的区域化发展，将有利于区域内各成员国之间实现资源优化配置和经济优势互补，提升区域内成员国之间的贸易投资，增强区域经济的整体实力。亚欧大陆在地理上是一个整体，但由于政治、历史等多方面的原因，亚欧大陆出现了"二元现象"，这在一定程度上制约了亚欧大陆上各国的发展。为此，2013年，习近平主席首次提出建设"新丝绸之路经济带"和"21世纪海上丝绸之路"的合作倡议；2015年，国家发展改革委、外交部、商务部联合发布《推动共建丝绸之路经济带和21世纪海上丝绸之路的愿景与行动》，共建"一带一路"的时代序幕被徐徐拉开。"一带一路"倡议致力于亚欧大陆及附近海洋的互联互通，实现沿线各国多元、自主、平衡、可持续的发展。

目前，在"一带一路"倡议的指导下，中国通过"高铁外交""核电外交""北斗外交"等对外经济活动，为世界各国提供高质量的服务，向世界展示了一个负责任的大国形象；通过高铁、高速公路、航空港等基础设施建设，不断深化与周边国家和地区的经济联系；通过自贸区的建设以及自贸协定的签署，实现与"一带一路"沿线国家的互利共赢。

（二）中国企业海外并购热潮

海外并购是中国实施"走出去"战略的重要途径之一，也是中国企业积极融入全球价值链,参与国际竞争,实现企业跨越式发展的有效手段。2007 年全球金融危机爆发,国际资产大幅贬值,各国为了尽快摆脱金融危机影响,也相应地放宽了一些对海外企业并购的管制政策。这为中国企业海外并购创造了前所未有的机遇,中国企业海外并购开始进入快速发展阶段。2014 年 4 月,国家发改委发布《境外投资项目核准和备案管理办法》(国家发展和改革委员会令第 9 号,"9 号令"),确立了中国对境外投资实施"备案为主、核准为辅"的具体管理办法,中国企业境外投资活力得到进一步释放,海外并购在交易数量和交易金额方面均进一步增长。2015 年中国企业海外并购交易数量增长 40%,金额增长 21%,达到 674 亿美元。2016 年中国企业海外并购实现大幅增长,交易量增加 142%(接近 2.5 倍),交易金额增加 246%(接近 3.5 倍),达到 2 210 亿美元,超过前四年中企海外并购交易金额总和。2017 年,由于国家政策针对部分不理性海外投资的监管,同时受外汇和海外监管机构的影响,中国企业海外并购回归理性,交易数量和交易金额分别较上年减少 12%和 42%。尽管如此,2017 年的海外收购数量和金额还是大于 2014 年和 2015 年的总和。

2017 年 12 月,国家发改委正式发布《企业境外投资管理办法》(国家发展和改革委员会令第 11 号,"11 号令")并于 2018 年 3 月 1 日起施行以取代第 9 号令。11 号令在完善对境外投资全程监管的同时进一步缩小境外投资的核准范围、突出简政放权、优化境外投资综合服务。相关配套政策地不断完善将为中国企业海外并购活动重拾升势、实现持续健康发展提供有力的制度保障。

目前,中国的海外并购热潮呈现以下几大特点:

(1)从行业分布看,中国企业海外并购涉及行业广泛,但也存在相对集中的行业,主要为高科技行业、工业和消费相关行业(见表 1.1)。

表 1.1　　　　2015—2017 年中国企业海外并购交易数量按行业分类

行业类别	2015 年		2016 年		2017 年	
	数量(起)	占比	数量(起)	占比	数量(起)	占比
工业	66	17.28%	202	21.89%	158	19.60%
高科技	88	23.04%	161	17.44%	176	21.84%
消费相关	48	12.57%	113	12.24%	123	15.26%
媒体和娱乐	23	6.02%	90	9.75%	43	5.33%
金融服务	23	6.02%	81	8.78%	94	11.66%
医疗健康	25	6.54%	86	9.32%	70	8.68%
原材料	42	10.99%	69	7.48%	59	7.32%
其他	67	17.54%	121	13.11%	83	10.30%
合计	382	100%	923	100%	806	100.00%

资料来源:根据普华永道网站发布的《2016 年中国企业并购市场回顾与 2017 年展望》和《2017 年中国企业并购市场回顾与 2018 年展望》整理。

（2）从地区分布看，中国企业海外并购首选北美及欧洲等发达经济体国家，而在"一带一路"倡议推动下，"一带一路"的沿线国家也逐渐成为新兴的投资目的地（见表1.2）。2017年中国境内企业对"一带一路"沿线国家实施并购62起，投资额为88亿美元，比2016年增长32.5%，占中企当年海外并购投资总额的9.1%，比2016年的占比增长约3个百分点。

表1.2　　　　　　2015—2017年中国企业海外并购交易数量按地区分类

地区	2015年		2016年		2017年	
	数量（起）	占比	数量（起）	占比	数量（起）	占比
欧洲	116	30.37%	334	36.19%	265	32.88%
北美洲	114	29.84%	265	28.71%	246	30.52%
亚洲	108	28.27%	219	23.73%	208	25.81%
大洋洲	29	7.59%	70	7.58%	49	6.08%
南美洲	6	1.57%	22	2.38%	22	2.73%
非洲	9	2.36%	13	1.41%	16	1.99%
合计	382	100.00%	923	100.00%	806	100.00%

资料来源：根据普华永道网站发布的《2016年中国企业并购市场回顾与2017年展望》和《2017年中国企业并购市场回顾与2018年展望》整理。

（3）从投资主体看，国有企业参与海外并购进程相对放缓，民营企业和财务投资者则保持活跃，民营企业成为海外并购的主导者（见表1.3）。

表1.3　　　　　　2013—2017年中国企业海外并购交易按投资主体分类

投资主体	交易情况	2013年	2014年	2015年	2016年	2017年
国有企业	交易数量（起）	55	78	80	116	101
	交易金额（亿美元）	365	259	276	665	279
民营企业	交易数量（起）	118	145	207	612	467
	交易金额（亿美元）	106	136	210	1 163	594
财务投资者[①]	交易数量（起）	25	49	95	195	238
	交易金额（亿美元）	10	133	153	381	341

资料来源：根据普华永道网站发布的《2016年中国企业并购市场回顾与2017年展望》和《2017年中国企业并购市场回顾与2018年展望》整理。

2016年，民营企业海外并购交易数量达到2015年的三倍，在交易金额方面也首次超过国有企业，达到国有企业交易金额的1.7倍，其中中国化工以430亿美元收购先正

---

① 财务投资者指以通过未来出售获利为目的进行并购的投资者，主要包括但不限于私募股权基金和风险投资基金。

达成为中国买家进行海外并购以来最大的单笔交易。

（三）中国与巴基斯坦之间的互利合作关系

1951 年 5 月 21 日，中国与巴基斯坦正式建立外交关系。建交以来，中巴两国在和平共处五项原则的基础上发展睦邻友好和互利合作关系，中巴两国人民间建立了真诚、友好的友谊，在两国领导人和人民多年的努力下，巴基斯坦成为我国最坚定的友国。2013 年 5 月，我国总理李克强在对巴基斯坦进行正式访问中表示，中巴两国为"全天候战略伙伴"，无论国际和地区形势如何变化，中方都将坚定不移地巩固和发展中巴关系。2015 年 4 月，习近平主席出访巴基斯坦，在巴基斯坦议会发表题为《构建中巴命运共同体 开辟合作共赢新征程》的重要演讲，习主席在演讲中提出：构建中巴命运共同体，是中巴两国政府和人民从两国根本利益出发做出的战略抉择。中巴经济走廊是中巴实现共同发展的重要抓手。我们要发挥走廊建设对两国务实合作的引领作用，以走廊建设为中心，以瓜达尔港、能源、基础设施建设、产业合作为重点，形成"1+4"合作布局。

中巴经济走廊（China - Pakistan Economic Corridor，简称 CPEC）是中国总理李克强于 2013 年 5 月访问巴基斯坦时提出的。初衷是加强中巴之间交通、能源、海洋等领域的交流与合作，加强两国互联互通，促进两国共同发展。2015 年 4 月，习近平主席出访巴基斯坦时明确表示，要发挥中巴经济走廊建设对两国务实合作的引领作用，以走廊建设为中心，以瓜达尔港、能源、基础设施建设、产业合作为重点，形成"1+4"合作布局。

中巴经济走廊建设将极大改善中巴双方的联通状况。公路方面：由中国路桥工程有限责任公司负责实施的喀喇昆仑公路改扩建项目已正式启动，这条公路东起中国新疆喀什，穿越喀喇昆仑、兴都库什和喜马拉雅三大山脉，经过中巴边境口岸红其拉甫山口，直达巴基斯坦北部城镇塔科特，全长 1 224 千米。同时，巴基斯坦白沙瓦至卡拉奇高速公路项目的苏库尔至木尔坦段也于 2016 年 5 月开工，全长 392 千米，全线按照双向 6 车道、时速 120 千米标准设计，该段项目的合同金额约为 28.9 亿美元，折合人民币 184.6 亿元。铁路方面：中巴铁路建设经过赫维利亚、阿巴塔巴德、吉尔吉特等地，预计建设费用高达 102.37 亿美元，其后续工程将实现中巴铁路和油气管道的全线贯通。在港口建设方面：2001 年，应巴基斯坦时任总统穆沙拉夫的请求，我国政府援建瓜达尔港，以多种形式为巴方提供 1.98 亿美元的融资；2002 年 3 月，瓜达尔港正式由中国港湾工程有限责任公司总承包建设，2015 年 5 月 13 日，瓜达尔港正式开通使用。

中巴经贸合作发展良好，中巴贸易有一定互补性，合作空间和潜力较大。近年来，双边贸易增速均保持在 10% 以上。目前，中国已成为巴基斯坦第二大贸易伙伴。中国对巴基斯坦的出口商品日趋多样化，机电产品所占比重逐年增加，但中国自巴基斯坦进口的商品种类变化不大，仍停留在传统商品。中国对巴基斯坦的主要出口商品为：机械设备、钢铁及其制品、化学品、电子电器、计算机与通信产品、肥料和农产品等，其中，机械设备所占比例近 40%。巴基斯坦对华主要出口商品为：棉纱、棉布、大米、矿石和皮革等，其中，棉纱线所占比例超过一半。据中国海关统计，2016 年中巴双边贸易额为 191.3 亿美元，同比增长 1.2%。其中，中国出口额为 172.2 亿美元，同比增长 4.8%；中国进口额为 19.07 亿美元，同比下降 23.0%；贸易顺差 153.21 亿美元。

2015年4月，习近平主席和巴基斯坦总理纳瓦兹·谢里夫举行了中巴经济走廊五大项目破土动工仪式，并签订了中巴51项合作协议和备忘录（详见表1.4），进一步加深中巴的互利合作关系。

表1.4 中巴51项合作协议和备忘录

序号	项目名称
1	关于中国和巴基斯坦之间建立全天候战略合作伙伴关系的联合声明
2	中巴经济走廊的第四次联席协调会议的会议记录
3	中国和巴基斯坦之间的经济技术合作协定
4	中国和巴基斯坦之间的DTMB（地面数字电视传输系统）示范项目可行性研究的文件互换
5	中国和巴基斯坦之间关于禁毒设备提供的文件互换
6	中国和巴基斯坦之间关于执法设备提供的文件互换
7	中国和巴基斯坦之间关于瓜达尔港医院的可行性研究的文件互换
8	中国商务部和巴基斯坦财政和经济事务部之间关于喀喇昆仑公路（赫韦利扬到塔科特）第二阶段升级的中国政府优惠贷款条款谅解备忘录
9	中国商务部和巴基斯坦财政和经济事务部之间关于卡拉奇–拉合尔高速公路（木尔坦到苏库尔）的中国政府优惠贷款条款谅解备忘录
10	中国商务部和巴基斯坦财政和经济事务部之间关于瓜达尔港东湾高速公路项目的中国政府优惠贷款条款谅解备忘录
11	中国商务部和巴基斯坦财政和经济事务部之间关于瓜达尔港国际机场的中国政府优惠贷款条款谅解备忘录
12	中国和巴基斯坦之间关于为双边贸易提供金融服务的协议
13	中华人民共和国发展改革委员会和巴基斯坦经济事务部（EAD）之间关于应对气候变化材料的谅解备忘录条款
14	中国和巴基斯坦之间关于主要通信基础设施项目合作的框架协议
15	中华人民共和国发展改革委员会（NDRC）和巴基斯坦计划发展和改革部之间的合作谅解备忘录
16	中华人民共和国外交部和巴基斯坦计划发展和改革部之间关于瓜达尔港地区港口公益性项目的备忘录
17	中国科学技术部和巴基斯坦科学技术部关于建立中国–巴基斯坦联合棉花生物技术实验室备忘录
18	中国国家铁路局和巴基斯坦铁道部之间关于ML1升级和巴基斯塔铁路赫韦利杨干散货中心的联合可行性研究的框架协议
19	中国国家海洋局和巴基斯坦科学技术部之间关于联合建立中国–巴基斯坦海洋研究中心的协议
20	中国国家新闻出版广播电影电视总局和巴基斯坦新闻广播国家遗产部之间的合作谅解备忘录

表1.4(续)

序号	项目名称
21	中国中央电视台、巴基斯坦电视台(PTV)和巴基斯坦电视基金关于转播CCTV-NEWS频道/CCTV-9纪录频道的三方协议
22	关于中华人民共和国四川省成都市和拉合尔建立友好城市关系的协议
23	关于中国广东省珠海市和巴基斯坦俾路支省瓜达尔之间建立友好城市关系的协议
24	关于中国新疆维吾尔自治区克拉玛依和巴基斯坦俾路支省瓜达尔港之间建立友好城市关系的协议
25	关于建立中国国家能源局和瓜达尔-讷瓦布沙阿的液化天然气接收站和管道工程的框架协议
26	拉合尔轨道交通橙线项目商业合同
27	拉合尔轨道交通橙线项目融资协议
28	喀喇昆仑公路(KKH)升级工程第二期(赫韦利杨至塔科特)、卡拉奇至拉合尔高速公路(KLM)、瓜达尔港东湾高速公路以及瓜达尔国际机场项目的谅解备忘录
29	中国进出口银行、中国工商银行股份有限公司和巴基斯坦SK水电(私人)有限公司签订关于870MW水利电气苏基-克纳里(SukiKinari)水电站的融资协议
30	中国进出口银行和卡西姆港电力公司(私人)有限公司关于2x660MW卡西姆港燃煤电站融资协议
31	中国进出口银行、中国国家开发银行股份有限公司和Karot电力(私人)有限公司关于720MWKarot水电项目的融资框架
32	中国进出口银行、中国国开发银行股份有限公司和中兴能源有限公司关于巴基斯坦边界Punjab的中兴9×100MW太阳能项目设备条款清单
33	中国国家开发银行有限公司和UEP风力发电(私人)有限公司关于吉姆普尔(Jhimpir)风力发电项目贷款协议
34	中国家家开发银行有限公司和巴基斯坦信德(sindh)省支持SindhEngro煤炭矿业公司关于BlockII3.8万吨/每年的采矿项目的条款和条件
35	中国国家开发银行有限公司和巴基斯坦信德(sindh)省支持EngroPowergenThar(私人)有限公司关于BlockII2x330MW燃煤发电项目的条款和条件
36	中国发展有限公司和HBL(巴基斯坦最大的银行)之间的中国-巴基斯坦经济走廊的融资合作框架协议
37	巴基斯坦水电发展署(WAPDA)和中国长江三峡集团(CTG)合作备忘录
38	巴基斯坦私营部门能源设施建设委员会(PPIB)、中国长江三峡集团(CTG)和丝绸之路基金关于民营水电项目的发展备忘录
39	中国工商银行、PCC中国公司及HDPPL关于达乌德风力发电项目的设备运营协议
40	中国工商银行、PCC中国公司及HDPPL关于达乌德风力发电项目的设备运营协议
41	中国工商银行与SSRL关于1座塔尔煤田融资投资意向书协议
42	巴基斯坦边界Punjab与中国华能集团关于能源战略合作的框架协议

表1.4(续)

序号	项目名称
43	巴基斯坦水利电力部门与中国出口信用保险公司关于中巴经济走廊能源项目合作的框架协议。
44	新欧信德资源公司与上海电气集团关于巴基斯坦1座塔尔煤田煤电一体化项目的合作协议
45	巴基斯坦国家电网与中国国家电网关于马提亚日-拉哈尔和马提亚日（昆新港）-费萨尔巴德输变电项目的合作协议
46	中国电力与巴基斯坦政府关于昆新港火力发电厂的合作协议
47	中国电力与巴基斯坦政府关于昆新港火力发电厂的合作协议
48	中国国际电力公司与胡布电力公司关于胡布电力工厂项目的合作协议
49	中国海洋工程学会与旁遮普政府关于巴基斯坦岩盐矿带火电项目的机械设备协议
50	关于巴基斯坦立现代语言大学和中国新疆师范大学高等教育合作的备忘录
51	巴基斯坦立现代语言大学和中国乌鲁木齐新疆师范大学的国际教育中心合作协议

中巴经济走廊的建设，有利于中巴之间实现全方位的互联互通和多元化的互利共赢。对巴方而言，中巴经济走廊能够优化巴方在南亚地区的区域条件，促进巴方的基础设施建设，推进巴方电力供给的改善，有利于巴方农业、渔业、纺织业产品的出口，改善当地就业情况，全面提升巴基斯坦经济社会发展。

同时，中巴经济走廊的发展能有效增加我国能源的进口路径，这不仅可以避开传统"咽喉"马六甲海峡和南海，把中东石油直接运抵中国西南腹地，还能降低对正在建设中的中缅油气管道的依赖。此外，也为中巴商贸、物流、教育等方面迎来良好的合作发展机遇。

二、研究意义

（一）促进我国"一带一路"倡议的实施

"一带一路"倡议作为中国的顶层设计，是中国未来较长一段时间对外开放的总体战略。"一带一路"的一个重要目标就是要在欧亚大陆上形成一个体制、机制互联互通的大市场，最终构筑一个资金流、人才流、信息流、货物流互联互通的欧亚合作大格局，海外并购作为一种集资金、人才、信息为一体的综合对外投资手段，将促进企业与企业之间、国家与国家之间的互联互通。另外，巴基斯坦是"一带一路"倡议的重要支点国家、重要连接国家和重要示范国家，战略地位十分重要，研究中国企业在巴基斯坦的海外并购交易，将助力中国"一带一路"倡议的实施。

（二）助推中国企业海外并购实践有效进行

并购是企业获得协同效应追求资本增值的有效途径，同时也是一项操作复杂、风险极高的交易行为，而海外并购涉及跨国交易，并购的风险性也显著提高。根据2016年中国企业国际化海外风险管理论坛发布的《2016年企业海外财务风险管理报告》，中企海外并购有效率仅为30%左右，加权跨境、跨文化整合因素，只有不到20%的海外并购能够真正成功。在中国企业海外并购热潮不断升温的背景下，深入研究中国企业海外并购行为、深入分析海外国家投资环境、解读投资并购规范，有利于丰富海外并购相关研究成果，为中国企业的海外并购实践提供借鉴，进而提高并购成功率，助推中国企业"走出去"融入世界价值链，实现跨越式发展。

（三）符合中国与巴基斯坦之间开放合作关系的发展需要

中国与巴基斯坦是友好邻邦，两国间长期保持着开放合作的良好关系。目前，两国正在大力推进的中巴经济走廊建设是实现共同发展的重要抓手，中巴双方将不断加强在科技、文化、能源、环保，尤其是经贸领域的区域合作，巴基斯坦也成为中国最具潜力的投资东道国之一。围绕企业并购财务行为，致力于剖析巴基斯坦的投资环境和外资并购相关规范，将为中国企业进军巴基斯坦提供有效指引，提高并购成功率，促进两国间各个合作领域的资本联通，为中巴经济走廊建设及两国间的开放合作关系发展注入活力。

第二节 研究方法和研究内容

一、研究方法

本研究是一个多学科交叉的综合性课题，涉及经济学、管理学、社会学和法学等学科。采用管理学中的多种研究方法：既有理论分析，又有案例研究；既有文献规范的梳理，又有定性的总结归纳。

（一）多学科综合研究法

本书围绕中国企业在巴基斯坦的海外并购财务行为开展研究，将运用经济学、管理学、社会学、法学等多学科的综合研究方法，对巴基斯坦的投资环境、并购规范、税收规范、会计规范及金融市场进行较为全面和系统的研究。

（二）调查研究法

本书立足于巴基斯坦研究企业海外并购，为了了解巴基斯坦的投资环境及法律规范，有目的、有计划、系统地搜集了大量巴基斯坦国内的一手资料，并在此基础上进行分析、综合、比较、归纳，进而形成相关研究成果。

（三）文献研究法

现有关于巴基斯坦和海外并购的文献十分丰富，在大量阅读相关文献的基础上，形成了对巴基斯坦和海外并购的较深入的理性认识，为重点研究中国企业在巴基斯坦进行海外并购提供便利。

（四）案例研究法

本书在对巴基斯坦法律规范进行梳理分析时，也精心整理了部分案例融入其中，这既有利于读者理解本书的内容，也能够使本书的观点更具说服力。

二、研究内容

本书分为两大部分：上篇（理论篇）和下篇（实践篇）。其中，上篇包含第一章至

第六章，下篇包含第七章至第八章。

第一章为概论，从研究的背景和意义、研究方法和内容及研究的学术贡献等方面，对全书进行了提纲挈领的阐述。第二章为巴基斯坦投资环境分析，主要是对巴基斯坦的自然环境、经济环境、金融环境和法律环境四个方面进行分析。第三章为巴基斯坦并购规范，在分析、评价巴基斯坦外商投资政策及其实施效果的基础上，深入研究巴基斯坦并购领域的法律规范及制度安排，并将其与美国、欧盟和中国进行比较。第四章为巴基斯坦税收规范，对其开设的公司所得税、销售税、联邦消费税、关税等主要税种进行系统介绍，并针对并购领域的特殊税收规定以及涉税风险进行分析。第五章为巴基斯坦企业会计规范，全面分析巴基斯坦在企业财务报告方面的监管制度、规范体系、基本原则等总体情况，以及巴基斯坦的公众责任公司、伊斯兰金融机构、中型企业和小型企业适用的具体会计规范。第六章为巴基斯坦金融市场，重点分析巴基斯坦的外汇市场、货币市场、资本市场及金融监管。以上各章还包含了针对海外并购的相关风险及其应对策略的讨论。

第七章对中国企业在巴基斯坦实施的两起商业并购案例的基本情况进行了介绍；第八章则是针对上述两起案例从并购绩效、风险防范等不同角度进行分析，共包含六篇论文。

第三节　本研究的学术贡献

本书结合"一带一路"倡议的宏观背景，围绕中国企业海外并购财务行为搜集、整理、分析巴基斯坦的具体国情及相关规范，对中国企业在巴基斯坦的并购财务行为提供理论指导，研究的主题在一定程度上具有新颖性，其主要的学术贡献体现在：

（1）以"一带一路"倡议及中国企业海外并购热潮为研究背景，选取"一带一路"沿线重点国家之一的巴基斯坦进行中国企业海外并购财务行为的研究，为"一带一路"倡议及中国企业海外并购相关研究提供研究新领域和新思路。

（2）本书创建了中国企业海外并购的新的国别研究方法，将并购中的财务行为单独列为研究重点，把海外国家的投资环境、并购规范、税收规范、会计规范、金融市场分析作为贯穿始终的逻辑，从而构建了研究的分析框架和逻辑体系，试图为我国企业海外并购研究提供一个新的理论平台及范式参考。

（3）本书对巴基斯坦的投资环境进行了扫描分析，并搜集整理了大量巴基斯坦本国的规范文件，从中分析巴基斯坦在并购、税收、会计及金融市场方面的政策规范，为立足巴基斯坦的企业海外并购乃至财务行为研究提供理论支撑。

（4）本书对巴基斯坦的投资环境、并购规范、会计规范、税收规范、金融市场进行了理论分析，从中凝练了对并购实践的启示，这对于中国企业在巴基斯坦的并购实践具有重要的参考价值。

第二章 巴基斯坦投资环境分析

投资环境（Investment Climates）是市场参与者进行投资或开展贸易前必须考虑的各种外部因素的总和。传统观念中的投资环境包括目标市场的自然环境、经济环境、金融环境、法律环境等。

第一节 自然环境分析

一、地理位置

巴基斯坦伊斯兰共和国位于南亚次大陆西北部，是南亚通往西亚、中亚陆上交通的必经之地。东接印度，东北与中国毗邻，西北与阿富汗交界，西邻伊朗，南濒阿拉伯海。地形狭长，地势西北高东南低，面积 79.6 万平方千米（不包括巴控克什米尔的 1.3 万平方千米）。东南部为印度河平原，地势低平；东南部和西南部有塔尔沙漠等大片沙漠，印度河流贯穿国境南北。北部为高山区，海拔一般在 3 500 米以上，最高峰蒂里奇米峰海拔 7 690 米，西部和西南部是高原区。

二、气候资源

印度河是巴基斯坦境内第一大河，与其支流组成全国最大的流域，在入海口形成约 8 000 平方千米的三角洲平原。大部分地区属亚热带干旱和半干旱气候，全境基本上属于亚热带草原和沙漠气候，南部属于热带气候。山地冬寒夏凉，平原冬暖夏热，年降水量一般为 100~500 毫米。南部湿热，受季风影响，雨季较长；北部地区干燥寒冷，有的地方终年积雪，年平均气温 27℃。

三、矿产资源

巴基斯坦是一个矿产资源较丰富的国家。目前全国已找到 44 种矿产，探明储量的矿产在 25 种以上。从其成矿地质环境看，找矿潜力非常大。主要矿藏有天然气（4 920 亿立方米）、石油（1.84 亿桶）、煤（1 850 亿吨）、铁（4.3 亿吨）、铝土（7 400 万吨），还有大量的铬等。花岗岩、大理石和宝石资源具有国际水准，可以进行工业开采。2005

年矿产业对国内生产总值的贡献率是 6.15%，劳动力总人口的 10.2% 从事该行业。除此之外，巴基斯坦政府在促进石油天然气开发和石油冶炼方面做了努力，鼓励外商对该领域加大投资。

四、水资源

巴基斯坦的水资源来自河流、冰川、局部降雨和地下水。源自中国的印度河从北向南流入巴基斯坦境内，蜿蜒 2 300 千米，注入阿拉伯海，海岸线长 980 千米。该国的地形导致极端降雨形式。年平均降雨量为 50~1 000 毫米（取决于降雨地点），但在北部孤立的山区，年均降雨量可能会超过 2 000 毫米，而干旱地区每年降雨量通常不足 125 毫米。90% 的地区年降雨量不足 510 毫米。降雨主要出现在 7 月到 9 月。最炎热的时节是 6、7 月，大部分中午气温超过 40 摄氏度。

第二节 经济环境分析

一、经济形势总体特征

（一）经济在波动中增长

受政局动荡的影响，巴基斯坦经济一直处于波动增长当中。根据世界银行的数据统计显示（见图 2.1），在 1961—2016 年，其曾经出现过几次增长率超过 5% 的时期，特别是 1970 年，经济增长率高达 11.35%，而后在 2001 年、2009 年却存在负增长，总体经济增长呈现低增长势态，经济平均增长率低于 5%。从近十年看，2011—2013 年，巴基斯坦经济增速最低，特别是在 2010—2011 财年，经济增长速度仅为 2.4%。2013 年，政府处于债务违约的边缘，不得不依赖外界的支援，并采取了高强度的紧缩政策。通过一系列的经济措施，巴基斯坦的经济发展逐渐趋稳，2015—2016 财年，GDP 同比增长 4.7%，创 8 年来新高。2017 年 5 月 25 日，根据巴基斯坦政府公布的 2016—2017 财年经济调查数据显示，本财年 GDP 增速保持上升势头，预计增长 5.3%，首次实现 10 年来经济增速破"五"，并将到 3 040 亿美元的历史高峰。

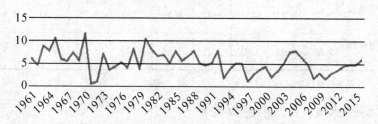

图 2.1 1961—2016 年巴基斯坦经济增长率

资料来源：世界银行数据库。

注：巴基斯坦财年始于 7 月 1 日，截至次年 6 月 30 日。

（二）农业仍为支柱产业，第三产业增长提速

巴基斯坦是一个农业国家，全国43.7%的劳动力就业于农业活动，农村人口占总人口的66%以上。巴基斯坦以种植业为主，主要农作物为小麦和水稻，经济作物以棉花和甘蔗为主。如表2.1所示，农业增加值占GDP的百分比近年来有小幅度的提升，农业增加值总额在2007—2016年超过工业增加值总额。而在2016年农业呈现负增长，产值同比下降0.2%，主要受到天气以及病虫害的影响，棉花的产量创2014年以来的新低，较2015年相比，同比减少27.8%。

值得注意的是，自2009年第三产业增长低潮期之后，服务业的增长提速，平均增长率保持在4%以上，服务业的附加值占GDP的比重高达50%以上。究其原因，主要是由于服务业内部结构的变化，其中，传统批发零售业以及运输业仍起主导作用，金融保险商务等新兴服务业保持着强劲的增长势头。据巴基斯坦政府公布的数据显示，2015—2016财年，金融保险业的增长比例为7.8%。2016—2017财年服务贸易规模随制造业下滑，主要表现为建筑服务业的增速放缓。

表2.1　　　　　　　　　2007—2016年巴基斯坦三大产业增加值

项目 ＼ 年份	2007	2008	2009	2010	2011	2012	2013	2014	2015	2016
农业增加值占GDP的百分比（%）	23.06	23.11	23.91	24.29	26.02	24.55	24.81	24.87	25.11	25.23
工业增加值占GDP的百分比（%）	21.13	22.33	20.20	20.58	21.23	22.05	21.05	20.98	19.96	19.16
服务业增加值占GDP的百分比（%）	55.81	54.56	55.89	55.13	52.74	53.40	54.14	54.15	54.93	55.60
农业增加值（亿美元）	332.21	382.68	382.00	413.03	536.73	532.02	551.04	580.22	647.02	674.78
工业增加值（亿美元）	304.48	369.70	322.71	349.84	437.89	477.91	467.45	489.34	514.37	512.54
服务业增加值（亿美元）	804.04	903.22	893.07	937.40	1 087.76	1 157.23	1 202.56	1 263.38	1 415.69	1 487.04
农业增加值年增长率（%）	3.42	1.81	3.50	0.23	1.96	3.62	2.68	2.50	2.53	-0.19
工业增加值年增长率（%）	7.73	8.47	-5.21	3.42	4.51	2.55	0.75	4.53	4.81	6.80
服务业增加值年增长率（%）	5.58	4.94	1.33	3.21	3.94	4.40	5.13	4.46	4.31	5.71

资料来源：世界银行数据库。

（三）工业化发展缓慢，制约经济发展

自建国以来，巴基斯坦的工业发展成为制约其经济发展的"瓶颈"。如表2.1所示，工业增加值在三大产业中比重较低，在20%左右，2015—2016年工业增加值占GDP的比重甚至低于20%，工业增加值的年增长率也呈现出波动增长的趋势。从结构来看，工

业仍处于初期发展水平，重工业和基础工业落后，高科技产业占比微乎其微，工业产业主要集中于纺织和食品等轻工业领域。

2016 年，巴基斯坦的工业增长率达到 6.8%，创 2009 年以来新高。这主要受到中巴经济走廊大型电力以及交通基础设施项目的影响。此外，汽车、化肥、皮革等工业增长率高达 3.4%、15.9%、12.2%，成为当年工业增长的主要拉动力。

（四）高通货膨胀率有所控制，财政赤字状况好转

受到政局动荡的影响，巴基斯坦经济呈现出大起大落、极不稳定的发展态势，导致该国较高的通货膨胀率。如图 2.2 所示，2008 年金融危机时期，其通货膨胀率一度高达 20.29%，2010 年，受到洪水的影响通货膨胀率有小幅度的上升。经过近年来的努力，巴基斯坦的通货膨胀率在 2011—2015 年逐年下跌，2015 年甚至创下历年最低点，为 2.54%，低于 3%。随着近期国际市场油价和大宗商品价格趋于稳定，在低基数效应的作用下，2016 年巴基斯坦国内通胀率有一定程度的攀升。

图 2.2　2007—2016 年巴基斯坦通货膨胀率

资料来源：世界银行数据库。

自 20 世纪 90 年代以来，由于财政调整和经济改革措施的有效实施，巴基斯坦的财政赤字率一度降到了 2004 年的 2.4%。在 2005 年以后，财政赤字率又大幅增长，基本保持在 5% 以上，这主要受到全球经济危机以及无效财政政策的影响。2014—2015 年，该比例下降到 5% 以下，这主要得益于政府增加税收以及加强支出的管理。2016 年，由于增加征缴预扣税、提高关税税率以及加征调节关税，巴基斯坦的财政赤字率下降到 4.6%，但此措施引起了较大的争议。与此同时，巴政府的外债数额高达 19.04 亿卢比，同比增长 12.2%，创 7 来的新高。

二、国内生产总值现状及发展趋势

如表 2.2 和图 2.3 所示，自 2007 年以来，巴基斯坦 GDP 总额与人均 GDP 逐年增长，2016 年 GDP 总额达到 2 836.6 亿美元，人均 GDP 达到 1 468.2 美元。但是，GDP 的年增长率呈现浮动状态，在 2007 年增长 4.83% 的情况下，受到金融危机的影响，持续下跌两年，至 2010 年又重新回到高增长点，此后 GDP 的年增长率呈现波动增长。2016 年

GDP 增长创新高，达到 5.74%，是近 10 年经济增长的高峰期。

从结构上来看，三大产业中，服务业占 GDP 的比重一直保持着 50% 以上的比例，农业占比持续超过工业占比，比例维持在 23%~25%，而工业则在三大产业中占比最低。虽然服务业占比较大，但巴基斯坦服务业主要以低端服务业为主，高端科技服务行业仍发展不足。而从整个产业结构分析，巴基斯坦的服务业占比过快地超过工业占比，甚至在农业仍是支柱产业的前提之下，工业还未能赶超农业的发展，与大多数国家的产业结构变动规律不符，显得不太合理。

从近几年的发展分析，未来巴基斯坦经济将保持平稳的发展势头，同时，基于中巴经济走廊基建项目投资增速放缓，未来几年经济发展趋势将保持目前的状态。

表 2.2　　　　　　　　　　2007—2016 年巴基斯坦国内生产总值情况

年份	GDP（亿美元）	人均 GDP（美元）	GDP 年增长率（%）
2007	1 523.86	950.4	4.83
2008	1 700.778 141	1 039.3	1.70
2009	1 681.527 753	1 006.6	2.83
2010	1 774.068 545	1 040.1	4.61
2011	2 135.874 132	1 226.2	2.75
2012	2 243.836 208	1 261.2	3.51
2013	2 312.185 672	1 272.4	4.40
2014	2 443.608 888	1 317.0	4.67
2015	2 710.498 867	1 431.2	4.71
2016	2 836.599 807	1 468.2	5.74

资料来源：世界银行数据库。

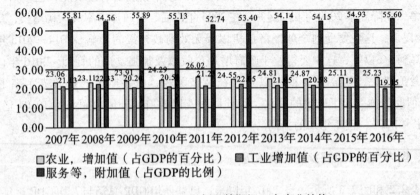

图 2.3　2007—2016 年巴基斯坦三大产业结构

资料来源：世界银行数据库。

三、重点特色产业分析

（一）重点产业概况

首先，农业在巴基斯坦国民经济中具有非常重要的地位，2014—2015 财年，农业增长率为 2.9%，全国的外贸收入有 42% 来自农产品的出口。农业主要以小麦和水稻的种植为主，经济作物为棉花，它是纺织业原料的主要来源，关系到整个国民经济的发展。除此之外，渔业养殖比较发达，每年海产品的产量达到 40 万吨以上，虽然渔业养殖占国民经济的比重不高，但其亦成为巴基斯坦重要的出口产品。畜牧业的发展基础雄厚，占农业产值比重的 38% 左右。而林业相对较为落后，主要原因在于近年来乱砍滥伐比较严重，导致巴基斯坦的森林覆盖率不断降低。

其次，巴基斯坦的工业发展较为落后，工业规模不大，门类也比较稀缺，主要集中在纺织业、制糖业、皮革业、化肥业以及水泥业。在纺织业方面，全国有大型企业 460 家左右，主要产品为棉纱线，年产值达到 300 万千克。全国有 720 家皮革生产企业，皮革制造成为巴基斯坦第二大出口创汇产品。重工业方面，如矿业、机器制造以及汽车产业等，由于缺少资金和技术，发展受到限制。近年来，巴基斯坦政府推行自由化经济以及国有企业私有化政策，力争寻求与外资合资合作，引进资金，更新技术。

最后，服务业是经济增长主要驱动力，占国民经济的半壁江山。其中，批发零售业成为服务业增速的主力军。2016—2017 财年，批发零售业同比增长 6.8%。金融保险业开放较早，因而发展较快。国民银行是巴基斯坦目前唯一的国营银行，也是最大的商业银行。伊斯兰金融服务机构在巴基斯坦的金融业中迅猛发展，截至 2014 年，巴基斯坦新增伊斯兰金融业务机构 270 家，资产总额增长 24%，占银行业总资产的 10.4%。

（二）六大产业投资机遇分析

（1）农业。巴基斯坦农业资源丰富，耕地面积广阔，尚有 170 万公顷耕地未有效利用，农产品产值低。此外，巴基斯坦虽然为世界第四大牛奶生产国，但巴国内牛奶加工业产值仅占总产值的 3%~4%。畜牧业由于生产技术较为落后，产能较低，具有一定的投资价值。

（2）纺织业。巴基斯坦纺织业为农业中的重点产业，成为亚洲纺织品的第八大出口国。其产品主要出口到埃及、土耳其等国家。纺织业吸引了 40% 的工业劳动力，且劳动力较为年轻、价格较低，巴基斯坦纺织业可以为高价劳动力国家转移低端制造业创造机会。

（3）基础设施和能源电力业。目前，巴基斯坦基础设施建设极为落后，公路密度仅为 0.32 千米/平方千米，铁路老化，道路运输速度慢，且海运能力薄弱。交通设施的建设、基础通信网络铺设成为投资热点。另外，能源的短缺，特别是电力的缺口成为巴基斯坦经济发展的重大阻碍，据统计，巴基斯坦电力缺口达到 5 000~8 000 兆瓦，造成 GDP 损失 2% 以上，因此，水电、太阳能、风力发电等也值得投资。

（4）矿产资源业。巴基斯坦矿产资源丰富，正在开采的金属和非金属矿产主要有

58 种，煤炭、铜和含铜的金银矿、铁矿石、铅锌矿、铬铁矿、金矿、花岗岩以及大理石、宝石、岩盐、石灰石、磷酸盐、菱镁矿、瓷土成为巴基斯坦政府推荐的矿产资源开发和投资重点领域。

（5）金融业。银行业是巴基斯坦金融业的主导。巴基斯坦外资银行占 2%，而其国内金融服务渗透率较低，每 1 000 名成人仅有 226 个银行账户。保险行业处于初级发展阶段，市场潜力较大，且投资门槛较低。资本市场对外资开放，投资报酬率较高。因此，巴基斯坦金融业具有很大提升空间。

（6）汽车生产业。巴基斯坦汽车产业基础薄弱，但随着经济发展，市场需求量逐年增加。目前，巴基斯坦的汽车保有量约为 19 辆/千人。如表 2.3 所示，巴基斯坦进口汽车量增长在 2011—2012 年高达 5.6 万辆。巴基斯坦国内汽车市场集中，日系汽车垄断进口市场，占巴基斯坦轿车市场 100% 的份额。而近年来，巴基斯坦调整一系列汽车政策，包括下调零部件进口关税、为新进入的汽车企业提供税收优惠等，吸引了多国汽车企业来巴基斯坦投资的兴趣。

表 2.3　　　　　　　巴基斯坦汽车市场规模（不含卡车和客车）

年度	本地产量（辆）	进口量（辆）	市场总量（辆）
2008—2009	102 070	5 562	107 632
2009—2010	138 741	6 582	145 323
2010—2011	154 022	10 761	164 783
2011—2012	175 630	56 973	232 603
2012—2013	137 071	45 481	182 552
2013—2014	136 000	29 036	165 036
2014—2015	185 000	23 028	208 028

资料来源：2016 Automotive Development Policy。

四、对外贸易状况分析

（一）贸易概况

如表 2.4 所示，2015—2016 财年，巴基斯坦出口额为 217 万亿卢比，进口额为 466 万亿卢比，近五个财年，巴基斯坦对外贸易为贸易逆差，逆差额在 2015—2016 财年达到 250 万亿卢比。巴基斯坦的主要贸易国家为中国、阿联酋、美国、新加坡、沙特、英国、科威特、德国。2016—2017 财年，巴基斯坦最大的出口国家为美国，出口额为 205 329.16 亿卢比，占出口总额的 16.81%，其次是中国，占比为 7.92%，而最大的进口国为中国，占比高达 30.2%，阿联酋则位列第二。

表 2.4　　　　　　　　　　巴基斯坦近 5 年对外贸易情况　　　　　单位：亿卢比

年度	出口	复出口	进口	复进口	贸易差额
2011—2012	2 110 605.5	18 570.2	4 009 093.0	3 131.7	-1 883 049.0
2012—2013	2 366 477.8	9 946.3	4 349 879.5	—	-1 973 455.4
2013—2014	2 583 463.2	16 369.1	4 630 520.8	1 855.7	-2 032 544.2
2014—2015	2 397 513.0	20 191.2	4 644 151.6	20 961.9	-2 247 409.3
2015—2016	2 166 846.4	18 574.8	4 658 748.9	20 748.0	-2 494 075.7

资料来源：巴基斯坦国家统计局。

巴基斯坦的主要出口货物为纺织品、食品、珠宝、化学产品，2015—2016 财年，农产品进出口额分别有所下降，进口额下降 4%，出口额下降 10%。在其他非农产品货物贸易中，第一大进口产品为成品油，进口额为 58.98 亿美元，纺织品则成为第一大出口商品，出口额为 29.08 亿美元。出口服务贸易主要集中在政府服务、运输服务、电信计算机和信息服务，进口服务以运输、旅游和其他商业服务为主。2015—2016 财年，巴基斯坦服务贸易进、出口额分别为 73.78 亿美元和 32.77 亿美元，同比下降 5% 和 7%。

（二）中巴贸易现状

中国与巴基斯坦于 20 世纪 50 年代建立了贸易关系。自 1963 年巴基斯坦双边贸易签订以来，近六十年双方签署了一系列的贸易协定，主要包括《中巴联合声明》《中巴关于深化两国全面战略合作的联合声明》《关于新时期深化中巴战略合作伙伴关系的共同展望》《中华人民共和国和巴基斯坦伊斯兰共和国关于建立全天候战略合作伙伴关系的联合声明》以推动实现共同发展。

2016—2017 财年，中国成为巴基斯坦的最大进口国，而中国对巴基斯坦的出口商品也越来越多样化。主要出口商品为机械设备、钢铁及其制品、化学品等，其中机器设备占比高达 40% 以上，而巴基斯坦对华出口则以纺织品为主。据中国海关数据统计，中国对巴基斯坦贸易一直处于顺差状态，且顺差趋势愈加明显（如表 2.5 所示），至 2015 年达到 139.73 亿美元，中国对巴基斯坦出口增幅 24.2%，而进口则在 2014—2015 年表现出下降趋势，2015 年下降 10.1%，双边贸易总额为 189.27 亿美元，增长 18.3%，其中巴基斯坦来中国投资达 1 805 万美元，中国对巴基斯坦投资（非金融类直接投资）5.939 亿美元，成为推动巴基斯坦实现外资增长的主要力量。2015 年巴基斯坦对外承包工程新签合同额 121.8 亿美元，完成营业额 51.6 亿美元。从直接投资流量来看，2015 年中国对巴基斯坦直接投资流量为 3.21 亿美元，存量为 40.36 亿美元。

表2.5　　　　　　　　2011—2015年中巴双边贸易情况　　　　　　单位：亿美元

年度	双边贸易总额		中国出口		中国进口		中国顺差
	总额	增幅	金额	增幅	金额	增幅	
2011	105.64	21.9%	84.4	21.7%	21.24	22.7%	63.16
2012	124.17	17.5%	92.76	9.9%	31.4	47.8%	61.36
2013	142.19	14.5%	110.19	18.8%	32	1.9%	78.19
2014	160.03	12.5%	132.47	20.2%	27.56	-13.9%	104.91
2015	189.27	18.3%	164.50	24.2%	24.77	-10.1%	139.73

资料来源：中国海关。

巴基斯坦是中国重要的援助对象国，中国一直对巴基斯坦进行经济援助，包括出台无偿援助、无息贷款和优惠贷款政策。在基础设施建设方面包括修建喀喇昆仑公路、真纳体育场、瓜达尔港、巴中友谊中心等。2006年，中巴在巴基斯坦拉合尔准建设的"巴基斯坦中国经济特区"，成为中巴五年规划的重点项目之一。随着"一带一路"政策的推进，2015年4月20日"中巴经济走廊"项目启动，加强了双方交通、能源、海洋等领域的交流与合作，有利于双边贸易的进一步增长。

五、主要经济改革措施及规划

（一）主要经济改革措施

（1）私有化政策。自20世纪80年代开始，巴基斯坦实施私有化政策。所谓私有化政策主要指的是"把财产、权利、利益、特许权及管理权全部或部分、直接或间接由国有企业转移到私人手中的过程"。私有化政策经历了初级阶段、全面展开阶段、快速发展阶段。私有化给巴基斯坦政府带来了重大利好：一方面减少了政府补贴支出，另一方面提高了财政收入，缓解了财政赤字。同时，私有化政策促进经济自由化，促使巴基斯坦私营企业得到快速发展，也有利于创造更加宽松的投资竞争环境，吸引外资流入。

（2）税收优惠政策。巴基斯坦制定了一系列有利于对外贸易的税收优惠政策，并与52个国家签署了避免双重征税协定。2016—2017财年，巴基斯坦政府出台了《2016—2017财年进出口关税税则》，并于2016年7月开始实施，该税进一步降低了部分商品的关税。此外，巴基斯坦政府给予外商享受设备进口关税、初期折旧提存、版权技术服务费等方面优惠政策。其中，对于制造业，除了武器、高强炸药、放射性物质、证券印制和造币、酒类生产外均无须政府批准，并给予25%的所得税优惠；对于非制造业领域方面的生产，甚至不需要政府审批，且农业的进口机器设备给予零关税的优惠。此外，在区域投资上，鼓励外商投资于旁遮普省和信德省，实行预约税务指示制度，并对机械进口零销售税以及用于出口加工的原材料零税率。

（二）未来发展规划

2007年，巴基斯坦政府出台了《巴基斯坦2030远景展望》，表明其致力于以知识为驱动力，同时充分地利用资源，以建立一个可持续发展、经济繁荣发达、社会公平正义的巴基斯坦，并提出了力争在2030年GDP达到7 000亿美元，人均GDP达到3 000美元（按2005不变价计算）的发展目标。

2011年5月，巴基斯坦政府出台了《巴基斯坦经济发展框架》，提出了一系列发展经济的措施，包括提高政府行政效率、提高政府政策的透明度、加强青年劳动力的培训等，以实现未来十年内经济增长速度达到7%。

2013年巴基斯坦政府发布的《2013—2016年中期预算框架》计划提升投资占国内经济生产总值的比重，未来5年将该比重提升到20%，同时持续降低财政赤字率，增加外汇储备，减少政府公共债务总额。

2015年3月22日，《2015—2018年战略贸易政策框架》（以下简称《框架》）发布，该《框架》提出了巴基斯坦的四大发展目标，同时为实现四大目标提出了4大关键支撑和4大施策支柱。4大关键支撑为竞争力、标准适应性、政策环境以及市场多元化。具体政策措施包括鼓励技术升级、提高产品质量、支持品牌建设、开拓市场、制度强化和建设、促进贸易便利化。该《框架》特别强调了短期出口应以巴斯马蒂香米、园艺和农作物产品、肉制品、珠宝产品为重点商品，以伊朗、中国、阿富汗、欧盟为重点出口市场。

六、未来经济形势展望

首先，宏观经济总体趋向利好，年经济增长有望继续提速。从近几年巴基斯坦的经济发展来看，本届政府进一步改善了电力和基础设施短缺的问题，并对提升政府治理能力方面采取了有效的措施。提振了商业信心，未来巴基斯坦经济发展前景会更好。

其次，国际金融机构持乐观态度。随着中巴经济走廊项目的启动，巴方在外汇储备、财政收支、电力供应等方面取得了重大进展。而且，项目投资流量的增加，国际社会减弱对伊朗的制裁，也有利于巴基斯坦对外贸易环境的改善。

最后，持续改进的政治环境成为经济增长的重要条件。目前，巴基斯坦国内的安全形势以及官僚主义盛行、政府官员廉洁程度低成为外商逃离的主要原因，此外政府债务的不断增长以及国际油价的涨幅也成为主要的投资风险。因此，政治环境的改善势在必行。

第三节　金融环境分析

一、巴基斯坦货币

巴基斯坦的官方货币为卢比，卢比为不可兑换货币，且汇率波动较大。如图2.4所示，十年来，巴基斯坦的卢比汇率与美元的汇率波动变化较大，从60.7∶1到104.8∶1，汇率波动近一倍，也表明了其经济发展的波动性。近三年来，卢比与美元之间的汇率比较稳定，基本在 101：1～104：1，这主要得益于本届政府推行了有效的紧缩型货币政策。

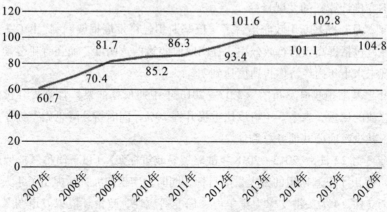

图 2.4 近 10 年巴基斯坦与美元官方汇率变化

资料来源：世界银行数据库。

在巴基斯坦经营的企业应当警惕汇兑风险。政府实行严格的资本管理措施，且规定基建合同的美元支付比例不能高于 25%，这就意味着一旦金融市场动荡，就会给外资企业带来较大的汇兑损失。因此，建议投资者实时了解巴基斯坦货币政策，并根据银行提供的汇兑建议规避汇率风险。

值得一提的是，虽然卢比不能自由兑换，但是中国与巴基斯坦于 2011 年签署了中巴双边本币互换协议（CSA），规定兑换总额为人民币 100 亿元（折合 1 400 亿卢比）。此协议有效地抵御了巴基斯坦的资本市场冲击，缓解了巴基斯坦国际收支平衡危机。随着"一带一路"倡议的推进，人民币在巴基斯坦颇受欢迎，巴央行已经将人民币纳入外汇储备，渣打银行等金融机构亦为提高人民币在巴基斯坦的普遍率而做出努力，随着中巴两国贸易投资额不断扩大，此举将为中巴经济走廊建设提供更多支持。

二、金融机构及银行业发展状况

巴基斯坦国家银行是政府的国家管理机构，主要负责制定和执行货币政策，实施外汇管理以维护国家金融秩序。截至 2016 年 5 月，巴基斯坦有 3 类银行，即商业银行、开发性金融机构和小额信贷银行。其中，国有商业银行共有 9 家（有 4 家为特殊目的银行），私营银行有 20 家，联合投资机构为 7 家，伊斯兰银行 5 家以及外资银行 11 家。此外，开发性金融机构共有 8 家，小额信贷机构共 10 家。

巴基斯坦央行规定，将符合商业银行的资本充足率不能低于 8%，资本不少于 230 亿卢比这两个条件的机构称为计划类银行。据巴基斯坦央行统计，从贷款规模来看，截至 2015 年 6 月，计划类银行贷款总额达到 95 777 亿卢比，其中向政府机构贷款占比 55%，非政府机构占比 45%；从贷款流向机构来看，制造业占比最高，达 18%，个人占比 4%，农林牧渔业占比 3%。按净利息收入排名，巴基斯坦 5 大银行分别为 Habib 银行、MCB 银行、国民银行、United 银行、Allied 银行。此外，巴基斯坦的伊斯兰银行在巴基斯坦国内占据重要地位，其主要的特征在于存款与贷款均不产生利息，巴基斯坦伊斯兰银行占巴基斯坦银行总资产的 10% 以上。据巴基斯坦央行 2014—2018 年发展规划，未来伊斯兰银行的市场份额将进一步提高，年增长率达到 15%。巴基斯坦外资银行为 11 家，主要包括花旗银行、渣打银行、东京三菱银行、德意志银行、巴克莱银行、马来亚银行等，中国则有中国银行和中国工商银行进驻巴基斯坦。2015 年年底，中国工商银行成为巴基斯坦最大的外资银行，自 2011 年开业，其资产规模和盈利能力增长了 18 倍以上，成为中巴经济走廊项目建设重要的合作金融机构。

由表 2.6 可以看出，巴基斯坦十年来每 10 万成年人借款的人数逐年降低，而存款的人数则呈现上升的趋势，商业银行分支机构有所增加，而不良贷款率在 2007—2011 年增长较快，达到 16.21%。2012—2016 年，银行的不良贷款率下降明显，2016 年仅为 10.06%，但是仍然高于金融机构的不良贷款率警戒线 10%，金融机构经营风险仍需警惕。

巴基斯坦的保险市场则处于快速发展时期，增长速度相当快，年均增速达 22%。目前国内五大保险公司分别为国家人寿保险公司、国民保险公司、巴基斯坦再保险公司、EFU 保险集团、巴科（威特）大家福保险公司，这五大保险公司的市场份额达 60% 以上。巴基斯坦共有 39 家非寿险公司和 9 家寿险公司，其中，非寿险公司 2015 年保费收入增长率为 20%，寿险公司保费收入增长率为 12.6%。对于外资入驻保险业，巴基斯坦政府极为支持，主要表现为最低资本要求低于国内标准，仅为国内标准的 1/75，并允许外资最高持股比例达 100%，外资保险公司在巴基斯坦市场上扮演着越来越重要的角色。

表 2.6 巴基斯坦商业银行状况

年度	商业银行的借款人（每 10 万成年人）	商业银行的存款人（每 10 万成年人）	商业银行分支机构（每 10 万成年人）	银行不良贷款与贷款总额的比率（%）
2007 年	31.93	209.13	8.18	7.44
2008 年	32.03	208.08	8.52	9.13
2009 年	29.39	214.04	8.60	12.15
2010 年	27.53	240.12	8.64	14.75
2011 年	26.83	258.93	8.81	16.21
2012 年	25.95	270.93	9.06	14.47
2013 年	24.69	289.87	9.39	12.99
2014 年	24.04	304.14	9.66	12.27
2015 年	22.28	336.13	10.04	11.36
2016 年	—	—	—	10.06

资料来源：世界银行数据库。

三、国内信用评级

由于巴基斯坦近年来经济持续复苏，偿债来源结构趋于改善，政府债务负担稳步下降，国际评级机构纷纷提高了巴基斯坦的信用评级等级，由 B-提升至 B，而全球清廉指数也由 2015 年的 117 名提升至 2016 年的 116 名（如表 2.7 所示）。各评级机构认为国际货币组织针对巴基斯坦制定的改革计划以及中巴经济走廊合作的加深，有效提升了巴基斯坦 2016—2017 财年的经济增长率，成为信用评级提升的主要原因。同时需要注意的是，持续不断的恐怖袭击、公共债务占 GDP 比率较高、不良贷款居高不下都对巴基斯坦评级形成制约。

表 2.7　　　　　　　　　各评级机构对巴基斯坦最新的信用评级

评级机构	评级时间	主权信用评级	展望
惠誉	2017.2	B	稳定
标普	2016.10	B	正面
穆迪	2017.7	B3	稳定
中国信保	2015.10	B（6/9）	稳定
2016 年全球清廉指数	116/176		
2017 年世界银行营商便利度排名	144/190		

资料来源：根据各评级机构报告整理。

四、证券市场

2016 年 1 月，巴基斯坦原有的 3 大证券交易所整合为一家，即统一了巴基斯坦的证券交易所。据世界银行统计，2016 年巴基斯坦 S&P 全球股票指数年变化率为 33.3%，KSE100 指数 2016 年年底为 48 300 点，股市取得 45%的涨幅，被评为全球第 5 佳股票市场。截至 2016 年 5 月，巴基斯坦国内上市公司有 583 家，总市值约 51 547.4 亿卢比。2017 年 6 月 1 日，巴基斯坦股市正式回归 MSCI 新兴市场指数，燃起了投资者对巴基斯坦证券市场的信心。据巴基斯坦政府 2015 年修订的证券法规定，本国投资者按巴基斯坦《公司法》依法成立并且实收资本高于 2 亿卢比便可上市；对于国外投资者，巴基斯坦证券市场完全开放，除了必要的开户审查外，不存在特殊的限制条件，资本可以自由汇出，投资者可以在网上自由买卖股票，并享有与本国投资者相同的权利，这一利好条件吸引了一些境外的证券经纪机构及个人投资者，他们成为巴基斯坦证券期货市场的重要力量。与中国不同的是，尽管巴基斯坦股市操盘手知识老化、年龄偏大，但是其股市架构完善，因此，很少存在大股东操纵市场的现象。对于国外投资而言，除了需要充分了解一些特殊交易规则和监管规定外，还需多关注巴基斯坦国内政治的动荡情况，以降低投资风险。

五、融资环境

巴基斯坦政府积极吸引外资对本国的投资，因此外资企业在巴基斯坦的融资条件较为宽松，与当地企业享有同样的待遇。但对于工程承包项目，巴基斯坦政府不仅要求外资企业开设美元账户并向当地金融机构提供担保，还要求巴基斯坦银行对单一客户的担保额度不能超过客户净资产的 30%，且不能超过该银行注册资本的 30%。巴基斯坦对于融入资金的使用监管相对自由，因此外资企业能够灵活使用流动资金。从融资成本来看，由于受国内通货膨胀的影响，2016 年巴基斯坦央行下调基准利率至 5.75%，目前融资成本在 10% 左右。

从融资方式来看，融资方可以通过五种方式进行：①巴基斯坦本土银行；②巴基斯坦国内外资银行，最好是全球性银行；③以境内注册机构为担保人，向境外注册机构进行融资；④利用集团财务公司进行融资；⑤基于在巴基斯坦上市的宽松条件，亦可在巴基斯坦进行 IPO。

六、外汇管理

根据巴基斯坦外汇账户法案，外资企业可不经央行批准开设外汇账户，这些账户可以从境外汇款亦可以从本地存入现金。外国投资者对于经营成果及资本可以自由汇入或汇出，但需缴纳 10% 的汇出代扣税。对于企业对外借款，规定制造业可无限制地从国内借款，而半制造业和非制造业则限制了借款额度，分别为实缴资本的 75% 和 50%。此外，有些资金的汇入需要向巴基斯坦央行备案，如特许权使用费和技术服务费以及用于购买机械设备的资金。

另外，巴基斯坦政府近年来进一步强化外汇管理业务。2013 年巴基斯坦出台了新的外汇管理规定，要求超过 2 500 美元的交易需提供有效的外国居民身份证件，超过 10 000 美元的交易需提供税号，而超过 25 000 美元则不能进行现金交易，需通过支票或者汇票等方式进行交易。

七、中巴金融合作现状及走向

随着中巴经济走廊与"一带一路"倡议的发展，中巴两国的金融合作发展速度加快。2015 年，中巴签署了《中华人民共和国政府和巴基斯坦伊斯兰共和国政府自由贸易区服务贸易协定银行业服务议定书》，推动了两国金融业的合作。目前，中国工商银行已进驻巴基斯坦，并设立了多家分支机构，致力于为巴基斯坦提供基础设施、能源、交通等方面的资金帮助。巴基斯坦多家银行亦在中国设立了分支机构，包括国民银行、Askari 银行、联合银行（UBL）。2016 年 6 月，中国国家开发银行与巴基斯坦联邦银行签订《关于金融合作的谅解备忘录》，整合两行资源，通过优势互补，全力推动中巴经济走廊建设，同时，双方还启动了金融机构间授信转贷的有关谈判。2017 年 1 月，以中国交易所为首的联合团体收购了巴基斯坦证券交易所 40% 的股票，该联合体成员为中国金融期货交易所、上海证券交易所、深圳证券交易所、中巴投资有限责任公司和巴基斯坦哈比银行，其中，中方交易所占股 30%。此次收购为中国交易所在海外的发展和扩张带来有利影响，与此同时，巴基斯坦交易所也可以学习引入中国交易所的管理经验、模式、资本和产品等，从而为"一路一带"倡议提供长期的资金来源。

在保险业的合作上，2015 年巴基斯坦 EFU 财产保险有限责任公司与中国太平洋保险公司达成合作意向，双方的合作主要服务于中企在巴基斯坦项目的保险业务。随着中巴贸易地不断发展，双方金融领域的合作将涉及银行互通、人民币专项贷款、人民币海外投资等多个方面，并打造多层次的金融平台。

第四节　法律环境分析

一、巴基斯坦属于伊斯兰法系国家

伊斯兰国家和阿拉伯国家有其独特的历史和文化传统，这些历史的印记也体现在这些国家的法律中，共同构成了伊斯兰法系的特点。伊斯兰法系最大的特点是以伊斯兰教义法为基础。而伊斯兰教义又由《古兰经》和先知穆罕默德的《圣训》以及后来的教义学组成。伊斯兰教法兼具宗教和道德规范性质，对穆斯林日常生活、行为和交易习惯做出法律规定，内容极为广泛。而且，伊斯兰法系在现代社会仍然发挥着不容忽视的作用，是东方三大法系（伊斯兰法系、印度法系和中华法系）中唯一现存的活法系。但随着19世纪以来西方文化对伊斯兰国家的影响，伊斯兰法系内的国家也发生了不同程度的变化。一些原本长期信奉伊斯兰教义法的国家放弃了伊斯兰法，转为启用其他法系的法律制度，如土耳其。另外一些伊斯兰国家虽然从整体的角度保留了伊斯兰教义的地位，但是也接受了西方的法律制度，成为混合法系的国家，如巴基斯坦。

二、巴基斯坦诉讼体系

在与巴基斯坦企业进行商务往来的过程中，如遇法律纠纷，可以采用诉致法院寻求解决的方式或者通过仲裁解决纠纷。同时，还可以寻求国际投资争端解决中心的帮助。

（一）巴基斯坦民事诉讼制度

根据《1908年民事诉讼法典》（ThE Code of Civil Procedure，1908）第三条的规定，在巴基斯坦享有民事管辖权的法院自下而上包括小案件法院（Court of Small Causes）、地区法院（District Court）、高级法院（High Court）和最高法院（Supreme Court）。

上述法院的民事审判庭享有该国民事案件的管辖权。就具体案件而言，每一个案件的初审必须在有管辖权的、级别最低的法院进行。根据《1908年民事诉讼法典》和《1887年小案件法院令》（The Small Cause Act，1887）的规定，以下案件由小案件法院管辖：①标的金额不超过25 000塔卡（一种旧货币单位）的民事案件；②金额超过25 000塔卡，但不超过30 000塔卡的民事案件在有政府书面许可的情况下由小案件法院管辖。此外，有些类型的案件被绝对排除在小案件法庭的管辖权范围之外，如涉及妨碍公众利益（public nuisances）和公共慈善（public charities）的案件。不由小案件法院管辖的案件在地区法院进行初审。巴基斯坦各省均设有高级法院，处理地区法院的上诉案件。最高法院在处理高级法院的上诉的同时，拥有重要案件的初审权。但该法院在民事审判中的作用主要体现在对法庭规定的制定。案件初审结束后，均可进行上诉。提起上诉的方式包括原审当事人提起上诉和依据命令进行上诉两种。可以做出上诉决定命令的法院包括原审法院和有上述管辖权的法院。

此外，《1908 年民事诉讼法典》还明确了外国判决的效力。根据该法第十三条规定，外国法院的判决应该在当事人之间形成既判力，除非存在以下情况之一：①外国法院没有管辖权；②外国法院没有分清案件的是非曲直；③从国际法的角度，外国法院判决存在法律错误或拒绝承认孟加拉国法（注：该法典的颁布早于巴基斯坦建国）；④外国判决的结果违反自然正义；⑤因欺诈获得外国判决；⑥违反国家强行法。如果外国法院判决没有上述情形，即可在小案件法院获得相应的效力证明文件。

（二）巴基斯坦仲裁制度

在国际合作日渐频繁的今天，更高效、更专业、更私密，也更和睦的仲裁是诉讼的替代方式之一。巴基斯坦政府在 1940 年颁布了《仲裁法令》（The Arbitration Act, 1940）对仲裁的程序做出了规定。

根据该法，在巴基斯坦，有三种提起仲裁的方式：第一种方式是根据仲裁协议，在没有法院介入的情况下提起仲裁（arbitration without intervention of a court）。这种方式也是其他国家法律中最常见的仲裁方式。但是，与中国等国家差别较大的是，巴基斯坦国法院保留了较多对这种仲裁方式的干预。例如，该法第十一条保留了法院在一定情况下更换仲裁员的权力；第十五条保留了法院在仲裁裁决出现错误的情况下改变裁决的权力；第十六条保留了法院将仲裁裁决发回重审的权力。第二种方式是当不存在未决诉讼时，由法院介入仲裁（arbitration with intervention of a court where there is no suit pending）。根据 1940 年《仲裁法令》第二十条的规定，即使在存在仲裁协议的情况下，双方仍然可以就该协议标的的任意部分向法院提起诉讼。此处，应注意巴基斯坦等受英美法系影响的国家普遍认为仲裁协议并不包含如传统大陆法系国家同类协议般绝对的排除诉讼的效力。第三种方式是诉讼中的当事人可以选择将诉讼中的任意争议部分交付仲裁机构审理。当事人以上述三种方式之一提起了仲裁并获得裁决后，如对裁决不服，可依法向有权审理的法院提起上诉。

同时，巴基斯坦还是国际投资争端解决中心（该中心是依据《解决国家与他国国民间投资争端公约》而建立的）的成员国，并针对该公约制定了 2011 年《（国际投资争端）仲裁法令》。这一法令进一步丰富了该国解决法律纠纷的机制。在该争端解决体制下，当事人可以选择适用国际上熟知的国际投资争端解决中心的仲裁规则、国际商会仲裁规则（ICC Rules of Arbitration）或国际贸易法委员会仲裁规则（UNCITRAL Arbitration Rules）处理争议事项。

第三章 巴基斯坦并购规范

20世纪90年代中期以后,随着经济全球化的不断深入和各国资本市场的日趋完善,企业间的并购活动日渐增加,并购金额屡创新高。并购俨然已经成为拉动一国经济增长、促进该国生产率提高的积极因素。其中,作为国际直接投资主要形式之一的国际间并购,对东道国的经济起着积极的促进作用。跨国并购在为东道国带来资金、先进的管理技术和生产技术的同时,能激化一国国内市场的竞争,进而促进该国生产率及国际竞争力的提高。然而,并购可能带来的上述积极作用都有赖于有效的竞争规则的存在和运行。缺乏完善竞争制度的市场无异于英国作家约瑟夫·鲁德亚德·吉卜林笔下的野蛮丛林,满眼都是弱肉强食,最后的结果是消灭竞争,带来垄断,这并不能增加整个社会的福利。

为了享受有序竞争给本国市场带来的促进作用,避免无序竞争给市场和市场参与者带来的灾难性打击,近年来,世界各国(地区)争相制定、修改竞争法律制度,使之符合本国国情。本章将主要讨论巴基斯坦的并购法律规范,重点分析跨国并购的相关法律制度,并将其与美、欧、中并购法律规范进行对比分析。此外,跨国并购属于国际直接投资的形式之一,一国的经济法律制度和外商投资政策也会影响到跨国并购的可行性,因此本章我们将首先陈述和分析巴基斯坦的外商投资相关政策和制度。

第一节 巴基斯坦外商投资政策

一、巴基斯坦主要外商投资政策概述

巴基斯坦政府和民间一直对外商投资抱以积极的欢迎态度,大力推行经济改革和经济自由化、私有化政策,制定了较宽松、自由的投资政策,希望通过改善政策体系、提供优惠待遇、设立经济特区来增强吸引外资方面的竞争力。下面,我们将从七个方面简单说明巴基斯坦政府在外商投资方面的相关政策,可以充分看出其自由度和宽松度。

(一)投资主管部门

巴基斯坦投资部是联邦政府负责投资事务的部门,下辖的职能部门投资局主要职责包括在投资商与其他政府部门之间发挥联络和纽带作用;建立投资对接数据库,提供投

资商所需的必要信息和咨询服务。巴基斯坦投资局在各省均有分支机构。

（二）投资行业的规定

自 1997 年以来，巴基斯坦在投资便利化和行业开放方面采用自由投资制度，根据巴基斯坦 2013 年的投资政策，除非由于国家安全和公共安全的原因特别禁止或限制，联邦政府宣布允许外国投资者投资所有经济领域，限制投资的 5 个领域为：武器、高强炸药、放射性物质、证券印制和造币、酒类生产（工业酒精除外）。另外，由于巴基斯坦是伊斯兰国家，外国企业不得在当地从事夜总会、歌舞厅、电影院、按摩、洗浴等娱乐休闲业。

此外，在投资限额方面，巴基斯坦政府对任何领域的外国股权投资金额都没有最低要求。除航空、银行、农业、媒体等特定部门外，外国股权比例也没有上限，可以持股 100%。

（三）平等待遇

根据巴基斯坦 1976 年《外国私人投资（促进与保护）法案》、1992 年《经济改革促进和保护法案》以及巴基斯坦投资优惠政策规定，外资与本国投资者享有同等待遇。

（四）投资方式的规定

外商可以采取"绿地投资"或者并购等方式在巴基斯坦投资，有关公司注册管理及上市等工作均由巴基斯坦证券交易委员会（SECP）负责。巴基斯坦对外国自然人在当地开展投资合作并未另行做特殊规定，自然人可以独资（Sole Proprietorship）、合伙（Partnership）或成立公司（Company）的方式进行投资合作，并遵守相关法律规定。

巴基斯坦管理公司的主要立法是"1984 年公司条例"，其中规定了以下类型的公司：

（1）单一成员公司：拥有单一成员和单一董事的私人公司；

（2）私人有限公司：

a. 股份转让的权利受到限制；

b. 成员人数限制为 50 人（不包括在公司工作的人员）；

c. 禁止邀请公众认购公司的股份或债券。

（五）外资投资优惠政策

1. 优惠政策框架

巴基斯坦制定了 1976 年《外国私人投资（促进与保护）法案》、1992 年《经济改革促进和保护法案》以及 2013 年《巴基斯坦投资政策》。其中，2013 年《巴基斯坦投资政策》主要关注降低经商成本和减少步骤，从而加强本国竞争力。该政策提出提高投资者便利度、投资保护、去除监管障碍、公私合营和加强各方协调等在内的经济自由化措施。

此外，巴基斯坦已与中国签署了双边投资协定和避免双重征税协定。

2. 行业鼓励政策

巴基斯坦对外商投资鼓励行业享受设备进口关税、初期折旧提存、版权技术服务费等方面优惠政策①，具体见表 3.1 所示：

表 3.1 巴基斯坦行业鼓励政策

政策内容	制造业	非制造业		
		农业	基础设施/社会领域	服务业
政府批准	除了武器、高强炸药、放射性物质、证券印制和造币、酒类生产外无须政府批准	无须政府批准，但有些需要从有关机构取得证书		
资本、利润、红利汇回	允许	允许		
外商投资上限	100%	100%	100%	100%
机械设备进口关税	5%	0%	5%	0%~5%
税收优惠（初始折旧占厂房设备）	25%	25%		
特许权和技术使用费	对支付特许权和技术使用费无限制	按有关规定允许，第一笔不超过 10 万美元；在前 5 年内不超过净销售额的 5%		

3. 地区鼓励政策

在全国投资政策基础上，巴基斯坦各省区在投资政策方面享有一定的灵活性。占巴基斯坦国内经济总量绝大部分的旁遮普省和信德省，均有本省的投资管理机构，负责投资鼓励政策制定和管理。

（1）旁遮普省主要的外资政策。允许外资 100% 持有股权；预约税务指示制度，即纳税人详细陈述所有交易事项，税务机关根据纳税人提供的资料，给出特定的税务意见；对无法在本省生产或购得的零部件征收 5% 关税；机械进口零销售税；工厂、机械和设备成本 50% 的首次折旧率；用于出口加工的原材料零税率。

（2）信德省主要的外资政策。信德省工业促进委员会、信德省投资委员会、投资咨询部门等机构专门负责解决投资者投资建厂所面临的问题；该省设有较多的工业区、工业园区和出口加工区等，提供相应优惠政策；信德小企业发展促进机构（Sindh Small Industries Corporation）提供各种融资方式，如信贷计划、个体经营融资计划等，满足中小企业的融资需求。

（六）投资调回规定

根据 1947 年《外汇管理法》，1954 年 9 月 1 日以后设立，并经联邦政府批准的工业企业中的外国投资人可以在任何时间以投资来源国货币形式调回原始投资范围内的外国私人投资，该投资获取的利润以及从再投资利润或者资本投资升值中产生的任何额外资

---

① 巴基斯坦针对鼓励投资的详细政策请参见巴基斯坦投资局网站：http://boi. gov. pk/InvestmentGuide/InvestmentGuide. aspx

金数额，并且以上所称的工业企业的债权人可以依照贷款条款和条件调回由联邦政府批准的外国货币贷款及其利息。

（七）外资投资审查部门

对于从事特殊类型业务的外国投资者，需要遵循特殊的审批，要经过特定部门批准，如表 3.2 所示。

表 3.2　　　　　　　　　　特殊行业的外国投资者审批部门

公司类型	审批部门
投资于限制性行业［如武器、高强炸药、放射性物质、证券印制和造币、酒类生产（工业酒精除外）］的公司	工业和投资委员会
银行公司	巴基斯坦国家银行和财政部
租赁公司，投资公司，资产管理和风险投资公司，保险公司	巴基斯坦证券交易委员会

二、巴基斯坦外商投资政策的背景分析

这种敞开怀抱欢迎外国投资的政策导向，自然有着巴基斯坦国内现实的经济背景：

一是巴基斯坦本身的经济发展状况并不理想。从 2009 财年到 2013 财年，巴基斯坦年经济增长率低于 3%。2013 年，巴基斯坦经济凋敝，处于债务违约边缘，不得不接受国际货币基金组织（IMF）新的救助贷款，并按 IMF 要求采取高强度的紧缩政策。通过近几年的结构性改革，巴基斯坦经济逐渐趋稳。2016—2017 财年，巴基斯坦国民生产总值（GDP）约合 3 044 亿美元，经济实际增长率为 5.28%，增速创 2006—2007 财年以来的新高；但是，根据巴基斯坦国家统计局 2017 年 8 月 25 日公布的人口普查报告，巴基斯坦总人口约为 2.08 亿，按此测算的年人均 GDP 不足 1 500 美元。可见，巴基斯坦目前虽然延续经济总体向好的趋势，但经济实力仍比较薄弱，振兴经济还有很长的路要走。

二是巴基斯坦国内电力短缺、基础设施建设相对落后。这些因素会制约经济的发展，急需大量的资金投入解决这一发展瓶颈，但由于巴基斯坦国内经济造血功能不足，单纯依靠国内资金发展基础设施建设是"心有余而力不足"。基础设施落后和投资不足容易陷入恶性循环，即基础设施落后难以吸引投资，加剧了投资不足，投资不足又进一步使得基础设施建设成为无源之水，基础设施落后的状况就迟迟得不到改善。

三是巴基斯坦政府债务持续攀升、负担沉重。巴基斯坦财政部常务秘书阿里夫在接受议会质询时表示，2017—2018 财年末政府债务将达到 24 万亿卢比，债务占 GDP 比重预计将最高达到 70.1%，这一数据创近 15 年来最高值。这一比例超过了《巴基斯坦财政责任和债务限制法》制定的 60% 最高临界值，也比发展中国家可持续发展比例高出 20%。受不断扩张的债务压力影响，巴基斯坦政府偿还债务的支出占国家财政支出的比例已经连续多年高于 30% 的合理水平，极大挤占了国家对教育、医疗和基础设施建设等领域的投入。

从上述分析可以看出，发展资金不足是巴基斯坦当前的经济发展的瓶颈之一，在国内资金供应不足、国家债务难以持续扩张的背景下，大力争取国外直接投资成为解决现实问题的思路之一，正如历史上中国改革开放、吸引外资的实践一样。

三、巴基斯坦外商投资政策的效果分析

巴基斯坦政府出于国内经济发展的现实考虑，出台了宽松的鼓励外商投资的政策，那么这些政策的实际效果如何呢？

2008 财政年度，巴基斯坦外商直接投资净流入 54 亿美元，但在其未来的五年里下降了 73%。直到巴基斯坦穆斯林联盟——纳瓦兹政府于 2013 年 6 月上台，经过一系列鼓励投资政策的出台，外国直接投资才开始有所改善，至 2015 年扭转了下滑趋势。联合国贸发会议发布的 2017 年《世界投资报告》显示，2016 年，巴基斯坦吸收外资流量为 20.06 亿美元，吸收外资存量为 390.17 亿美元。另外，巴基斯坦利用外资的领域相对比较集中，2015/16 财年前三大外资利用领域是电力行业（5.67 亿美元）、油气开发（2.61 亿美元）、电讯行业（2.10 亿美元）。

尽管依靠宽松的投资政策，巴基斯坦止住了外商直接投资下滑的势头，取得了一定成效。但我们也看到巴基斯坦吸收外国直接投资当中存在的问题。

第一，外商直接投资来源国有严重依赖性。巴基斯坦央行指出，来自中国的大额投资是巴基斯坦外商直接投资数据向好的主要原因，其中，中巴经济走廊是巴基斯坦吸引外资的最大单一项目。如果扣除中国投资的部分，巴基斯坦外商直接投资较上财年（注：2014—2015 财年）实际上有所下滑。从这里可以看出巴基斯坦投资政策吸引外资的效果有限。由于中国和巴基斯坦保持着长期的友好关系，是全天候战略合作伙伴，巴基斯坦的地理位置也符合中国的国际战略布局，因此中国对巴基斯坦的直接投资有时是带着国家战略意图在其中，并不看重短期利益，尤其是在中国倡导"一带一路"倡议的背景下，巴基斯坦作为一带一路上的重要节点国家，中国对其投资的力度和热情都会增强，无疑在未来的几年间，中国仍然会是巴基斯坦主要的外资来源国。这和巴基斯坦的外商投资政策的松紧无关，只和国家战略有关。因此很难说巴基斯坦政府所推出的宽松投资政策起到了很好吸引外资的效果。

第二，目前利用外资领域有限，未必能够完全达到巴基斯坦政府的发展意图。如前所述，巴基斯坦经济发展当中一个突出问题是电力短缺，因此发电、供电是巴基斯坦亟待发展的行业，这就不难理解为何电力行业是该国利用外资最多的行业，这充分显示了利用外资发展国民经济短板的思路，估计巴基斯坦政府在该行业的外资引入是较为积极的，乐见其成的。油气开发也属于能源领域，在巴基斯坦外资利用当中位列第二，这也是一些国家在有资源但缺乏技术和资金的情况下，利用外资发展该行业的举措，也无可厚非。自从 2014 年巴基斯坦拍卖了 3G／4G 频谱之后，电讯行业吸引了外国投资的关注，因此排名利用外资领域第三。我们需要注意的是，油气资源属于国家战略资源，电讯行业则涉及国家信息安全问题，因此这两个行业充分利用外资发展，只能作为在资金

饥渴的情况下短期的权宜之举，很有可能未来这两个投资领域会增加门槛，对外资做出一定的限制和选择。除了上述三个领域，金融服务业和食品行业也吸引了一定的外资。从以上分析我们可以看出，巴基斯坦在能够提高技术发展水平、吸收较多就业人口的生产制造业领域吸引外资有限，这可能与该国制造业配套产业不足及符合标准的劳动力供应不足有关。

第二节　巴基斯坦并购法律规范

巴基斯坦在并购方面的法律制度主要集中在 1984 年《公司法令》（The companies ordinance，1984）、2007 年《竞争（并购管制）规则》［Competition（Merger control）Regulation，2007］、2010 年《竞争法令》（The Competition Ordinance，2010）、2015 年《证券法》（Securities Act，2015）以及 2017 年《上市公司（有表决权股份之重大收购与接管）条例》（Listed companies（Substantial Acquisition of Voting Shares & Take overs）Regulations，2017）。同时，2000 年《私有化委员会法令》（Privatizations Commission Ordinance，2000）以及 2001 年《投资审查委员会法令》（Board of Investment Ordinance，2001）也包含了部分涉及投资并购事项的法规。

由上述法令文件确定的，负责巴基斯坦境内并购事务管理的主要机构是巴基斯坦竞争委员会（Competition Commission of Pakistan，CCP）。同时，根据拟并购的企业类型不同，并购双方可能会受到来自巴基斯坦高等法院（High Court）或巴基斯坦证券交易委员会（Securities and Exchange Commission of Pakistan，SECP）等机构的管辖与约束。外国企业并购巴基斯坦企业的时候，也有可能受到该国私有化委员会（Privatization Commission）的监管。

一、巴基斯坦主要并购法律规范概述

并购（Mergers & Acquisitions），是收购与兼并的简称，是指一个企业将另一个正在运营的企业纳入自己企业中间或实现对其控制的行为。由于其对政治或经济层面可能产生的影响，并购从来不是一个轻松而纯粹的话题。对并购的审查更是极有可能融入政治的因素。但是，由于并购极有可能带来的好处，如对资源的优化整合、对成本的降低和对企业发展的激励作用，使得大部分并购法律制度的目的定位于识别并清除那些对竞争的抑制作用大于促进作用的并购行为。巴基斯坦的法律制度通过事前审查的方式，排除上述负面意义大于正面意义的并购行为。

巴基斯坦主要的并购法律制度集中体现在 2007 年《竞争（并购管制）规则》（Competition（Merger control）Regulation，2007）和 2010 年《竞争法令》（The Competition Ordinance，2010）。这两部法律使得该国拥有与世界其他国家接轨的、现代的竞争规制制度。其中，2007 年《竞争（并购管制）规则》明确了具体细化的操作性规定；2010 年《竞

争法令》则在前者的基础上搭建了并购规则制度的总体框架。①

（一）2010年《竞争法令》中包含的巴基斯坦并购制度

以"促进公平竞争、提高经济效率以及保护消费者免受反竞争行为之侵害"为主要目的的巴基斯坦2010年《竞争法令》为该国构建了一个现代化的并购规制制度。该法令中，与并购制度息息相关的内容主要涉及"并购""市场支配地位"等关键概念的明确以及作为并购行为主管机关的竞争委员会的权力之明确。

1. 竞争法令当中与并购相关的重要概念界定

（1）并购（Merger & Acquisition）的定义。

如前所述，并购包涵"合并"及"收购"这两个紧密联系又相互区别的概念。巴基斯坦2010年的《竞争法令》在《前言》中明确该法规制的并购是指"两个或两个以上的企业或者它们的一部分以合并、收购、混合、联合的方式加入一个已经存在的企业或成立新的企业的行为"。同时，该法明确"收购"是指通过购买股票、财产或其他方式进行的企业控制权的变动。上述"合并"及"收购"的行为是巴基斯坦并购法律制度的规制对象。同时，该国通过2007年《竞争（并购管制）规则》对此概念进行了更详细、更明确的定义。

（2）市场支配地位（Dominant Position in market）的界定。

经济学家普遍认为，并购规模太小或目标市场进入容易的并购行为不会对经济产生明显不良的影响。因此，各国在限制并购行为之时，都仅着眼于对市场竞争现状极有可能产生影响的大型并购行为，即"可能通过形成或增强在相对市场的支配地位的方式抑制竞争"②的并购行为。巴基斯坦竞争法明确禁止任何企业进行上述并购行为。换言之，只有达到满足上述条件的并购行为才是该国竞争法规制的对象。

根据巴基斯坦2010年《竞争法令》的规定，当该企业或多个企业拥有不顾其竞争者、消费者及供应商而独立行动的能力时，应当认定其在相对市场应处于支配地位。同时，如果一个企业或多个企业在相对市场占据的市场份额大于百分之四十，将被推定为拥有市场支配地位。

（3）相对市场（Relevant Market）的明确。

根据巴基斯坦2010年《竞争法令》，该法所指的"相对市场"是指由该国竞争委员会在参考产品市场和地理市场因素的前提下确定的市场。该"产品市场"包含所有从消费者的角度上看可相互替代的产品或服务（上述产品或服务的可替代性是由它们的特征、价格或潜在用途决定的）。而"地理市场"则指有关企业提供产品或服务包括的区域、竞争条件足够同质化的区域以及由于竞争条件不同，可以与邻近区域相区别的所有地域。在衡量某一特定并购行为对竞争的影响之际，各方根据该企业或企业群在巴基斯坦竞争委员会确定的相对市场内所占的市场份额，评估该行为可能对该国经济造成的影响。

---

① 考虑到2010年《竞争法令》在巴基斯坦并购法律规范中的基础性地位，下文先介绍2010年《竞争法令》的主要内容，再介绍2007年《竞争（并购管制）规则》中的具体规定。

② 资料来源：2010年《竞争法令》第11节第1条 [Section 11（1）]。

2. 法令明确了竞争委员会审查并购行为的权力

巴基斯坦竞争委员会是该国负责审查并购行为的主要机构。任何企业不得在未取得该委员会同意之前从事并购行为。该国 2010 年《竞争法令》第 11 节（Section 11）明确了该委员会针对并购行为进行审查之际的权力及该审查的具体程序。

根据上述法律制度，一个企业在有意图购买另一个企业的股份和财产之时或者两个及两个以上企业有意全部或部分合并它们的经营行为之时，有关企业应在达成并购的大体合意或签署无约束力的并购协议书之后，尽快告知竞争委员会。上述企业在没有得到后者许可之前，不得进行并购。

相关企业必须按照该国竞争法的要求提供相依的并购申请材料。竞争委员会将根据该国 2010 年《竞争法令》第 31 节（Section 31）的规定，在收到并购行为审查申请之日起 30 天内，以行政命令的方式明确受审查的并购行为是否存在该法第 3 节（Section 3）中明确禁止的滥用市场支配地位的情形。该条款所指的"滥用市场支配地位的行为"是指在相对市场排除、限制、减少或摧毁竞争的行为。上述条款以列举的方式明确滥用市场支配地位的行为包括但不限于限制产量、实行价格歧视、无理由拒绝交易等行为。对竞争不构成实质威胁的并购计划将获得该委员会的批准。

如果，在"第一阶段"（first phase）的并购事前审查中，预计进行的并购行为被认定为存在"以创造或增强市场支配地位方式对竞争起到实质限制作用"的情况下，"第二阶段"（second phase）的审查将被启动。在第二阶段中，相关企业必须按照竞争委员会的要求，向其提供该委员会需要的资料，以辅助后者做出最后的决定。该委员会必须在收到企业再次提供的资料之日起 90 天内做出决定。在该阶段的审查中，相关企业可以提供证据证明预计进行的并购行为对经济发展的促进作用大于其对竞争的负面影响。正如前文中提到的，并购行为虽然在一定程度上可能产生限制竞争的效果，但此类行为也不乏对经济发展的促进作用。而进行并购事前审查的目的在于定位于识别并清除那些对竞争的抑制作用大于促进作用的并购行为。对于促进经济发展的并购行为，执法机关一般不会干预。因此，根据 2010 年《竞争法令》第 11 节第 10 条［Section 11（10）］的规定，企业可以向竞争委员会证明以下情形之一，以换取后者对并购行为的许可：①该行为对生产效率、销售或提供服务的效率有实质性的贡献；②上述贡献无法通过一个对竞争限制较小的方式实现；③该行为对效率的促进作用明显大于对竞争的限制；④预计进行的并购行为是可选择的经营行为中对竞争损害最小的一种。

当竞争委员会认为"第二阶段"审查的并购行为不存在上述第 11 节第 10 条（即对经济补偿作用）列明的情况，该委员会可以做出如下决定：①禁止进行该并购行为；②附条件（委员会明确的条件）的同意该并购行为；③附条件的同意该并购行为，此时，相关企业不得签署该委员会特别指出的某一协议。在上述附条件同意的情况下，竞争委员会保留在一年后，对所附属的条件执行情况进行检查的权力。

（二）2007 年《竞争（并购管制）规则》中明确的细化规定

在 2010 年《竞争法令》的并购规范框架下，2007 年《竞争（并购管制）规则》对巴基斯坦企业的并购行为做出了更为详尽的细化规定。

1. 并购定义的细化规定

根据 2007 年《竞争（并购管制）规则》第 3 节（Section 3）的规定，并购指的是下列情况之一：①两个或两个以上原先彼此独立的企业合并为一个新的企业；②一个企业被另一个企业兼并；③一个或一个以上的个人（或企业）控制另一个或多个企业或者直接（间接）控制一家或多家企业；④一个或一个以上的个人或企业直接购买或间接控制另一个（或多个）企业的全部或部分；⑤一个企业购买另一个企业的财产或股份的行为之结果是使第一个企业在商业上取代或实质取代第二个企业；⑥两个或两个以上的企业签署以达到某一共同目标为目的而共享资源的协议；该协议必须满足以下条件：其目的是联合控制；是独立的实体间的行为；有长期合作的基础。较之上文提及的 2010 年《竞争法令》中包含的并购定义，2007 年《竞争（并购管制）规则》的定义更为详尽地罗列了实践中可能存在并购情形，力争将更可能多的行为纳入并购审查的范围中。

2. 规制门槛的详细规定

并购审查向来以"抓大放小"著称，2007 年《竞争（并购管制）规则》第 4 节（Section 4）更是为该国的并购事前审查设置了清晰的门槛。在进行所有并购行为之前，相关当事方均需通知竞争委员会。但只有达到下列条件之一的并购行为才需要进行该规则第 11 节（Section 11）规定的"第二阶段"的审查：①企业的总资产（不包含商誉）大于 3 亿卢比以及（或者）涉及的所有企业的总价值或并购涉及的股票价值大于 10 亿卢比；②企业上一年度交易额不低于 5 亿卢比以及（或者）所有相关企业的总年度交易额不少于 10 亿卢比、拟并购的股份（拟并购的企业的股份）不少于 10 亿卢比；③交易涉及购买价值 10 亿卢比以上的股份或财产；④在购买企业股份的情况下，交易后买方将拥有卖方全部有表决权的股份的 10% 及以上的；⑤针对资产管理公司的特殊规定：该公司披露的以及在其全部业务中涉及某一实体超过 25% 的有表决权股份。该条款保留该国竞争委员会随着经济发展调整上述门槛的权力。

3. 并购审查的豁免

为了鼓励市场的正常运作并将行政或司法资源集中使用在最有可能抑制竞争的行为上，各国竞争法都会明确并购审查的个别豁免或行业豁免。巴基斯坦 2007 年《竞争（并购管制）规则》第 4A 节（Section 4A）也列举了不需要事先告知竞争委员会的并购行为：①一个控股公司（巴基斯坦境内或境外注册的）增加其在子公司的股份或它的子公司之间相互购买股份或增加相互间的投资的行为；同时，母公司并购子公司以及子公司间的相互并购均享受豁免；②因继承获得股份；③根据权利问题分配有表决权的股份，但该行为并不直接或间接增加取得人占发行者有表决权股份的百分比的情况；④一个企业正常的市场行为包括促成交易以及为自己或他人而购买第三方企业的股份并在购买之日前六个月内以事先约定的价格出售上述股份等。竞争委员会保留对上述享有豁免权的并购进行监察的权力。

4. 对"抑制竞争作用"的详细规定

2007 年《竞争（并购管制）规则》第 6 节（Section 6）明确，竞争委员会在定性某一行为是否存在实质性的抑制竞争作用时，需要考量（但不仅限于）以下的因素：①该行为现实或潜在的对市场的影响程度；②进入市场的自由程度，包括关税及行业规制障碍；③该市场经营者集中的程度和趋势及该市场经营者集合的历史；④对市场补偿作用的大小；⑤市场动态特征，包括增长情况、创新情况以及产品差异情况；⑥所涉及的商业行为或并购行为是否存在失败的可能；⑦并购是否会导致一个有效竞争者被排除出市场。

5. 对竞争委员会决定的上诉

为了保障市场经营者的权力，不过度打击其积极性，各国一般允许并购申请人对主管竞争事务的行政机关的决定提出上诉。根据巴基斯坦 2007 年《竞争（并购管制）规则》第 26 节（Section 26）的规定，并购申请人在不服竞争委员会决定的情况下，有权向该委员会的上诉部门提出上诉。

（三）其他与并购有关的制度

巴基斯坦 2010 年《竞争法令》和 2007 年《竞争（并购管制）规则》构成了该国并购审查的主要法律制度。与此同时，还有部分特殊的并购行为还受到 1997 年《证券交易委员会法令》（Securities and Exchanges Commission of Pakistan Act, 1997）、2001 年《投资委员会法令》（Board of Investment Act, 2001）等法律的约束。

1. 证券交易委员会参与的并购规制制度

根据 1997 年《证券交易委员会法令》第 20 节（Section 20）的规定，证券交易委员会（Securities and Exchanges Commission，SECP）有权制定与股票重大交易、并购及公司接管相关的法律制度。基于上述立法权限，该机构制定了大量法律文件。其中，涉及并购的最新法律规定是 2017 年《上市公司（有表决权股份重大交易和公司接管）规则》（Listed Companies（Substantial Acquisition of Voting Shares & Takeover Regulations，2017）。该法律文件明确了购买上市公司有表决权股份时应遵守的法律制度。而通过购买一个公司的股份取得其控制权正是最古老且最频繁的并购形式，因而有必要在本章对该制度进行简要的介绍。

在这里，我们主要介绍接受证券交易委员会监管的并购行为的范围。根据 2017 年《上市公司（有表决权股份重大交易和公司接管）规则》第 4 节（Section 4）的规定，在发生以下情形的两个工作日内，相关公司必须将情况书面告知证券交易委员会，即任何有表决权股票的购买者拥有的某上市公司此类股票的数量超过该公司总有表决权股票的 10% 的情况。该条款同时规定，在不超过该上市公司有表决权股票总量 30% 的范围内，上述买方可以在第一次购买有表决权股份的二十四个月再买入此类股票而无须再次向证券交易委员会披露交易。2015 年《证券法令》（Securities Act，2015）第 111 节（Section 111）规定，当某一上市公司 30% 的有表决股票被同一实体购买后，其他人不得再购买该公司的此类股票。同时，当一个实体拥有某一上市公司超过 30% 但不超过 50% 的有表决权股票时，该实体可能需要进行该国《证券法令》规定的强制并购。

2. 与巴基斯坦投资委员会相关的制度

巴基斯坦投资委员会（Board of Investment of Pakistan，BOI）是该国贸易信息的提供机构，也是该国贸易政策的提出机构之一。中国企业计划并购该国企业的时候可以向该机构进行咨询，同时该机构也会提供相应的投资机会的信息。

巴基斯坦 2001 年《投资委员会法令》(Ordinance of the Board of Investment, 2001) 是指导该国投资委员会工作的主要法律文件。该法第 9 节 (Section 9) 列举了该委员会的各项职能，条文中虽然规定了该委员会有"通过、评估及促进各项外资投资计划"的权力，但该委员会并不会对针对该国企业的并购行为设置具体的障碍。在这点上，巴基斯坦投资委员会与美国等西方国家的投资委员会在职能上还是有区别。

二、巴基斯坦并购法律规范评价

对于巴基斯坦来说，其并购法律规范（主要是指竞争法令）受到当今世界普遍规则的影响，并不是自成体系的。因此，了解当前世界三大竞争法体系，有助于我们更好地分析说明巴基斯坦并购法律规范的特点。

（一）对美国、欧盟、中国并购法律规范的分析

美国、欧盟和中国共同组成了当今世界三大竞争执法区，三者的竞争法律制度都反映着该国的特色和需求。在竞争法领域最受关注，同时也是最敏感的并购制度（或具体到跨国并购制度）就更是一国政治取向和经济需求的集中反映。

1. 美国并购制度简介

世界上第一部竞争法律是美国在 1890 年颁布的《谢尔曼法》(Sherman antitrust Act of 1890)。该法开创了一个全新的法律领域——以维护竞争秩序、保证经济持续发展为己任的竞争法。可以这样说，美国是竞争法和并购制度的开山鼻祖，在这个领域里面，中国和欧盟大多向美国看齐。

《谢尔曼法》第 1 条就涉及并购法律制度。该条款指出"任何限制洲际或外国之间的贸易或商业的契约，以托拉斯形式或其他形式的联合，或合谋，都是非法的。"直到 20 世纪 50 年代，美国法院和政府一直试图使用该条款规制可能对竞争产生不利影响的并购行为。但是，在一次又一次的司法实践中，执法者一再发现《谢尔曼法》在规制有害并购行为时的有心无力。例如，United States v. Columbia Steel Co. (1948) 案中，执法者竟然无法用《谢尔曼法》的规定避免一个"不以激烈价格竞争闻名的产业中的最大公司能够买下它最大的竞争对手"。这一情况促使美国立法机关修订原本的《克莱顿法》第 7 条，使之成为新的规制并购行为的有效工具。该条款明确了美国并购审查制度的大框架：

《克莱顿法》第 7 条 A 规定，任何人不得在未提前申报并通过等待期之前直接或间接取得其他人的投票权证券或资产。同时，该条款明确并购行为涉及以下情形之一的，必须进行事前申报：①取得人或投票权证券、资产被取得的人是从事商业或从事影响商业的活动；②拥有总资产或总资产 1 000 万美元以上的制造业公司的投票权证券或资产；拥有总资产或年净销售额 1 亿美元以上的人，取得另一家总资产 1 000 万美元以上的非制造业公司的投票或证券或资产；拥有总资产或年净销售额 1 000 万美元以上的人，取得另一家总资产或年净销售额 1 亿美元以上的人的投票权证券或资产；③由于上述取得，取得方将拥有上述①被占有人的 15% 以上的投票权证券或资产。《克莱顿法》第 7

条 B 规定，明确并购行为事前审查的机构为联邦贸易委员会和司法部。《克莱顿法》第 7 条 C 则列举了不需要通过事前审查的并购行为。

在《克莱顿法》之后，美国和世界经济不断发展，新的经济局势促使美国进一步完善其并购审查制度，尤其是跨国并购制度。具体而言，到了 20 世纪 80 年代，美国经济的比较优势逐渐减弱，大量外资尤其是日本资金涌入美国。美国社会在享受外资好处的同时，对外资并购表现出极大的担忧，担心外资会深度介入敏感行业以致危机美国国家安全。在此情况下，1988 年，美国国会通过了《埃克森-弗罗里奥修正案》（Exon-Florio Amendment）。该法案开创了美国并购制度中最具特色的并购安全审查制度。该机制主要由美国外国投资委员会和总统负责，所有可能威胁美国国家安全的外资并购都要经过此审查。根据该法的规定，上述两机构从以下五方面出发，权衡拟进行的并购是否对美国国家安全造成不利影响：①国内生产需要满足将来国防需求；②国内产业用以满足国防需求的能力，包括人力资源、产品、技术、材料及其他供给和服务；③外国公民对国内产业和商业活动的控制及其对满足国防需求能力所带来的影响；④向支持恐怖主义或者扩散导弹技术或化学与生物武器的国家销售军用物资、设备或技术的潜在影响；⑤交易对美国技术领导地位潜在的影响。

虽然在之后的执法过程中，美国政府部门对并购安全审查的态度逐渐变得不那么严苛，但仍然有不少外国企业在该审查的过程中遭遇"滑铁卢"，不得不放弃拟进行的并购计划。如我国企业华为拟在美进行的并购就多次未能通过安全审查。并购安全审查是美国特有的制度，也反映了美国对待外资并购的态度。但是，严格的法律制度并没有打消投资者的激情，根据统计，在 2016 年美国仍是承接国际直接投资最多的国家。可见，投资者在选择投资目标国之时不单考虑该国法律制度要求的繁简，市场的繁荣稳定和政治安全才是投资者考虑的首要因素。

2. 欧盟并购制度简介

并购制度是欧盟竞争法不可或缺的组成部分。规范欧盟并购制度的主要法律文件包括欧盟于 1989 年 12 月 21 日颁布的第 4046/89 号条约［Council Regulation（EC）No. 4046/ 89 of 21 December 1989 on the control of concentrations between undertakings］、于 2014 年 4 月 7 日颁布的第 802/2004 号条约［Council Regulation（EC）No. 139/ 2004 of 20 January 2004 on the control of concentrations between undertakings the EC Merger Regulation］以及 2008 年 11 月 20 日颁布的关于并购的第 1033/2008 号条例［Council Regulation（EC）No. 1033/2008 of 20 october 2008 about implement of the EC Merger Regulation］。根据上述法律文件，欧盟（或成员国）并购审查制度是一个必经的事前审查制度。

欧盟并购审查制度最显著的特征是欧盟法与成员国法的并轨存在。根据欧盟 2014 年第 802/2004 号条约的规定，欧盟竞争委员会（European Union Competition Commission）对有可能影响整个欧盟市场的并购行为享有审查权；只对某一成员国可能产生影响而对整体欧盟市场并无影响的且规模较小的并购行为之审查权由各成员国竞争审查机构享有。该条约第 1 条明确了存在下列情形的并购行为由欧盟竞争委员会管辖：拟开展的并购所涉及的所有企业的全球年营业额达到 50 亿欧元以上；而且，拟开展的并购所涉及的企业中至少有两个企业在欧盟内年营业额达到 250 万欧元以上（除非每一个上述企业有三分之二以上的年营业额是在同一个欧盟成员国内实现的）。没有达到上述条件的企业之间的并购如果存在以下情形之一，也有可能被纳入欧盟竞争委员会的管辖：①拟开展的并购所涉及的所有企业的全球年营业额达到 25 亿欧元以上；②拟开展的并购所涉及的所有企业在至少三个以上欧盟成员国实现的营业额达到 100 万欧元以上；③在上一条件中的三个成员国里，至少两个以上拟开展的并购的企业的营业额达到 25 万欧元；④至少两个以上拟开展的并购的企业的营业额达到 100 万欧元。

在确定并购审查的管辖权后，欧盟竞争委员会的审查也分为"初审"和"正常程序"两个阶段。在初审中，竞争委员会评估拟进行的并购行为是否会对竞争造成严重的影响。如果没有这个可能，并购计划将被许可；如果有这个可能，第二阶段即正常审查程序将被启动。但第二阶段审查的目的不在于冻结有可能对竞争产生影响的并购行为，而在于与相关企业一起寻求消除这一对竞争负面影响的方式。

3. 中国并购制度简介

中国的立法机关在制定反垄断法时将"经营者合并""经营者通过取得股权或者资产的方式取得对其他经营者的控制权""经营者通过合同等方式取得对其他经营者的控制权或者能够对其他经营者施加决定性影响"统称为"经营者集中"。①

根据中国国务院 2008 年公布的《关于经营者集中申报标准的规定》第三条，达到以下标准之一的经营者应当事先向国务院商务主管部门申报，未申报的不得实施集中：①参与集中的所有经营者上一会计年度在全球范围内的营业额合计超过人民币 100 亿元，并且其中至少两个经营者上一会计年度在境内的营业额均超过人民币 4 亿元；②参与集中的所有经营者上一会计年度在境内的营业额合计超过人民币 20 亿元，并且其中至少两个经营者上一会计年度在境内的营业额均超过人民币 4 亿元。

根据《中华人民共和国反垄断法》第二十七条的规定，中国竞争执法机构在综合考虑下列因素之后对经营者集中审查做出同意、附条件同意和不同意的决定：①参与集中的经营者在相关市场的市场份额及其对市场的控制力；②相关市场的市场集中度；③经营者集中对市场进入、技术进步的影响；④经营者集中对消费者和其他有关经营者的影响；⑤经营者集中对国民经济发展的影响；⑥国务院反垄断执法机构认为应当考虑的影响市场竞争的其他因素。

除了适用于所有并购行为的法律制度之外，中华人民共和国商务部、国务院国有资产监督管理委员会、国家税务总局、国家工商行政管理总局、证券监督管理委员会、国家外汇管理局等六部委于 2006 年公布了《外国投资者并购境内企业暂行规定》（以下简称《规定》），并于 2009 年进行了修订。该《规定》在总则中明确，外国投资者并购境内企业应遵守的法律、行政法规和规章，须遵循公平合理、等价有偿、诚实信用的原则，不得造成排除或限制竞争，不得扰乱社会经济秩序和损害社会公共利益，不得导致国有资产流失。同时，外国投资者并购境内企业，应遵守关于投资者资格的要求、产

---

① 中华人民共和国《反垄断法》第二十条。

业、土地及环保等方面的法律法规。依照《外商投资产业指导目录》不允许外国投资者经营的产业，并购不得导致外国投资者持有企业的全部股权；需由中方控股的产业，该产业的企业被并购后，仍应由中方在企业中占控股地位或相对控股地位；禁止外国投资者经营的产业，外国投资者不得并购从事该产业的企业。该法律文件明确了外国投资者在通过购买股权和资产并购境内企业的公司决议和行政审判程序。此外，该《规定》第五十一条规定，有以下情形的，外国投资者应就所涉情形向商务部和国家工商行政总局报告：①并购一方当事人当年在市场营业额超过人民币 15 亿元；② 1 年内并购国内关联行业的企业累计超过 10 个；③并购一方当事人在国内的市场占有率已经达到 20%；④并购导致并购一方当事人在的占有率已经达到 25%。对于未达到上述条件的并购事宜，商务部或国家工商行政总局认为外国投资者并购涉及市场份额巨大，或者存在其他严重影响市场竞争等重要因素的，也可以要求外国投资者做出报告。

另外，中国也存在类似于美国外资并购安全审查的制度。根据国务院于 2011 年公布的《外资并购境内企业安全审查制度》的规定，外国投资者并购境内重点行业、存在影响或可能影响国家经济安全因素的，应向商务部进行申报。如并购军工及军工配套企业，重点、敏感军事设备周边企业等企业以及关系国家安全的重点农产品、重要能源和资源、重要基础设施、重要运输服务等企业。

（二）对巴基斯坦并购法律规范的对比分析与评价

从上述对美、欧、中三个经济体的并购法律规范的简要说明可以看出，美国并购法律规范的特点在于"并购安全审查制度"；欧盟的特征在于"欧盟法与成员国法的并轨存在"；中国则在反垄断方面不是非常成熟，对外资并购的审查充满不确定性。我们认为，总体来说，美、欧、中对外资并购呈现出一种相对审慎的态度。原因在于，尽管各国都在积极吸引外资促进本国经济发展，对外商投资持欢迎态度，但是绿地投资比跨境并购的形式更受东道国政府的欢迎。因为绿地投资能带来更多增量资本，吸收更多就业人群，增加新的厂商促进市场竞争；而并购通常是对原有资本的重新整合，可能增加了金融资本，但是生产性资本增量较少，并且并购后通常面临裁员，难以增加就业，还可能因为并购造成了资源进一步集中从而形成垄断，这些都是东道国政府不愿意看见的。这就不难理解美、欧、中这些较为成熟的经济体对外资并购的审慎态度了。

与有"三大竞争法执法专区"之称的美国、欧盟以及中国的并购法律规范相比，巴基斯坦的并购法律规范体现出对外资并购更多的宽容，不失为一个现代化的、较为完善又不失简洁的、可操作性强的法律制度。主要体现在以下几点：

（1）关于市场支配地位，在市场份额超过百分之四十就会被"推定"为拥有支配地位，且该份额不会因为相关企业数量增减而变化。可见，巴基斯坦规制的门槛是比较低的，企业的并购行为很容易被纳入被审查范围内。但相关企业可以进行反证推翻该推定。

（2）关于竞争委员会的职权和办事流程（"第一阶段""第二阶段"）与世界上的其他国家别无二致，可以做出的决定也是中规中矩。可见，巴基斯坦竞争法国际化程度很高，非常便于外国企业对该国企业进行并购。

（3）关于相对市场，巴基斯坦的法律在考察市场的产品因素和地理因素，并没有明确提出会考虑时间因素。因此，认定相对市场及支配地位在一定程度上的不确定性。

（4）关于涉及证券交易委员会的并购，即通过购买上市公司有表决权股票方式进行的并购，巴基斯坦也和世界上其他国家一样（如美国、中国），为了保护中小投资者和市场的安全，将拥有"30%的有表决权股票"（经济学认为某一实体拥有上市公司表决权超过30%即可控制该公司）视为红线，必须向监管机关披露；将"50%的有表决权股票"视为底线，极有可能引发强制并购（强制拥有控制权的实体买下其他的表决权，承担全部的风险）。

在证券法上巴基斯坦虽然没有进行法律制度的创新，但是实现了经济法体系内部的衔接。可见，该国拥有一整套完善、现代化、国际化的并购制度。该国政府并没有在法律层面给外国投资者的并购行为设置过多的障碍。

第四章　巴基斯坦税收规范

第一节　巴基斯坦税收规范概况

中国和巴基斯坦均属于发展中国家，得益于中巴经济走廊建设，中国在巴基斯坦的电力、油气开发、交通运输业等领域投入巨大。根据巴基斯坦 2016—2017 财年经济运行情况数据显示，中国对巴基斯坦直接投资 11.86 亿美元，较上年 10.64 亿美元增长 11%，连续 3 年在巴基斯坦外国直接投资（FDI）来源国中排第一位，是巴基斯坦实现 FDI 增长的主要力量。现阶段，巴基斯坦正在通过税收优惠、税收抵免、折旧和资本支出的特殊津贴、对外国直接投资的税收条约和减少关税等税收制度或税收政策来吸引投资。因此，对中国和巴基斯坦税收进行详细比较分析，有利于中国企业和中国投资者熟悉和遵守当地法律制度，并为中国企业和中国投资者进行合理的纳税筹划提供依据。

巴基斯坦税收的主管部门为巴基斯坦联邦收入委员会（Federal Board of Revenue），隶属于巴基斯坦财政部，该部门负责制定和实施税收政策，以及联邦税收的征收和管理。巴基斯坦税收主要分为所得税、财产税、资本利得税、注册和执照税以及货物和劳务税 5 大类，其中，销售税、所得税、消费税和关税为其主体税。巴基斯坦现行公司所得税法为 2001 年《所得税法令》和 2002 年《所得税规则》；巴基斯坦现行销售税法为 1990 年《销售税法》及各省级服务销售税法。此外，税务局还颁布了各项具体规则，有 2001 年《出口关税和税费减免规则》、2005 年《认可农用拖拉机制造商退税申请规则》、2006 年《针对地震灾后重建国际招标的免税供货规则》、2006 年《销售税规则》、2007 年《销售税特别规则》、2007 年《销售税特别程序（预扣规则）》、2008 年《出口型单位和中小企业规则》、2008 年《向阿扎德查谟和克什米尔登记人退还销售税规则》、2013 年《关于（汽水）产能的联邦消费税和销售税规则》等；巴基斯坦联邦消费税法为 2005 年《联邦消费税法》和 2005 年《联邦消费税规制》；巴基斯坦关税法为 1969 年《关税法》（1969 年第四部）和 2001 年《关税准则》。除上述主体税种之外，还有其他小税种，具体包括印花税、资本利得税、未分配利润税等。巴基斯坦主要税收结构见图 4.1。

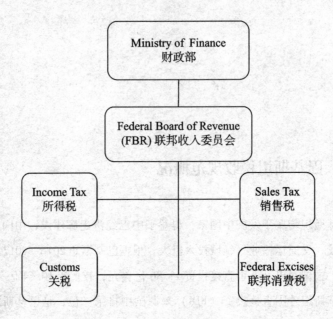

图 4.1 巴基斯坦主要税收结构图

巴基斯坦联邦收入委员会由委员会主席、7 位总主管、操作性部门、支持性部门和职能性部门构成。其中，操作性部门包括海关部门和税务局；支持性部门包括战略策划部门、法律援助部门、行政管理部门、税收政策部门和信息技术部门；职能性部门包括纳税人培养及简化组织部门、执法部门、纳税人审计部门、内部审计部门和人力资源管理部门，具体见图 4.2。

由于巴基斯坦为联邦制国家，税收又分为联邦、省、地三级，其中联邦税约占总税收收入的 70%，其中商品和服务税占财政收入的比重约为 30%，且整体呈上升趋势，具体见图 4.3。

从巴基斯坦商品和服务税占财政收入比重来看，涉及商品和服务的税种对巴基斯坦财政收入有举足轻重的作用，因此对巴基斯坦相关税收进行详细分析对中国企业和中国投资者有重要实践意义。本章将依据巴基斯坦税法对企业所得税、销售税、消费税和关税四大主体税进行详细分析，对其他小税种进行简要概述，为中国企业和中国投资者了解和掌握巴基斯坦有关税收体系和相关法规提供借鉴。

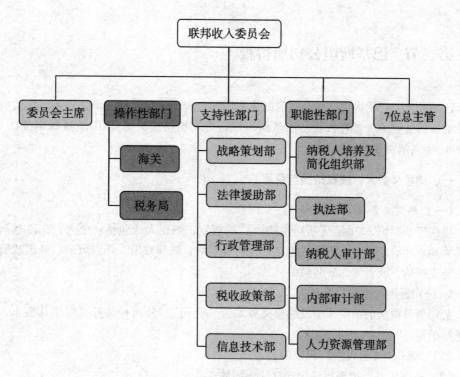

图 4.2 巴基斯坦联邦收入委员会结构图①

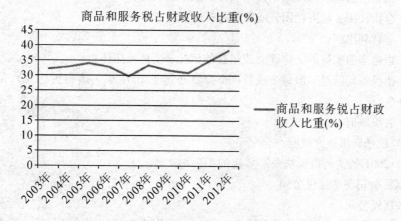

图 4.3 巴基斯坦商品和服务税占财政收入比重图

资料来源:《国际统计年鉴》2003—2012 年数据。

---

① 资料来源:巴基斯坦联邦收入委员会网站,http://www.fbr.gov.pk/Contents/Organogram-of-FBR/59

第二节 巴基斯坦公司所得税

巴基斯坦公司所得税是联邦政府的主要税种之一，是对巴基斯坦公司生产经营所得和其他所得征收的一种直接税。巴基斯坦现行公司所得税法为 2001 年《所得税法令》和 2002 年《所得税规则》。

一、纳税义务人、征税范围与税率

（一）纳税义务人

根据巴基斯坦 2001 年《所得税法令》的规定，纳税人士包括：个人；在巴基斯坦或其他地点注册、成立、组织或建立的公司或组织；联邦政府、外国政府、外国政府的政治分支机构，或者国际公共组织。

1. 公司所得税的纳税义务人

公司所得税法的纳税人士及纳税义务人为"公司"，公司有义务独立于其股东，单独进行纳税。"公司"具体是指：

（1）1984 年《公司法》界定的公司；

（2）根据巴基斯坦现行法律成立法人团体；

（3）盈利分享实体；

（4）根据巴基斯坦以外国家公司法注册成立的机构；

（5）合作社团、融资社团，或者其他社团；

（6）非营利组织；

（7）根据当前实行的法律建立或组建的信托、实体或团体；

（8）由税务局通过一般命令或特别命令宣布属于 2001 年《所得税法令》范畴之内的外国协会；

（9）省级政府；

（10）巴基斯坦地方政府；

（11）2001 年《所得税法令》界定的小公司。

2. 居民公司与非居民公司

（1）居民公司。

任何公司在某个纳税年度若符合下列情形，则构成该年度的居民公司：①根据巴基斯坦现行的法律注册成立或组建而成；②公司事务的控制及管理部门在年度任何时间完全位于巴基斯坦；③巴基斯坦的省级政府或地方政府。

（2）非居民公司。

根据 2001 年《所得税法令》，公司如果在某个纳税年度并非居民公司，则在该年度构成非居民公司。

（二）征税范围

根据 2001 年《所得税法令》中的规定，公司所得税的主要征税范围如下：

1. 对应纳税所得额征税

在符合 2001 年《所得税法令》规定的前提下，纳税人在纳税年度获得应纳税所得额的，均应当按照 2001 年《所得税法令》中规定的一个或多个税率，缴纳该纳税年度的所得税。应缴纳所得税的具体办法是纳税人在该年度的应纳税所得额乘以所得税税率（2001 年《所得税法令》中规定的一个或多个税率），然后从所得金额中减去该纳税人在该年度享有的税收抵免。

2. 对股息征税

在符合所得税法规定的前提下，纳税人获得公司股息，均应按照规定的税率缴纳股息税。股息税税款金额等于股息总额乘以相应税率。附加费的缴付、征收、扣缴和预缴应当按照所得税法规定的时间和方式进行。

3. 对未分配储备金征税

在符合所得税法的前提下，公众公司在纳税年度获得利润但在该纳税年度结束后六个月内未分配现金股息或者在分配了股息之后，储备金超过其缴清股本的百分之百的储备金，应当被视为公司的收益进行处理。

如果公司纳税人满足下列条件，则不需要对未分配的超额储备金进行纳税：

（1）在纳税年度结束后六个月内，所分配的利润等于税后利润百分之四十或者缴清股份的百分之五十的公众公司；

（2）符合 2001 年《所得税法令》规定的免税公司；

（3）至少百分之五十的股份由政府持有的公司

上述规定中的"储备金"包括从收益或其他盈余中计提的金额，但不包括资本储备金、股份溢价以及法律法规要求设立的储备金。

4. 对非居民获得特定付款征税

在符合所得税法规定的前提下，任何非居民获得任何来源于巴基斯坦的专利权使用费或技术服务费的，均应按照指定的税率缴纳相应税款。

下列三种情况的专利权使用费和技术服务费不适用 2001 年《所得税法令》：

（1）如果产生的专利权使用费的财产或权利与该非居民在巴基斯坦的常设机构存在关联；

（2）产生技术服务费的服务通过该非居民在巴基斯坦的常设机构提供；

（3）属于法令规定可免税的专利使用费或技术服务费。

（三）公司所得税税率

1. 公司应纳税所得额征税的税率

（1）银行公司以外公司的应纳税所得额的税率在 2018 年这一纳税年度及后续年度应为 30%；

（2）如果纳税人为所得税法界定的小企业，则应适用 25% 的税率。

2. 股息税及附加税税率

（1）股息税税率。

根据所得税法令规定，对公司纳税人获得的股息应按下列税率计算应缴纳税款：对于 WAPDA 私有化电力项目购买者宣布派发或分发的股息，或者为发电目的成立公司股份的股息，或者负责专门为发电项目供应煤炭的公司的股息，应按 7.5%税率计算；纳税人从共同基金获得的股息，应按 10%计算应纳税款；不满足上述两种情形，则按 12.5%纳税；自 2015 纳税年度起，公司纳税人从股票型基金以外的集体投资计划、REIT 计划或共同基金获得股息，应按 25%的税率应税。

（2）附加税税率。

不同纳税人的附加税税率如表 4.1 所示。

表 4.1　　　　　　　　　　附加税税率表

纳税人	附加税税率
银行公司	所得额的 4%
银行公司以外的、所得额等于或超过 5 亿卢比的纳税人	所得额的 3%

3. 针对向非居民支付特定款项的税率

向非居民支付的特定款项征收的税率，应当为专利权使用费或技术服务费总额的 15%。

4. 通过处置证券获得的资本收益

根据所得税法规定，通过处置证券获得的资本收益应按表 4.2 中的税率计算应缴税款：

表 4.2　　　　　　　　　　证券投资收益税率表

序号	期间	2016 纳税年度税率
1	如果证券持有期少于十二个月	15%
2	如果证券持有期多于十二个月，但少于二十四个月	12.5%
3	如果证券持有期达到二十四个月或以上，但少于四年	7.5%
4	如果持有期超过四年	0%

5. 通过处置不动产获得的资本收益

根据所得税法规定，通过处置不动产获得的资本收益应按表 4.3 中的税率计算应缴税款：

表 4.3　　　　　　　　　　不动产投资收益税率表

序号	期间	税率
1	如果不动产持有期不超过一年	10%
2	如果不动产持有期超过一年，但不超过二年	5%
3	如果不动产持有期超过两年	0%

二、应纳税所得额的计算

按照巴基斯坦联邦政府公布的 2001 年《所得税法令》规定，应纳税所得额是任何纳税人在某个纳税年度的所有收入科目下的收入总和，扣除该纳税人根据规定的该年度全部可扣除的免税额。

（一）收入总额

为便于征税和计算收入总额，2001 年《所得税法令》规定所有收入均应按相应收入科目进行归类：工资、财产收入、业务收入、资本收益和其他来源收入。其中，在公司所得税应纳税额的计算中，收入科目主要包括业务收入、资本收益和其他来源收入。在符合规定的前提下，上述某个收入科目的金额，应是该纳税人在某个纳税年度获得的该科目下的应税金额之和，减去该纳税人在该科目下可扣除的全部金额。如某科目下的可扣除金额超过其应税金额，则该科目在该纳税年度出现亏损，亏损金额等于超出的金额。如果纳税人为巴基斯坦居民，则在计算期收入时，应考虑到来源于巴基斯坦国内和国外的收入总额；而在计算非巴基斯坦居民收入时，仅考虑其来源于巴基斯坦境内的收入金额。

1. 收入科目：业务收入

（1）一般业务的收入。

2001 年《所得税法令》中的业务收入是指巴基斯坦公司在某个纳税年度的下列金额之和，包括营业收入、租金收入、债务利息收入：

① 营业收入。

营业收入一般指企业通过销售货物和提供劳务获得的收入。按巴基斯坦 2001 年《所得税法令》规定，营业收入为巴基斯坦公司在该纳税年度的任何时间内经营的任何业务的利润及利益。任何贸易组织、行业组织或类似组织通过向其成员销售货物或提供服务而获得的收入。

② 租金收入。

租金收入是指通过租赁有形资产而获得的收入。按规定，如果银行、发展金融机构、盈利分享实体或租赁公司等出租人向其他人士或企业出租任何资产，不论其是否拥有所有权，承租人支付或应付的该资产的租金应计入业务收入科目下应税。

③ 利息收入。

银行或非银行金融机构公司的、共同基金或者私募股权与风险投资基金使用其债务利息收入分配的金额，应计入在"业务收入"科目。

④ 其他业务收入。

根据规定，任何巴基斯坦公司在过去、目前或潜在的某种业务关系的过程中，或者凭借该业务关系而获得任何利益或津贴，无论其是否可以转换为现金，都应将该笔利益或津贴计入公司所得税应税收入中。

（2）投机业务。

2001 年《所得税法令》中的投机业务指商品购销合同以商品的实际交付或转让之

外的方式定期交割或最终交割的业务，其中商品既包括实物商品也包括股票及股份。该业务在某个纳税年度取得的、按照2001年《所得税法令》计算的利润及收益应当计入该公司在该纳税年度内的"业务收入"科目中，但是需要与该公司经营的其他业务收入进行区分，相互独立。

下列为避免遭受损失开展的业务不包括在投机业务范畴内：

① 任何公司在制造或买卖业务的过程中，为避免因原材料或商品未来价格变动带来的损失，履行其关于实际交付待生产货物或待售商品的合约而签订的合同；

② 经销商为规避其持有的股票或股份由于价格波动带来损失而签订的关于股票及股份有关合同；

③ 公司以期货市场或证券交易员的身份开展正常业务过程中，为避免遭受损失而签订的套利性质的合同。

2. 收入科目：资本收益

资本收益，是指2001年《所得税法令》中的"计算在处置证券时获得的资本收益"。除该2001年《所得税法令》列明的免税收益外，任何巴基斯坦公司在某个纳税年度通过处置资产而实现的收益，都应当计入该年度的"资本收益"科目计算应纳税所得额。

（1）通过处置资本资产的收益。

① 资本资产的含义及内容。

"资本资产"是指任何公司持有的任何类型的财产，无论是否与其业务相关。但不包括下列财产：

a. 未完成公司经济业务目的而持有的存货、消耗品或原材料；

b. 持有者有权扣除折旧的财产，或有权扣除摊销额的财产；

c. 为个人目的而持有的不动产。

② 资本资产收益的计算。

"资本资产"收益的计算方式如下：

资本资产收益=某公司通过处置资本资产而获得的对价-该项资产的成本

在采用上述公式计算资本资产收益时，除公众公司的股份外，公司持有该资产达一年以上的，需要按处置资产收益的四分之三核算其资本资产收益。

在核算上述公式中"该项资产的成本"时，需要注意以下几个问题。按规定，资本资产持有下列的支出金额不得列入资本资产的成本中：依据规定而扣除或者可扣除的开支；依据规定，在计算"业务收入"科目下的应税收入时，不允许扣除的款项；如果某项资本资产是通过馈赠、捐赠或遗嘱，继承、遗传或法定转移，某组织解散时分配的资产以及某公司清算时分配的资产，则应将在被持有主体转让或收购日的该资本资产的公允市场价格作为该项资产的成本。

（2）通过出售证券实现的资本收益。

① 基本概念。

证券：根据规定，证券指公众公司的股份、巴基斯坦电信公司的票证、盈利分享证书、可赎回的资本工具、债券和衍生产品。

债券：包括企业债券（例如：定期融资证书、记名债券、商业票据或者在巴基斯坦注册的企业发行的各种债务工具），以及政府债券（例如：短期无息国库券、联邦投资债券、外币债券以及法定机构发行的各种债务工具）

② 出售证券收益的计算。

公司（不包括银行机构和保险公司）通过处置证券，除 2001 年《所得税法令》免税收益外，获得的资本收益，应按下列公式计算：

出售的证券收益＝持有公司通过处置该证券而获得的对价－该证券的收购成本

在计算收益时需要注意，某证券持有者在某个纳税年度处置证券时出现损失，则该项损失只能用其持有主体的其他应税证券收益进行抵消，不得转至下一纳税年度。

3. 收入科目：其他来源的收入

公司在某纳税年度获得的各种类型的收入若未计入其他科目中（根据规定免税的收入除外），则应在该年度计入"其他来源的收入"科目。

"其他来源的收入"科目具体包括：

（1）股息；

（2）专利权使用费；

（3）债务利息、税法规定的退税延迟补偿款；

（4）地租；

（5）通过转租土地或建筑物而获得的租金；

（6）通过租赁建筑物及配套设备或机器而获得的收入，以及通过提供与建筑物租赁相关的便利设施、公用事业服务或者其他服务而获得收入；

（7）因提供财产或其他使用或利用机会（包括授予关于探索或利用自然资源的权利）而获得的其他对价金额。

（二）税前扣除

1. "业务收入"科目的税前扣

（1）"业务收入"科目税前扣除的一般原则。

在计算"业务收入"科目的应税收入时可扣除项目：在符合所得税法令的前提下，在计算公司纳税人在某个纳税年度的"业务收入"科目下的应税收入时，可扣除其在该年度、基于商业目的而产生的开支。具体如下：如果被用于商业目的的动物死亡或永久性地无法用于该目的，则这些动物的实际成本与其实际金额之间的差额可予以税前扣除；如果纳税人发生的开支是在收购使用寿命超过一年的资产或无形资产的过程产生，或者开业前发生的成本，则纳税人应对此部分开支计提跌价准备或者予以摊销；如果任何开支是由某个合并后的公司为获得法律及金融咨询服务而产生，或者是为实现合并计划而发生的管理费用，则可在"业务收入"科目予以税前扣除。

在计算"业务收入"科目的应税收入时不允许扣除项目：纳税人在巴基斯坦或其他国家已缴纳或应缴纳的、其业务利润或收益被征收的或被估定的地方税、税费或税款；符合"源头扣除"规定的汇款，即从所取得的金额中扣除的税款；纳税人向非居民支付的、须扣除税款的工资、租金、中介费或佣金、利润利息或其他款项；超过所规定的限额或违反所规定条件的娱乐开支；公司纳税人为满足雇员利益而设立的任何公积金或其他基金中缴纳的款项；公司纳税人因违反法律、法规或条例而缴纳的或者应缴纳的罚款或罚金；结转至某项准备金或者以任何方式资本化的金额；在某个账户科目下支付或应付的，总计超过五万卢比，并通过载明公司纳税人业务银行账号及转账金额的划线支票、银行划线汇票、划线支款凭证或其他任何银行划线单据以外的方式支付的交易开支。

（2）"业务收入"科目税前扣除的特殊规定。

① 折旧。

在符合 2001 年《所得税法令》的前提下，公司纳税人在纳税年度的业务中使用的应计提折旧资产的折旧可予以扣除，可扣除的折旧额应按年纳税年度期初的资产减记价值乘以指定税率计算（折旧税率见表 4.4）。如果某个纳税年度使用的应计折旧资产，部分用于获取应税业务收入，部分用于其他用途，则允许在该年度扣除的折旧，仅限于当该资产完全被用于获取应税业务收入的情况下允许扣除金额中的合理部分。

表 4.4   折旧税率表

资产类别	描述	减记价值的税率（%）
	建筑物	
I	建筑物（制定范围以外的）	5（一般税率）
II	工厂、车间、电影院、酒店和医院	10
III	职工住宅小区	10
	家具	
IV	家具（包括配件）	10
	机械设施	
V	机械设施（指定范围以外）	10（一般税率）
VI	计算机硬件（包括打印机、显示器及外围配件）	30
VII	技术或专业书籍	20
VIII	船舶	
	（i）新船舶	5
	（ii）二手船舶	
	在收购时的船龄：	
	（a）不超过 1 年	10
	（B）十年以上	20
IX	机动车辆（所有类型）	20
X	飞机、航空器发动机，以及航空摄影装置	30

表4.4(续)

资产类别	描述	减记价值的税率（%）
XI	矿油中的地下设施	100
XII	近海矿油工程的地下设施	100
XIII	矿油工程中的近海平台及生产设施	20
V	供残障人士使用的斜坡（不超过 250 000 卢比/个）	100

上述规定中的"应计折旧资产"是指任何纳税人拥有的符合下列条件的动产、不动产（未整修的土地除外），或者不动产的结构性改造：正常使用寿命超过一年；可能因正常磨损或报废而失去价值；由纳税人完全或部分用于获取应税的业务收入，如果某项资产在该纳税年度的收购或改造成本在其他收入科目中已被扣除，则在"业务收入"科目中不应重复扣除。

上述规定中的"应计折旧资产的减记价值"应当为：如果该资产在纳税年度获得，则为纳税人实际获得该资产的成本减去资产的初期免税额；在任何其他情况下，则用纳税人实际获得该资产的成本减去纳税人在前几个纳税年度可扣除的资产计提的折旧（包括初期免税额），且资产的减记价值应当基于该资产完全用于获取应税业务收入来进行计算。

如果纳税人在纳税年度内处置某项应计折旧资产，则该资产的折旧费用不得在本年度内扣除；处置固定资产所获得的对价超出了该资产在被处置之前的减记价值，则超出的部分应计入该纳税年度"业务收入"科目的应税收入；如果所获得的对价低于减记价值，则在计算该公司纳税人本年"业务收入"科目下的应税收入时，可将此差额扣除。

在税前扣除折旧额时，除上述要求外，还须遵守以下特殊规定：用于招揽生意的客运交通工具的应计折旧资产的成本，不得超出 2.5 万卢比；不动产或其结构性改造的成本不得包括土地成本；租赁公司、投资银行、盈利分享实体、表列银行或开发融资机构拥有的、租赁给其他主体的资产，被视为用于该公司纳税人的业务；如果处置不动产时获得的对价超出改不动产的成本，则所获得的低价应当被视为该财产的成本；如任何企业在巴基斯坦使用的应计折旧资产被出口或者转移至巴基斯坦境外，则被视为该纳税人已在出口或者转移资产之时，以所获金额等同于该资产成本的对价处置该资产。

② 初期免税额。

如某项符合条件的应计折旧资产是由纳税人首次为其业务目的或在启动商业生产的第一个纳税年度（以较晚者为准）中使用，且该纳税人在本年度首次在巴基斯坦启用该资产，则可扣除初期免税额。其金额等于该项应计折旧资产的成本乘以附录中相应类型资产的税率。

上述规定中的"符合条件的应计折旧资产"是指下列各项以外的应计折旧资产：道路运输工具（用于招揽生意的除外）；家具（包括配件）；正在巴基斯坦使用过的设备或机器；如果某设备在其被收购的纳税年度已经在其他收入科目中扣除过全部成本，则该设备或机器也不属于"符合条件的应计折旧资产"范畴。

③ 首年免税额。

在指定的农村及不发达区域建立的，或者从事制造移动电话，并且符合规定的具有免税资格的工业企业所安装设备及其设施，可按相应资产类别的税率，从 2008 年 7 月 1 日之后投入使用的"符合条件的应计折旧资产"的成本中扣除首年免税额。

④ 替代能源项目的加速折旧。

如果在巴基斯坦建立的工业企业，是为生成替代能源而安装的，由某个公司使用并管理的任何设备、机器及设施，可按相应税率，从 2009 年 7 月 1 日之后投入使用的符合条件的应计折旧资产的成本中扣除首年免税额。

⑤ 无形资产。

纳税人持有的同时满足下列两项条件的无形资产在某个纳税年度产生的成本可以按规定扣除摊销：由纳税人完全或部分用于该年度获取应税业务收入；正常使用寿命超过一年，但如果在该纳税年度内，某项无形资产的全部成本已经在其他收入科目中扣除，则不允许在"业务收入"科目中重复抵扣。根据所得税法规定，在某纳税年度被允许扣除的无形资产摊销额等于该无形资产的成本除以其正常使用寿命。如果某项无形资产正常使用寿命超过十年，或不能准确预估其正常使用寿命，则其正常使用年限被视为十年。

在上述规定中，"无形资产"是指专利、发明、设计或模型、保密配方或工艺、版权、商标、科学或技术知识、计算机软件、电影胶片、出口配额、特许经营权、许可、知识产权或者其他类似的权利。无形资产的"成本"，是指在收购或创建该无形资产及改进或更新该资产过程中产生的支出。

如果某个纳税年度使用的无形资产，部分用于获取应税业务收入，部分用于其他用途，则允许在该年度扣除的摊销，仅限于当该无形资产完全被用于获取应税业务收入的情况下允许扣除金额中的合理部分。如果该无形资产并非在整个纳税年度都用于获取应税业务收入，则应按该资产被用于获取应税业务收入的天数占其纳税年度天数的比例，计算其当年应扣除的摊销额。如果某项无形资产在该纳税年度中被处置，则相应扣除规定请参照"符合条件的应计折旧资产"的处理方式。

⑥ 科研开支。

任何纳税人不得扣除其在某纳税年度内在巴基斯坦境内完全、专门为获取应税业务收入而产生的科研开支。但下列过程中产生的开支可被扣除：收购任何应计折旧资产或无形资产；收购不动产。

在上述规定中，"科学研究"是指为开发人类知识而在巴基斯坦开展的自然科学或应用科学领域的任何活动。"科研支出"是指任何纳税人为开发其自身业务而开展的科学研究的过程中产生的开支，包括聘请某科研机构为纳税人某一应税业务而开展科学研究，纳税人为此支付的费用。

⑦ 雇员培训及设施。

纳税人可扣除某纳税年度内由下列事项而产生的开支（资本支出除外）：

纳税人在巴基斯坦为其雇员及其家属而建立的教育机构或医院；

纳税人在巴基斯坦为产业工人提供培训而建立的、由"联邦政府"或升级政府或当地政府认可、协助或运行的机构已获税务局批准的、出于为雇员提供培训而制定的方案，且对巴基斯坦本土雇员提供相关培训。

⑧ 债务利息、财务成本及租赁付款。

在符合所得税法规定的前提下，在任一纳税年度均可扣除下列项目：纳税人在纳税年度产生的债务利息，且债务收益或利益被用于业务目的；纳税人在纳税年度内为开展业务而使用的资产所产生的租金；纳税人在纳税年度内为开展业务而借入和使用的资金所产生的费用；由根据 1952 年《住房建设融资企业法》组建的住房建设融资企业，在某纳税年度结欠巴基斯坦国家银行的金额；某中小企业银行在该纳税年度结欠巴基斯坦国家银行的金额；纳税人在纳税年度，以股本参与方案结欠某银行公司的金额；纳税人在某纳税年度，以某项经证券交易委员会和宗教事务局批准的股本参与方案，结欠某个根据 1980 年《盈利分享公司与盈利分享实体（募资与控制）法》组建的证书持有人的金额。

⑨ 坏账。

纳税人可扣除在纳税年度产生的，且符合下列条件的坏账，但扣除的金额不能超过该纳税人在本年度的债务账户中被核销的金额：该项债务的金额之前被计入纳税人的应税业务收入中；某融资机构为获取应税业务收入而解除的资金；在纳税人某纳税年度的账户中，该项债务或其中一部分被核销有合理理由认为，该项债务无法收回。

根据上述所得税法，如果纳税人在某年度可扣除某项坏账，并且在之后的某个纳税年度就该项债务而获得现金或实物形式的金额，则应遵从下列规则：

如果所获得的金额超出此项坏账的总额与之前扣除金额之间的差额，则超出部分应计入纳税人获得此项金额的纳税年度的"业务收入"科目下；

如果所获金额低于该项坏账总额与已扣除金额之间的差额，则在计算该纳税人在当期的纳税年度的"业务收入"科目时，应将此不足部分作为坏账予以扣除。

2. "资本收益"科目的税前扣除

在符合所得税法的前提下，在计算纳税人某纳税年度的"资本收益"科目下的应税收入时，可扣除其在该年度处置资本资产时发生的损失。但如果通过处置资产而实现的收益属于非应税项目，则该损失不得扣除。如果处置的资本资产为油画、雕塑、素描或其他艺术作品、珠宝首饰、稀有手稿、簿册或书籍、邮票或首日封、硬币或奖章、古董时，也不得确认任何损失。

在计算处置某项资本资产时发生的损失应按以下公式计算：

某项资本资产时发生的损失 = 资本成本 − 处置该资产获得的对价

3. "其他来源的收入"科目的税前扣除

在符合 2001 年《所得税法令》规定的前提下，计算"其他来源的收入"科目下的应税收入时，可扣除纳税人在该纳税年度为获取该科目应税收入而支付的开支（资本开支除外），包括固定资产的折旧、设备或机器的初期免税额等。

在计算纳税人在其他收入科目应税收入时已扣除的开支，在计算"其他来源的收入"科目时不得再次扣除。

正常使用寿命超过一年的开支属于资本开支。

（三）税收减免

根据 2001 年《所得税法令》相关条款，下列收入项目可享有税收减免：

1. 巴基斯坦工业企业应付的债务利润

巴基斯坦工业企业应付的下列债务利润可享有税收减免：

（1）该企业经批准（联邦政府通过一般命令或特殊命令批准的）与外国金融机构签订的贷款协议借入资金产生的债务利润；

（2）该企业在外国为在巴基斯坦境外购买资本设备及机器计入的资金或产生的债务所产生的债务利润。该债务利润可被允许减免税款的前提条件是，该笔贷款或债务必须经过联邦政府的批准。

2. 中国海外港口控股有限公司通过瓜达尔港口业务，在自 2007 年 2 月 3 日开始的 23 年内获得的收入可予以税收减免。

3. 纳税人在 2008 年 7 月 1 日（含）至 2013 年 6 月 30 日（含）在拉尔卡纳工业区建立的工业企业，在该工业企业建立当月或投入商业生产当月（以较晚者为准）开始的 10 年内获得利润及收益可获得税收减免。

4. 2012 年《经济特区法案》界定的特区企业在自开发商证明该区域企业已开始投入商业运营之日起 10 年获得的收入以及区域开发商从该区域被联邦政府宣布为经济特殊并签署开发协议之日起 10 年收入均为免税收入。

5. 纳税人在 2016 年 12 月 31 日前建立的、从事制造机器、设备及机械等专用于产生太阳能、风能等可再生能源的工业企业，自 2015 年 7 月 1 日起 5 年内获得的利润及收益将享有税收减免。

6. 纳税人通过由巴基斯坦通信局正式认证、从事于制造蜂窝移动电话的工业企业，该工业企业必须是在 2015 年 7 月 1 日至 2017 年 6 月 30 日期间建立并投入生产，且并非通过拆分、重建或重组既有业务，亦非通过在某项新业务开始之前的任何时间，由新的业务部门转让正在巴基斯坦经营的业务中使用的机器设备而成立的。符合上述规定的工业企业，在其投入商业生产之日起 5 年内获得的利润及收益可予以税收减免。

三、企业损失的税务处理

（一）概述

在符合所得税法的前提下，如果纳税人在纳税年度的任何收入科目出现损失，则纳税人可以用其在该年度内其他收入科目的应税收入来抵消该损失（工资和财产科目除外）。如果不能按上述方法抵消，则损失额不得结转至下一个纳税年度。当某一纳税年度中，纳税人的"业务收入"和其他收入科目同时出现亏损时，应优先抵消其他收入科目下的损失。

如果在计算纳税年度的应纳税所得额时，因该年度不存在任何应税利润或收益，导致无法扣除前文所述的折旧、初期免税额、无形资产、开业前开支等项目的全部或部分金额，则应将未扣除部分计入下一年度的扣除额，以此类推。

（二）结转业务损失

如果纳税人在某纳税年度的"业务收入"科目出现损失，并且无法按上述规定予以抵消，则该部分损失中未被抵消的部分应结转至下一纳税年度，并用其"业务收入"科目的应税收入进行抵消，以此类推。但自首次计算的损失金额对应的纳税年度起，任何损失均不得结转超过六个纳税年度。

（三）抵消合并后的业务损失

合并企业在发生合并的纳税年度的评定损失（不包括结转损失和资本损失），应使用被合并公司在合并年度的业务利润及收益予以抵消。如果损失未用当年利润及收益进行抵消，则未经调整的损失应自合并年度起，结转到下一年度，以此类推，但不得结转超过六个纳税年度。

（四）结转投机业务的损失

纳税人在纳税年度经营的投机业务如果出现损失，则该损失仅能使用纳税人本年的其他应税的业务收入予以抵消。如果损失发生当年不能全部抵消投机业务损失，则结转到下一纳税年度，以此类推，但不能结转超过六个纳税年度。

（五）结转资本损失

纳税人在纳税年度的"资本收益"科目如果出现损失，则该损失不允许用当年的其他收入科目下的应税收入进行抵消，而是应当结转到下一个纳税年度，用该年"资本收益"科目的应税收入予以抵扣。如果在下一个纳税年度损失仍未被全部抵消，则继续结转，但不得超过六个纳税年度。

（六）集团纳税及税额减免

1. 集团纳税制度

仅在符合巴基斯坦证券交易委员会规定的企业治理要求和集团指定规则及条例，并被指定为有权享受集团纳税政策的集团公司，方有资格决定是否选择采用集团纳税制度。

巴基斯坦 2001 年制定的《所得税法》中的"集团纳税制度"是指，控股公司及其全资子公司组成的集团可选择将其整体作为一个纳税单位进行纳税，且一旦选择，不可撤销。在此情况下，除了必须编制 1984 年的《公司法》规定的合并集团账目外，该集团还应当为税务目的计算收入和缴纳税款。

2. 集团税额减免

在符合所得税法的前提下，集团下的任何子公司均可将其在某纳税年度被评定的损失（不包括资本损失和结转损失）交由其控股公司或其他子公司，以某种有利于它们的方式予以处理。

执行上述规定应满足以下条件：

（1）如果集团中的某个公司是在巴基斯坦注册的证券交易所上司的公众公司，则控股公司应当直接持有该子公司高于或等于百分之五十五的股份。如果集团中没有任何公司是公众公司，则控股公司应当直接持有子公司百分之七十五及以上的股份。

（2）集团纳税制度下的税额减免规定仅适用于集团在其成立之后出现的损失。

依据规定，控股公司或其他子公司可以领取某子公司的损失，并用其在该纳税年度及后续两个纳税年度的"业务收入"科目下的应税收入予以抵消，但必须满足下列条件：

① 前者持续五年拥有出现损失子公司百分之五十五（公众公司）或者百分之七十五及以上（其他公司）的股份；

② 集团中的从事贸易业务的公司无权利用集团的税额减免；

③ 控股公司是拥有百分之七十五股份的私人有限公司，并在领取该损失之年起，三年内上市；

④ 集团各公司均是根据 1984 年制定的《公司法令》在当地注册的公司；

⑤ 放弃损失和领取损失的相关事宜均获得相应公司董事会的批准；

⑥ 该子公司在上述三年内继续经营相同的业务；

⑦ 集团各公司均应遵守巴基斯坦证券交易委员会适时规定的企业治理要求和集团指定规则及条例，并被指定为有权利用集团税额减免的公司。

如果某子公司放弃其在某纳税年度的损失，转而利用控股公司的收入进行抵消，则不能超过三个纳税年度。若控股公司在三个纳税年度内，未能用其自身收入对子公司放弃的损失进行调整，则子公司应将未被抵消的损失结转到下一纳税年度，且最多不能结转超过六个纳税年度。如控股公司在领取子公司损失的五年期限内，处置股份导致其持股比例降到法令规定的标准以下，则该控股公司必须在处理股份的纳税年度提供其因抵消领取的子公司损失而尚未纳税利润的金额。

四、可扣除的免税额和税额抵免

（一）可扣除的免税额

1. 天课（Zakat）

纳税人在某纳税年度按照 1980 年制定的《天课与什一税法》（Zakat and Ushr Ordinance, 1980）缴纳了天课，均能享有与天课金额相等的免税额。根据所得税法规定，如果纳税人在某纳税年度享有的免税额或其中一部分无法按照该法进行扣除，则不得退换、结转至下一纳税年度或者转回上一纳税年度。

2. 职工福利基金

纳税人在某纳税年度按照 1971 年制定的《职工福利基金法令》的规定，缴纳了职工福利基金的，均能享有与缴纳基金数额相等的免税额。

3. 职工参与基金

纳税人在某纳税年度按照 1968 年制定的《公司利润（职工参与）法》的规定，支付了职工参与基金的，均有权享有与支付基金金额相等的免税额。

（二）税额抵免

1. 慈善捐赠

（1）慈善捐赠税额抵免的一般要求。

纳税人在某纳税年度向特定组织支付任何捐赠金额或提供任何捐赠财产的，均可享有相应的税额抵免，所得税法规定的特定组织包括：

① 依据联邦法律或省级法律，在巴基斯坦建立的任何教育委员会或大学；

② 由联邦政府、省级政府或地方政府在巴基斯坦建立或运营的任何教育机构、医院或救援基金；

③ 任何非营利组织。

（2）慈善捐款税额抵免金额的计算。

符合所得税法规定的慈善捐款税额抵免条件的抵免金额，均按以下公式进行计算：

（享有慈善捐款税额抵免权利之前的该纳税年度的应纳税额÷该年度应纳税所得额）×（下列两项金额中较小的一项）

① 纳税人在当年提交的捐赠总金额（包括捐赠财产的公允市场价值）；

② 纳税人企业在当年的应纳税所得额的百分之二十。

2. 针对债务利息的可扣除的免税额

公司纳税人在纳税年度中，受巴基斯坦证券交易委员会监管，或者由联邦政府、地方政府、某个法定机构或者在巴基斯坦注册的证券交易所上市的公众公司资助的银行或者非银行金融机构提供的用于建造或购买新房屋的贷款，支付利息或房屋租金分摊额及房屋分摊额的，均有权享受相应的税额抵免。如果该纳税人当年享有的免税额或其中一部分免税额无法进行扣除，则不得结转至下一纳税年度。

3. 针对制造商提供的就业机会的税额抵免

根据所得税法规定，任何为建立并运营新制造车间而组建的公司纳税人，如果在2015 年 7 月 1 日至 2018 年 6 月 30 日（含当日）内建立一个新的制造车间，则有权在未来期间内享有税额抵免。且税额应当等于该纳税年度在省级政府的雇员养老福利机构或雇员社会保障机构注册的每五十个雇员的应纳税额的百分之一，同时不能超出公司纳税人当年应纳税额的百分之十。

公司纳税人只有在同时满足以下条件的基础上，方可利用上述税额抵免：

（1）公司纳税人注册时间以及制造车间的建立时间均在 2015 年 7 月 1 日至 2018 年6 月 30 日（含当天）内；

（2）在省级政府的雇员养老福利机构和雇员社会保障机构注册的雇员人数超过50 个；

（3）制造车间由某个为运营该制造车间而组建、根据 1984 年《公司法》注册且注册办公地位于巴基斯坦的公司管理；

（4）制造车间并非通过对某项既有企业进行拆分、结构调整或重组，或者通过转让2015 年 7 月 1 日之前在巴基斯坦组建的某个企业的机器或设备而组建。

4. 针对上市的税额抵免

如果纳税人企业选择在任意一家在巴基斯坦注册证券交易所上市，则在上市当年，该纳税人将享有金额等于应缴税款百分之二十的税额抵免。

五、预付税和源头扣税

（一）公司纳税人缴付的预付税

1. 预付税款的计算公式

公司纳税人应该按下列公式计算各季度应缴纳的预付税额：

$$(A×B/C)-D$$

上述公式中：

A 是该公司纳税人在该季度的营业额；

B 是该公司纳税人上个纳税年度被评定的税额；

C 是该公司纳税人上个纳税年度营业额；

D 是在该季度缴纳的有税额抵免的税款。

2. 公司纳税人缴付预付款的特殊规定

根据所得税法的规定，必须缴纳预付税的公司纳税人，应当在第二次分期款到期之前，估算相应纳税年度的应税款。如果应缴税款可能多于该纳税人根据 2001 年《所得税法令》核算出的须缴纳金额，则该公司纳税人应当在第二季度的到期日或之前，向税务专员提供其应缴纳税款的预估结果，在对照按照规定的应缴金额做出调整后，再在该纳税年度到期日之前，缴付该金额的百分之五十。预估金额的剩余百分之五十应在第二季度之后，分两期等额缴付。

3. 公司纳税人缴付预付税的时间

公司纳税人应在表 4.5 中所列的时间，向税务专员缴纳相应的预付税款：

表 4.5　　　　　　　　　公司纳税人缴付预付税时间表

时间	缴付预付税时间
9 月 15 日或之前	缴付第三季度预付税
12 月 15 日或之前	缴付第四季度预付税
3 月 15 日或之前	缴付第一季度预付税
6 月 15 日或之前	缴付第二季度预付税

4. 资本收益应调整的预付税款

通过出售证券获得的资本收益，应按下列要求调整预付税：

（1）证券持有期未超过六个月，则应缴纳的预付税为该季度获得的资本收益的 2%；

（2）证券持有期超过六个月但少于十二个月，则应缴纳的预付税为该季度获得的资本收益的 1.5%。

（二）源头扣税

1. 工资

每个有责任向雇员支付工资的纳税人，如出现下列情形时，应当在支付公司时，按该雇员的平均税率，针对该雇员在支付工资的纳税年度的"工资"科目的预提税和根据所得税法的规定，从所支付工资金额中进行抵扣：

（1）该雇员根据本法在该纳税年度预扣税款；

（2）因之前的扣除而产生的扣除过量或不足；

（3）未能在该年度做出扣除。

2. 股息

（1）股息预付税税率。

任何支付股息的纳税人，按以下税率，从所支付的股息总额中进行扣税：对于 WAPDA 私有化电子项目购买者宣派或分发的股息，或者为发电目的成立的公司股份的股息，或者负责专门为发电项目供应煤炭的公司的股息，按 7.5% 税率计算；上文第 1 项所述范围以外的申报人，按 12.5% 计算；上文第 1 项所述范围以外的非申报人，按 17.5% 计算。

（2）股息预付税的其他规定。

公司纳税人按上述税率计算股息预付税须满足以下条件：公司纳税人的股票型基金税率为 10%，货币市场基金、收益型基金或 BEITH 计划；任何基金须扣除税款的税率应当为 25%；对于股票型基金，如果从该基金获得的股息超过资本收益，则应当按 12.5% 的税率扣税。

3. 债务利息

根据所得税法规定，满足下列任意条件，则利息的支付人在向接收者支付利息时，应按 10%（申报人）或 17.5%（非申报人）的税率，从所支付的收益或利息总额中进行扣税：

（1）如果纳税人有责任支付国民储蓄计划或邮政储蓄账户下某个账户、存款或证书的收益；

（2）银行公司或者金融机构支付债务利息；

（3）联邦政府、省政府或地方政府向纳税人支付该政府或机关发行的任何证券的利息；

（4）银行公司、金融机构或融资社团向金融机构以外的纳税人支付任何担保债券、证书、无担保债券、证券或任何类型的文书的利息。

第三节 巴基斯坦销售税

一、销售税概述

销售税①是巴基斯坦联邦政府对销售、生产、制造或消费货物，提供或接收应税劳务，以及进出口货物征收的一种流转税。销售税费包括：征收的税款、附加税或欠税附加费；施加或收取的罚金、罚款或费用；根据法律或相关规则的规定应支付的其他款项。

销售税法是巴基斯坦调整销售税征收与缴纳之间权益以及义务关系的法律规范。巴基斯坦现行销售税法有 1990 年《销售税法》及各省级服务销售税法。

根据巴基斯坦的相关法律法规，销售税的征收管理权分由联邦和地方享有，其中，联邦负责征收货物销售税，地方（省和直辖区）负责征收服务销售税。

（一）（联邦）货物销售税

1990 年制定的《销售税法》是对巴基斯坦范围内销售、进口、出口、生产、制造或消费货物征税的法律。货物包括可进行诉讼的申索、款项、股票、股份和证券以外的各类动产。

此外，税务局还颁布了各项具体规则，有 2001 年制定的《出口关税和税费减免规则》、2005 年制定的《认可农用拖拉机制造商退税申请规则》、2006 年制定的《针对地震灾后重建国际招标的免税供货规则》《销售税规则》、2007 年制定的《销售税特别规则》《销售税特别程序（预扣规则）》、2008 年制定的《出口型单位和中小企业规则》《向阿扎德查谟和克什米尔登记人退还销售税规则》、2013 年制定的《关于（汽水）产能的联邦消费税和销售税规则》等。

（二）（省）服务销售税

巴基斯坦行政区划包括四个省（俾路支省、开伯尔-普什图省、旁遮普省、信德省）和两个联邦直辖区（伊斯兰堡首都区、联邦直辖部落地区）。依照 1973 年巴基斯坦伊斯兰共和国宪法，各省与直辖区有特权征收、管理和执行服务销售税。省服务销售税是指根据省级法律或伊斯兰堡首都区的法律，对提供、接收或消费的服务征收的税项。服务是指除货物以外的任何事物，或货物供应以外的其他项目供应。提供服务过程中涉及使用、供应、处置或消耗货物，且该货物作为提供服务的重要或附带方面，则仍需视作服务。

截至 2015 年度，巴基斯坦各省与伊斯兰堡首都区发布的服务销售税法和相关规则有 2001 年制定的《伊斯兰堡首都直辖区（服务税）法》、2011 年制定的《信德省服务

---

① 资料来源：巴基斯坦联邦收入委员会网站公布的 1990 年《销售税法》（The Sales Tax Act, 1990），ht-tp://www.fbr.gov.pk/Downloads#Acts。

销售税法》《信德省服务销售税规则》、2012 年制定的《信德省税收税务局（奖励）规则》《旁遮普省服务销售税法》《旁遮普省服务销售税规则》、2013 年制定的《开伯尔—普赫图赫瓦省服务销售税法》、2014 年制定的《信德省销售税特殊程序（预扣）规则》、2015 年制定的《俾路支省服务销售税法》。

二、征税范围

（一）货物销售税的征税范围

对于以下各项，须按其价值的 17% 收取、征收和缴付销售税：

（1）在登记人开展的应税活动或促进此活动的过程中，供应应税货物。

（2）进口到巴基斯坦的货物。

应税活动是指开展的任何经济活动，不论目的是否在于获利，包括：

①以业务、贸易或制造形式开展的活动；

②涉及向他人供应货物、给予他人或向他人提供服务的活动；

③贸易性质的一次性买卖或事务；

④在经济活动开始或终止期间做出或进行的任何事情。

但不包括：

①雇员向雇主提供服务的活动；

②个人作为私人休闲追求或爱好而进行的活动。

应税货物是指进口商、制造商、批发商（包括经销商）、分销商或零售商供应免税货物以外的其他货物，包括供应零税率的货物。

巴基斯坦税务局可在官方公报上发布通知，按其他方式征收和收取税款：

①按生产或制造应税货物的厂房、机械、企业、机构或装置的生产能力征收税款；

②按不同业务性质，向能够收取税款的任何人征收定额税款。

（二）货物销售税的征税范围

巴基斯坦各省与直辖区有权对应税服务的价值发布征收和收取税款。此外，税务局可官方公报通知，对于登记人或某类登记人提供的任何应税服务，按照纳税期间（为期 1 个月的期间，或税务局借官方公报通知指明的其他期间）较高、较低的一项或多项税率征收和收取税款。

纳税义务人在一段时间内提供服务，定期收取服务款项，则提供该服务须视作由两项或多项不同的服务构成，每一项对应服务的一部分。例如：保险公司为客户提供的保险单为期 5 年，按年收取保险费，每一笔保险费涉及独立的服务。

三、纳税义务人和扣缴义务人

（一）纳税义务人

1. 货物销售税纳税义务人

在巴基斯坦从事应税供货（包括零税率供货）的制造商、进口商、出口商、批发商、经销商或分销商，为货物销售税的纳税人。包括：

（1）不经营家庭手工业的制造商；

（2）有责任缴付销售税的零售商，但不包括通过电费单缴付销售税的零售商；

（3）进口商；

（4）有意就其零税率供货取得销售税退税的出口商；

（5）批发商、经销商或分销商；

（6）根据任何其他联邦法律或省级法律，须就收取或支付的任何关税或税款登记的人。

2. 服务销售税纳税义务人

在巴基斯坦各省或伊斯兰堡首都区提供服务、接收或消费服务的纳税登记人，为服务销售税的纳税人。包括：

（1）居民；

（2）在巴基斯坦各省或伊斯兰堡首都区营业地点或注册办事处提供服务的人；

（3）接收和消费服务的人；

（4）税务局在网站上公布的登记人。

（二）扣缴义务人

1. 货物销售税扣缴义务人

（1）如果属于供应货物，进行供货的人负责缴税（联邦政府可在官方公报上发布通知，指明扣缴义务人为收货人）；

（2）如果属于向巴基斯坦进口货物，进口货物的人负责缴税；

（3）特殊情况下的进口和供应货物的销售税，须按照税局指明或规定的其他税率、方式和时间征收、收取和缴付，并且税局可以规定征收、收取和缴付税款的责任人。

（4）联邦政府还可按额外的税率或金额征税，但不能超过规定货物价值的17%；联邦政府可对规定的人，按其规定的形式、方式和时间，以及条件和限制征税。

（5）对税率为17%的应税货物，联邦政府或税务局可在官方公报上发布通知，征收和收取其认为适合的税额，还可指明缴税形式、方式和时间。

（6）联邦政府可在官方公报上发布通知，指明任何人或任何类别的人作为扣缴义务人，按照联邦政府规定的方式、条件或限制，按照指定税率扣缴税款。

2. 服务销售税扣缴义务人

（1）纳税义务人提供服务，无论服务对象是居民还是非居民，扣缴义务人为提供服务的登记人；

（2）非居民向居民提供服务，扣缴义务人为接受服务的人；

（3）税务局可发布官方公报通知，指明一项或多项服务的扣缴义务人为应税服务提供者或接受者或其他人；

（4）未缴税情形下，接受服务的人与提供服务者承担连带扣缴责任。

四、销售税税率

(一) 货物销售税税率

1. 基本税率

销售税纳税人制造、销售或进口货物，发生应税行为，按17%的基本税率征收和缴付销售税。

2. 低税率

销售税纳税人销售或者进口表4.6中的货物，按低于17%的低税率（5%、6%、7%、10%、16%）征收和缴付销售税。

表4.6　　　　　　　　低税率应税货物税率表

货物描述	税率（%）
大豆、调味奶、酸奶、奶酪、黄油、奶油、德西酥油、乳清、牛奶（浓缩、加糖或其他甜物质）	10
磨碎或颗粒状的油渣饼及其他固体残留物、播种用油籽、籽棉和皮棉	5
并非本地制造的机器与设备，没有可兼容的本地代替品；农用拖拉机	10
家禽饲料和牛饲料（不包括豆粕、油饼或棉籽）	5
处理废物管理的焚化炉，电动清扫车和扫雪机	5
暂时出口到巴基斯坦外的国外产货物再进口	5
再回收铅、废纸、二手旧衣服或鞋子	5
生物柴油机的设备、机械、设备及具体项目	5
油菜花籽、葵花籽、油菜籽	16
大豆种子	6
耕作和苗床整地设备；播种或种植设备；灌溉、排水及农业化学应用设备；收获后搬运、处理机械和其他机械	7
农药及其活性成分，稳定剂、乳化剂和溶剂	7

如果向未获得登记号的人销售应税货物，除按照指明的税率缴税之外，还须按货物价值的2%的税率征收和缴付额外税款。

3. 按税务局官方公报指明的方式征收或收取税款

（1）按生产或制造应税货物的厂房、机械、企业、机构或装置的生产能力征收和收取税款。

（2）特殊业务性质的，由税务局指定向能够收取该税款的任何人征收定额税款。

4. 按联邦政府官方公报的方式征收或收取税款

（1）联邦政府可在官方公报上发布通知，声明对于任何应税货物，按通知中指明的较高或较低的一项或多项税率征收、收取和缴付税款。

（2）联邦政府可在官方公报上发布通知，声明对于进口到或产自巴基斯坦的任何货物、任何类别的货物，或纳税义务人所做的任何应税供货，须按通知中指明的较高或较低的一项或多项税率征收、收取和缴付税款。

5. 联邦政府以其他方式征税

（1）联邦政府可按额外的税率或金额征税，但一般不超过规定的货物或规定类别的货物价值的17%。

（2）联邦政府或税务局可在官方公报上发布通知，对任何供应、任何类别的供应或任何货物、任何类别的货物征收和收取其认为适合的税额，还可指明缴税形式、方式或时间。

（3）进口和供应表4.7中的货物，须按规定的税额征收和缴付销售税。

表4.7　　　　　　　　　　　移动运营商销售税费表

序号	货物描述/规格	进口或本地供货销售税	销售税（蜂窝移动运营商在注册国际移动设备标识号时征收）	供货销售税（在蜂窝移动运营商供货时缴纳）
1	用户识别模块（SIM）卡	—	—	250 卢比
2	A. 低价蜂窝移动电话或卫星电话 i. 所有摄像机：200 万像素或更低 ii. 屏幕尺寸：2.6 英寸或更少 iii. 键盘	300 卢比	300 卢比	
	B. 中等价格的蜂窝移动电话或卫星电话 i. 一个或两个摄像头：210 万~1 000 万像素 ii. 屏幕尺寸：2.6~5.0 英寸 iii. 微处理器：小于 2GHz	500 卢比	500 卢比	
	C. 智能蜂窝移动电话或卫星电话 i. 一个或两个摄像头：1 000 万像素及以上 ii. 触摸屏：5.0 英寸及以上 iii. 4GB 或更高基本内存 iv. 操作系统是 IOS，安卓 v2.3，Android Gingerbread（安卓姜饼）系统或更高版本，Windows8 或黑莓 RIM v. 微处理器：2GHz 或更高，双核或四核	1 000 卢比	1 000 卢比	

6. 零税率

下列货物须按零税率征税：

（1）出口货物；

（2）表4.8中指明的货物；

表 4.8 零税率应税货物

序号	货物描述
1	供应、维修和维护任何船舶,其中船舶并非:①总吨位小于 15 轻吨的船舶;②专为娱乐或消遣而设计或改装的船舶 供应、维修或维护任何飞机,其中飞机并非:①重量小于 8 000 千克的飞机;②专为娱乐或消遣而设计或改装的飞机 为船舶和飞机供应备件和设备 供应引航、打捞和拖航的设备和机器 供应航空导航服务的设备和机器 供应为在港口或海关机场处理船舶或飞机而提供的其他服务所用的设备和机器
2	向议会通过的或巴基斯坦政府发布或同意的各种法案、命令、规则、法规和协议所指的外交官、外交使团、特权人员或特权组织供货
3	向免税店供货
4	供应原材俩、组件和货物,用于进一步在出口加工区制造货物
5	在联邦政府官方公报通知指定的条件和限制下,向石油和天然气行业的勘探和生产公司及其承包商和分包商供应通知指明的本地制造的机器与设备
6	向出口加工区的制造商供应以下规格的本地制造的机器与设备: ①供该制造商制造或生产货物的任何种类的动力操作机器与设备; ②专门或经改装以供与第①款中的机器配合使用的仪器、器具和设备; ③旨在或经改装以供与第①款中的机器配合使用的机械和电气控制和传动齿轮; ④第①、②和③款中指明的可辨识用于机器或配合其使用的机器部件。 条件、限制和程序: ①机器的供应商是根据 1990 年《销售税法》登记的纳税义务人; ②提交适当的出口单,标明登记号; ③机器的买方是位于出口加工区的成熟制造商,并持有出口加工区管理局示明此意的证书; ④买方向税务局提交赔偿保证,保证在机器进入出口加工区之日起满 5 年前,不得将机器售卖、转让或以其他方式转移到出口加工区以外; ⑤如机器被运至巴基斯坦的关税区,须对报关单上的估值征收销售税; ⑥违反此处指明的任何条件,除追讨销售税金额及所涉及的欠税附加费和罚款外,还将导致法律诉讼。
7	向出口商供货
8	向瓜达尔经济特区进口或供货,不包括巴基斯坦海关税则税目 87.02 项下的车辆
9	制造商出口的免税货物
10	石油原油
11	进口或本地购买的,用于制造可按零税率征收销售税的机器与设备的原材料、组件、子组件和零件(进口商和买方均须持有有效的销售税登记证,显示其登记类别为"制造商")

（3）按 1969 年《海关法》（1969 年第 4 号）第 24 节规定，供应库存材料和补给品供海外消费，向巴基斯坦境外目的地运送；

（4）联邦政府官方公报通知中指明的其他货物；

（5）联邦税务局向从事制造和供应按调减的销售税税率供应的纳税义务人发布一般命令，指定的其他货物；

（6）零税率不适用于以下货物：①出口货物，但已重新进口到或打算重新进口到巴基斯坦；②根据 1969 年《海关法》（1969 年第 4 号）第 131 节规定供出口，但未出口的货物；③出口到联邦政府在官方公报上发布通知，指明的国家。

7. 税率变动的影响

销售税税率发生变动，纳税义务人提供的应税货物须按供应时施行的税率征税。

进口货物须按以下日期施行的税率征税：

（1）货物进口供国内消费的，根据提交货物报关单之日的税率征税；

（2）货物从仓库清关的，按货物清关之日的税率征税；

（3）若提交货物报关单的时间早于进口货物的运输工具抵达之时，须按运输清单交付之日施行的税率征税；

（4）如提交货物报关单的天内未缴税，则须按实际缴税之日施行的税率征税。

（二）服务销售税税率

1. 税率

巴基斯坦各省或伊斯兰堡首都区税务局对应税服务的价值征收和收取税款，按 14%～19.5% 的税率计征服务销售税（如表 4.9 所示）。

表 4.9　　　　巴基斯坦各省及伊斯兰堡首都部分服务销售税税目和税率

服务描述	信德省	旁泽普省	开伯尔—普赫图赫瓦省	俾路支省	伊斯兰堡首都
	税率				
电信、电话、电话卡、互联网、宽带、寻呼、无线电、数据通信网络、车辆跟踪、防盗报警等服务	19.5%	16%	19.5%	19.5%	呼叫中心 8.5%
酒店、婚礼大堂、餐厅、俱乐部、广告、保险、美容院、洗衣店和干洗店、快递、管理顾问、银行、足疗、按摩等服务	14%	16%	16%	15%	16%

2. 税率变动的影响

如税率发生变动，应税服务须按提供服务时施行的税率征税。

五、应纳销售税的计算

（一）销项税额的计算

销售税额＝应税货物/应税服务的价值×适用税率

应税货物/应税服务的价值是指提供者（不含税额）向接受者收取的价款，包括所有联邦和省级关税和其他税项。

（1）货物/服务代价为实物或部分实物、部分现金，货物/服务的价值指其公开市场价格，不含税额；

（2）提供者与接受者属于关联方，且提供者不收取代价，或代价低于公开市场价格，则货物/服务的价值指其公开市场价格，不含税额；

（3）提供者按加价或欠税附加费的价格，以分期付款的方式向接受者提供货物/服务，且价格高于公开市场价格，则货物/服务的价值指其公开市场价格，不含税额；

（4）提供者给予商业折扣，则货物/服务的价值为折后价格，不含税额；

（5）难以确定货物/服务价值的特殊性质的交易，采用公开市场价格；

（6）进口货物的价值包括征收的关税和中央消费税金额；

（7）供应应税货物以外的货物用于生产加工，则完工产品的价值指产品的预计销售价格，不含税额；

（8）税务局可在官方公报上发布通知，确定任何进口货物、应税货物/服务或任何类别的货物/服务的价值。

（二）进项税额的确认

在纳税期间，纳税义务人对进项税额的调整不得超过有关纳税期间销项税额的90%，固定资产或资本货物除外。

1. 准予从销项税额中抵扣的进项税额

纳税义务人有权从销项税额中扣除在纳税期间就其已做出或将做出的应税供货已付或应付的进项税。纳税义务人在有关纳税期间内未扣除进项税额的，可持以下凭证，在随后6个纳税期间的纳税申报表中申索该税款：

（1）申索应税供货涉及的进项税，纳税义务人须持有纳税申报表中所涉货物的税务发票，发票以其名义开具并载有其登记号；

（2）进口到巴基斯坦的货物，纳税义务人持有以其名义登记，显示其销售税登记号，根据1969年《海关法》（1969年第4号）第79条、第81条或第104条经海关正式放行许可的报关单或货物报关单；

（3）通过拍卖购得的货物，纳税义务人持有以其名义登记并载有其登记号的国库凭证，表示已缴纳销售税。

申索进项税所针对的货物与服务包括：

（1）进口或购买的目的在于纳税义务人缴税后进行销售或转售；

（2）由纳税义务人在制造或生产应税货物中直接用作原材料、配料、零件、部件或包装材料；

（3）在纳税义务人申报的营业场所内，为制造、生产或供应应税货物直接消耗的电力、天然气和其他燃料；

（4）在纳税义务人申报的营业场所内，为制造、生产或供应应税货物而使用的厂房和设备。

联邦政府可下达特别命令，在其中规定的条件及限制下，允许纳税义务人从已确定或拟确定应由其缴付的销售税额中扣除已付的进项税额。

联邦政府可在官方公报上发布通知，规定在通知指明的条件及限制下，允许纳税义务人或某类纳税义务人从销项税中扣除通知中指明的进项税金额。

2. 不允许的税收抵免

纳税义务人无权索回或扣除就以下各项缴付的进项税额：

（1）用于纳税义务人做出的应税供货以外的任何用途的货物或服务；

（2）联邦政府在官方公报上发布的通知，指明的任何其他货物或服务；

（3）各供应商未在国库缴存销售税涉及的货物或服务；CREST（电算化销售税风险评估）指明存在差异，或在供应链中无法证实进项税的采购；

（4）虚假发票；

（5）纳税义务人已做采购，但未能提供税务局通知要求的信息；

（6）与纳税义务人所做应税供货无关的货物与服务；

（7）采购用于个人或非商业消费的货物与服务；

（8）用于或永久附属于不动产的货物，如建筑物和建筑材料、涂料、电器、卫生洁具、管道、电线和电缆，但不包括预制构造的建筑物及用于销售或转销的货物，或者直接用于生产或制造应税货物的货物；

（9）1969年《海关法》中特殊规定的车辆、车辆配件、电气器具、家具、陈设和办公设备（不包括电子收款机），但不包括用于销售或转销售的货物；

（10）各省级销售税法律禁止调整的进项税所涉的服务；

（11）进口或购买按7%的税率征收销售税的农业机械或设备。

3. 其他进项税额抵免的规定

（1）从税务局通知的日期起，在买方提交纳税申报表时，供应商未在其纳税申报表中申报的货物与服务，不允许抵免进项税额。

（2）纳税义务人同时经营应税和非应税供货，仅可按税务局指定的方式，索回税务局指定的可归属于应税供货的进项税额。

（3）除纳税义务人外，其他人不得就纳税义务人已做出或拟做出的应税供货进行任何扣除或索回进项税额。

（4）联邦政府可在官方公报上发布通知，指明纳税义务人不得向未进行纳税登记的任何人供应的任何货物或任何类别的货物。

（三）豁免

1. 货物销售税豁免

在联邦政府指定的条件下，供应或出口表4.10中的货物，可豁免缴税。

表 4.10 部分豁免缴税货物

序号	货物描述
1	活牲畜和活家禽
2	新鲜、冷冻或以其他方式保存的牛属动物、绵羊和山羊的肉，不包括禽肉和内脏；进口牛属动物的清真可食用内脏
3	新鲜、冷冻或以其他方式保存的鱼和甲壳类动物，不包括活鱼
4	蛋类，包括供孵化之用的蛋
5	活植物，包括鳞茎、根茎和类似物
6	新鲜、冷冻或以其他方式保存（例如冷藏）的食用蔬菜，包括根和块茎，除马铃薯和洋葱外，不包括瓶装或罐装食品
7	豆类
8	新鲜、冷冻或以其他方式保存的食用水果，不包括进口的水果（从阿富汗进口的水果除外），不包括瓶装或罐装食品
9	红辣椒，不包括标明品牌名称和商标、以零售包装销售的产品
10	姜，不包括标明品牌名称和商标、以零售包装销售的产品
11	姜黄根粉，不包括标明品牌名称和商标、以零售包装销售的产品
12	谷物及加工工业制品
13	用于播种的种子、果实和类似孢子
14	金鸡纳皮树
15	甜菜、甘蔗
16	食用油和植物酥油
17	新鲜、冷冻或以其他方式保存的果汁，不包括瓶装、罐装或包装的果汁
18	冰和水，不包括标明品牌名称或商标销售的产品
19	精制食盐（含碘食盐），不包括标明品牌名称或商标、以零售包装销售的盐；进口及供应带有品牌名称和商标的加碘食盐，不论是否以零售包装销售
20	玻璃手镯
21	古兰经全本或分册，带或不带翻译；在任何模拟或数字媒体上记录的古兰经诗篇；其他的圣书
22	新闻印刷品、报纸、期刊和图书，但不包括目录
23	纸币、银行票据、股票、证券和债券
24	未加工过的银、未加工过的金和货币黄金
25	葡萄糖和生理盐水输液装置、连同输液用的无毒空袋、葡萄糖和生理盐水输液装置、人造器官、眼内透镜和血糖监测设备

表4.10(续)

序号	货物描述
26	向联邦或省级政府经营的医院，或设有 50 张或更多床位的慈善经营医院，设有 200 张或更多床位的法定大学附属医院供应的货物
27	根据各种行李规则进口并免缴关税的
28	由非居民企业家和在交易会和展览会上购买的货物与服务，但须符合互惠条件及税务局指明的条件和限制
29	未烹煮的禽肉
30	牛奶和奶油，浓缩、加糖或其他甜物质，不包括标明品牌名称以零售包装销售的品牌
31	调味奶、酸奶、乳清、黄油、德西酥油、奶酪、不磨碎或磨成粉状的加工奶酪，不包括标明品牌名称以零售包装销售的品牌
32	棉花籽
33	冷冻、制备或保藏的香肠及用家禽肉或杂碎制成的类似产品
34	肉类和由预加工、冷冻肉或腌肉，或所有类型的杂碎肉（包括禽肉和鱼肉）制成的类似产品
35	供婴幼儿使用的零售包装制剂
36	含脂牛奶
37	成套的颜料（广告用颜料）
38	书写、绘图和标记油墨
39	橡皮擦、练习册、卷笔刀、节能灯、家用缝纫机、自行车、轮椅、其他制图、标识或数学计算工具（立方体）、钢笔、圆珠笔和铅笔（包括彩色铅笔）
40	供拆卸的船舶
41	本地生产和供应的堆肥（非化学堆肥）
42	向瓜达尔出口加工区的投资者和瓜达尔出口加工区提供的建筑原材料，用于开发区域的基础设施
43	节能灯的组件或子组件
44	经伊斯兰堡替代能源发展局（AEDB）认证，专门利用太阳能、风能等可再生能源的太阳能光伏板、LVD 无极灯、风力涡轮机、太阳能手电筒、光伏组件和相关组件
45	白砂糖
46	心脏病/心脏手术、神经血管、电生理、内窥镜检查、内窥镜治疗、肿瘤、泌尿外科、妇科耗材和其他设备；结肠造口术器具；结肠造口和尿道造口袋；诊断试剂盒或设备
47	高效灌溉设备
48	温室栽培和其他温室设备
49	进口工业装置、机械和设备
50	管状采光装置

表4.10（续）

序号	货物描述
51	进口或租赁形式获得的飞机；飞机、教练机或模拟器使用的备件
52	机械、设备及工具，用于航空部门认可的 MRO 公司成立维护、修理和大修（MRO）车间
53	一次性操作工具、机械、设备和家具及固定装置，用于航空部门新建机场；航空部门授权的航空公司进口的航空模拟器
54	进口工业装置、机械和生产线设备，供巴基斯坦电信管理局正式认证的本地手机制造商制造的手机

2. 服务销售税豁免

经省政府批准及在省政府通过官方公报通知的条件和限制下，税务局可以：

（1）对任何应税服务免征应收的全部或任何税款；

（2）豁免特定的人或某类人提供的任何应税服务的全部或部分税款；

（3）豁免服务接受者（包括国际组织和机构）缴纳的全部或部分税款；

（4）豁免任何人或某类人缴纳的全部或部分应付服务的税款。

六、纳税登记及管理

（一）纳税登记

（1）在巴基斯坦从事应税供货（包括零税率供货）的人，在开展任何应税活动或促进此类活动的过程中，须进行纳税登记；

（2）在巴基斯坦不从事应税供货的人，如需为进口或出口办理登记，或根据1990年《销售税法》的规定或其他联邦法律须予登记，可申请登记。

（3）登记人须按照税务局在官方公报上发布通知指明的方式进行登记。

（二）取消登记、列入黑名单和暂时吊销登记

（1）无须根据1990年《销售税法》登记的登记人或某类登记人，税务局或在此方面授权的任何官员，可在符合规定的条件下，取消其登记。

（2）登记人开具假发票，或在其他方面有税务欺诈行为，税务专员可按照税务局在官方公报上发布通知规定的程序，将此人列入黑名单或暂时吊销其登记。

（3）暂时吊销登记期间，不得受理此人开具的发票，一旦此人被列入黑名单，针对其所开发票所申索的退税或进项税抵免，不论发生在此人被列入黑名单之前或之后，须通过发布说明判令原因并可上诉的命令，予以拒绝，但须事先给予此人陈词机会。

（）4若税务局、有关税务专员或税务局在此方面授权的任何官员有理由相信，登记人涉及开具假发票或虚报发票，申请虚假进项税额或退税，或犯有任何其他欺骗性活动，税务局、有关税务专员或授权官员作书面记录后，可阻止此人的退税或进行进项税额调整，并指示具有司法管辖权的有关税务专员开展进一步调查，并采取适当的法律行动。

（三）积极纳税人名单

税务局有权按规定的方式备存积极纳税人名单。积极纳税人是指不属于以下任何类别的登记人：

（1）被列入黑名单，或登记被暂时中止或阻止；

（2）连续2个纳税期间，在截止日期前未能报送纳税申报表；

（3）在截止日期前，未能报送所得税申报表；

（4）连续2个月未能报送月度预扣税报表，或未能报送年度预扣税报表。

七、销售税的征收管理

（一）纳税义务发生的时间

进口到巴基斯坦的货物及其涉及的税款，征缴方式和时间与1969年《海关法》规定的应付关税无异。

应税供货所涉及的税款，须由纳税登记人在报送该期间的纳税申报表之时缴付。

税务局可在官方公报上发布通知，指明应税货物涉及的税款，须按通知中的其他方式或时间征收和缴付。

（二）纳税申报管理

1. 纳税申报表

所有纳税登记人须在到期日前，按规定格式向税务局指定的银行或其他办事处提交真实无误的纳税申报表，写明纳税期间所做的进货和供货（提供和接受的服务）、到期应缴和已缴税款，以及税务局订明的其他信息和细节。

税务局也可借官方公报通知，要求任何人士或任何类别的人士按月度或季度提交纳税申报表，同时按年度提交规定的纳税申报表。

通过网页、磁介质或税务局指定的任何其他计算机可读的介质，以电子形式提交的纳税申报表，须由税务局在官方公报上发布通知，制定相关规则。电子中介须将纳税申报表的数据数字化，并加盖电子中介的数字签名，以电子形式传输。

如纳税期间税率发生变动，须提交纳税期间各部分的单独的纳税申报表，指明适用的不同税率。

登记人报送纳税申报表中有任何遗漏或错误申报，可在报送纳税申报表的120天内提交经修改的纳税申报表，纠正其中的遗漏或错误申报，并缴存少缴的税款金额。

2. 特别纳税申报表

税务局可在官方公报上发布通知，要求纳税登记人按通知指明的格式提交特别申报表，注明纳税期间内制造或生产的数量、所做的进货、供货的货物或支付欠款等信息。

税务局专员可以要求任何人（无论登记与否）按规定的格式提交纳税申报表（不论是作为其代表、代理人或受托人提交），此人须在为此指定的日期前提交纳税申报表。

3. 最终纳税申报表

申请取消登记，须在取消登记之前，采用税务局或税务专员指定的格式、方式和时间，向税务局或税务专员提交最终的纳税申报表。

4. 视为已做出申报

由正式委任的代表或代理人代为做出的纳税申报表，须视为委托人或在其授权下已做出申报。

（三）纳税期间

纳税期间是指为期 1 个月的期间，或联邦政府在官方公报上发布通知指明的期间。

（四）缴税方式

到期的应缴税款须按以下任意一种方式缴付：

（1）在税务局指定的银行缴存；

（2）通过税务局指定的其他模式和方式缴付。

（五）欠税附加费

1. 缴纳欠税附加费的违法行为

纳税登记人发生下列行为的，除须缴纳到期应缴税款外，还须缴纳欠税附加费：①未及时按照销售税法指定的方式缴纳到期应缴税款（不包括罚款金额）或其中任何部分；②登记人申请其没有资格享有的税收抵免、退税或做出纳税调整；③登记人对其所做的供货，错误地适用零税率。

2. 欠税附加费的缴纳费率

（1）应缴付任何税款、费用或误退税额的人须按卡拉奇同业银行拆借利率（KIBOR）加上应缴税款或误退税额每年 3% 的费率，缴纳欠税附加费；

（2）税收欺诈导致欠税的，有税收欺诈行为的人须按逃税金额或谎报退税金额每月 2% 的费率缴纳欠税附加费，直至包括欠税附加费在内的全部负债悉数清偿。

3. 欠税期

（1）不可接纳的进项税抵免或退税，欠税期须从该抵免调整或收到退税之日起计；

（2）未缴付税款或其中任何部分，欠税期从欠税所涉纳税期间到期日后当月第 16 天起计，到实际缴付到期应缴税款之日的前一天为止。

（六）税务审计

税务专员授权的税务局官员可以每年对应税供货的登记开展一次审计。如果登记人涉及税收欺诈或逃税，税务专员可授权职级不低于助理专员的税务局官员展开查究或调查。

按照销售税法的规定完成审计后，登记人就审计中指出的所有问题给出解释，税务局官员之后下达税额评定的命令，包括是否对登记人处以罚款或欠税附加费。

（七）税务处罚

如纳税义务人犯有表 4.11 中所列的罪行，除接受法律规定的惩罚，且在不减损该等惩罚的情况下，还须缴纳销售法中规定的罚款金额。

表 4.11 违反销售税法的罪行及对应的罚款

序号	违反销售税法的行为	罚款
1	未在到期日内提交纳税申报表	须缴纳 5 000 卢比的罚款 但若在到期日的 10 天内提交纳税申报表，每迟交 1 天，须支付 100 卢比的罚款
2	非法开具指明税额的发票	须缴纳 1 万卢比的罚款，或所涉税额的 5%，以较高者为准
3	未按销售税法的规定备存记录	
4	未通知应税活动登记详情发生的重大变动	须缴纳 5 000 卢比的罚款
5	未按销售税法规定的时间或方式，缴存到期应缴税款或其中任何部分的款项	须缴纳 1 万卢比的罚款，或所涉税额的 5%，以较高者为准 如在到期日后 10 天内仍未缴纳税额或其中任何部分，拖欠税款人每拖欠一天，须支付 500 卢比的罚款 此外，1 年内首次误算不予罚款 在职级不低于税务局助理专员的税务局官员发出缴税通知的 60 天届满后，到期应缴税款仍未缴付，须根据特别法官的定罪，进一步接受最长 3 年的监禁，或缴纳最高相当于所涉税额的罚金，或两者兼而有之
6	根据销售税法须申请登记的，在做出应税供货前未提出登记申请	须缴纳 1 万卢比的罚款，或所涉税额的 5%，以较高者为准 但须根据销售税法进行登记，未能在开始应税活动的 60 天内登记的人，还须根据特别法官的定罪，接受最长达 3 年的监禁，或缴纳最高相当于所涉税额的罚金，或两者兼而有之
7	首次收到审计通知，登记人无任何合理理由未出示记录	须缴纳 5 000 卢比的罚款
	第二次收到审计通知后，仍未出示记录	须缴纳 1 万卢比的罚款
	第三次收到审计通知后，仍未出示记录	须缴纳 5 万卢比的罚款
8	未按税务局在官方公报发布的通知要求，提供进口、进货和供货的摘要、详细资料和细节方面的信息	须缴纳 1 万卢比的罚款
9	向税务局的任何人员提交虚假或伪造文件	须缴纳 2.5 万卢比的罚款，或所涉税额的全额，以较高者为准。还须根据特别法官的定罪，进一步接受最长 3 年的监禁，或缴纳最高相当于所涉税额的罚金，或两者兼而有之
10	销毁、修改、毁坏或伪造包括销售税发票在内的记录	
11	故意或欺骗性地做出虚假声明、虚假申报、虚假陈述、虚假化身或提供任何虚假信息，签发或使用伪造或虚假文件	

表4.11(续)

序号	违反销售税法的行为	罚款
12	拒绝或阻碍获授权税务官员访问保存记录的营业场所、注册办事处或任务其他地方，或拒绝其查阅存货、账目或记录，或未能予以展示	须缴纳2.5万卢比的罚款，或所涉税额的全额，以较高者为准。还须根据特别法官的定罪，进一步接受最长5年的监禁，或缴纳最高相当于所涉税额的罚金，或两者兼而有之
13	犯下、促使犯下或试图进行税收欺诈，教唆或放任税收欺诈行为	
14	触犯在税款追收方面对货物搬运施加的禁令	须缴纳2.5万卢比的罚款，或所涉税额的10%，以较高者为准。还须根据特别法官的定罪，进一步接受最长1年的监禁，或缴纳最高相当于所涉税额的罚金，或两者兼而有之
15	在无合法权限的情况下，故意访问或试图访问电算化系统	须缴纳2.5万卢比的罚款，或所涉税额的全部，以较高者为准。还须根据特别法官的定罪，进一步接受最长1年的监禁，或缴纳最高相当于所涉税额的罚金，或两者兼而有之
	未经授权地使用、披露、公布或以其他方式散步从电算化系统中取得的信息	
	对电算化系统中存储的任何记录或信息进行伪造	
	故意或不诚实地损坏或损害电算化系统	
	故意或不诚实地损坏或损害保存或存储从电算化系统取得的任何信息的任何复制磁带、光盘或其他介质	
	未经授权地使用任何其他登记用户的唯一用户标识符，验证向电算化系统的信息传输	
	未能遵守或违反为唯一用户标识符的安全性而订明的任何条件	
16	妨碍获授权的税务官员执行公务	须缴纳2.5万卢比的罚款，或所涉税额的全额，以较高者为准
17	未按消费税法的规定开具发票	须缴纳5 000卢比的罚款，或所涉税额的3%，以较高者为准
18	在1年内，纳税申报表中多次计算错误，缴纳的税额少于实际应缴税款	
19	未按销售税法规定的方式支付款项	
20	未能满足销售税法相关规定中所订明的任何条件、限制或约束	
21	其他违反销售税法规定的罪行	
22	上述违法行为，情节严重	须缴纳上述相应罚款金额的2倍

（八）税务行政诉讼

1. 上诉

销售税部门外的任何人，在收到税务局官员做出的决定或命令之日的30天内，可向税务局税务专员提出上诉。上诉时须按税务局规定的方式，缴纳1 000卢比的费用。

税务局税务专员给予上诉双方陈词的机会，并在提交上诉之日起的120天之内下达其认为合适的命令，即确认、更改、修改、取消或废止上诉所针对的决定和命令。

2. 向上诉审裁处上诉

任何人，包括职级不低于附加税务专员的税务局官员，对税务局专员就上诉下达的命令持反对意见的，可在收到该决定或命令的60天内，向上诉审裁处提出上诉，并缴纳2 000卢比的费用。上诉审裁处应当在上诉提交之日起6个月内予以裁定，并将其裁决结果告知纳税人和税务专员。

3. 向高等法院移送

上诉审裁处下达裁决的90天内，受害人或税务局官员可按规定向高等法院提出申请，提交案件陈诉书，列明有关事实、上诉审裁处的裁定和因此引起的法律问题。提出申请，须缴纳100卢比的费用。若高等法院在收到申请书后确信产生了法律问题，则着手审理案件。高等法院审理移送案件后，对移送案件提出的法律问题做出并下达判决，并将加盖法院印章的判决书副本发至上诉审裁处。审裁处的裁定应当按照该判决做出相应的修改。向高等法院移送的费用由法院酌情决定。

即使向高等法院移送，受害人仍须按照上诉审裁处的命令缴纳税款。若税额因高等法院的判决而调减的，高等法院裁定可退还税款。若高等法院下令暂缓追收税款，则该命令在下令之日后6个月期间届满失效。

八、销售税发票的使用及管理

（一）税务发票

（1）做出应税供货的纳税登记人须在供货时开出连续编号的税务发票，一笔应税供货不得开具多张税务发票。税务发票包含以下内容：

①供应商名称、地址和登记号；

②收货人名称、地址和登记号；

③发票的签发日期

④货物的说明与数量；

⑤不含税价值；

⑥销售税金额；

⑦含税价值。

（2）税务局可在官方公报上发布通知，指明适合不同人士或不同类别人士的改良发票。

（3）纳税登记人以外的其他人，不得开具税务发票。

（4）税务局可在官方公报上发布通知，指明做出应税供货的纳税登记人按通知中指明的条件，向另一纳税登记人、税务局及指定的税务专员开具电子发票。

（5）税务局可在官方公报上发布通知，规范税务发票开具和验证的方式和程序。

（二）税务记录

（1）做出应税供货的纳税登记人须在其营业场所或注册办事处备存和保存由其或其代理人提供的以英语或乌尔都语编制的购买、进口和供应的货物（包括零税率和免税供货）的记录，并据以确定其在纳税期间的纳税责任。

①供货记录须注明货物的说明、数量和价值，收货人的姓名、地址以及征税税额；

②购货记录须注明货物的说明、数量和价值，供应商的地址和登记号，以及购货产生的税额；

③进口货物记录须注明货物的说明、数量和价值，以及进口缴付的税额；

④零税率和免税供货的记录；

⑤复式记账制销售税账目；

⑥发票、贷记通知单、借记通知单、银行结单、银行票据、库存记录、水电费账单、薪金和人工费账单、租用协议、购销协议和租约；

⑦关于通行证或进出境以及运输收据的记录；

⑧税务局指定的其他记录。

（2）税务局可在官方公报上发布通知，要求纳税登记人须按税务局规定的方式，使用税务局批准的电子税控收款机。

（3）税务局可在官方公报上发布通知，规定以电子方式备存记录、提交纳税申报表或办理退税及其他税务事项使用的程序或软件，或批准纳税登记人开具电子备存记录和填写纳税申报表使用的任何软件。

根据 1984 年《公司法》，账目须接受审计的登记人须提交年度经审计账目副本，连同审计师出具的证明书，证明登记人已缴纳应缴税款。

（三）税务记录留存期限

在税务记录或文件所涉纳税期间结束后，须将这些记录或文件留存 6 年或更长时间，即保存到任何法律程序（包括关于评估、上诉、修改、移送或呈请的法律程序）做出的最后判决为止。

第四节　巴基斯坦联邦消费税

巴基斯坦联邦消费税①是其主体税种，也是一种联邦税。巴基斯坦联邦消费税法是指对在巴基斯坦制造、生产、进口或消费的货物及在巴基斯坦提供或给予的服务征收消费税的法律规范。巴基斯坦联邦消费税的依据是 2005 年《联邦消费税法》和 2005 年

---

① 资料来源：巴基斯坦联邦收入委员会网站公布的《联邦消费税法》(2005)（Federal Excise Act, 2005），http://www.fbr.gov.pk/Downloads#Acts。

《联邦消费税规制》，由联邦政府通过中央税务委员会进行管理。除一般商品和服务外，巴基斯坦对部分应税商品和应税服务做出特殊规定，均自 2005 年 7 月 1 日起生效。消费税以消费品为课税对象，属于间接税，税收随价格转嫁给消费者负担，消费者是实际负担者。

一、征税范围与纳税义务人

（一）征税范围

巴基斯坦联邦消费税是对本国生产的产品、进口商品①、在巴保税区生产但销往巴基斯坦非保税区的货物征税。除此之外，联邦政府在官方公报上发布通知指明的货物，此类货物在非关税区生产或加工，而后运至关税区，在关税区内出售或消费的货物，以及在巴基斯坦提供的服务，包括源于巴基斯坦境外，但在巴基斯坦提供的服务。

巴基斯坦联邦消费税的依据是 2005 年《联邦消费税法》和 2005 年《联邦消费税规制》，除一般商品和服务外，巴基斯坦对部分应税商品和应税服务做出特殊规定，其中应税商品包括食用油、菜油和烹调油、所有形式加气饮料浓缩物、汽水、含糖或含其他甜物质或含调味料的汽水、纯蔬果汁汽水、未加工的烟草、烟草或烟草代用品、本地生产的卷烟、在非关税区直接或间接生产的卷烟、水泥、液化天然气、液化丙烷、液化丁烷、液化乙烯、丙烯、丁烯、丁二烯、其他液化石油气、气态烃、气态天然气、其他气态石油气、用于加气饮料的香料和浓缩物、油籽、机动车辆、香烟滤棒。应税服务包括闭路电视广告服务、有线电视网络广告服务、报刊等广告服务、旅行设施所提供的服务、内陆货物航空运输服务、运输代理服务、电信服务、银行等机构提供的服务、特许经营服务、股票经纪人提供的服务、港口和码头运营商对进口货物提供的服务、包机服务，含种类繁多的子目。

税务局可在官方公报上发布通知，按以下方式征收和收取税款：

（1）按生产或加工该等货物的工业装置、机械、企业、机构或装置的生产能力征收和收取税款；

（2）对任何货物或任何类别的货物，以及对任何服务或任何类别的服务，税务局认为合适，可向生产或加工该等货物、提供或给予该等服务的任何机构或企业征收其应缴的定额税款。

（二）纳税义务人

纳税义务人包括公司、协会、由个人组成的团体（不论是否注册）、公共或地方当局、省级政府或联邦政府。纳税义务人需对生产、加工、进口的货物和服务缴纳联邦消费税，具体包括：

（1）在巴基斯坦生产或加工的货物，由生产或加工货物的人负责缴税；

（2）向巴基斯坦进口货物，进口货物的人负责缴税；

---

① 其中，进口到巴基斯坦的货物涉及的税款，征缴方式和时间与 1969 年《海关法》（1969 年第四号）规定的应付关税无异，须适用该法（包括第 31A 节）规定。

（3）在巴基斯坦提供或给予的服务，提供或给予服务的人负责缴税，但如果应税服务是由巴基斯坦以外国家的人提供的，那么在巴基斯坦的服务接受者负责缴税；

（4）在非关税区生产或加工的货物，运至关税区，以供关税区内出售或消费，将货物带至或安排带至关税区的人负责缴税[①]。

私营公司或商业企业的纳税责任，或出售企业所有权涉及的纳税责任：

（1）除现行法律另有规定外，如果私营公司或商业企业关闭或停止营业，或不在存续，在清算前、清算期间或清算后无法向该公司或商业企业追收任何应纳税额，身为该公司或商业企业的所有者、合伙人或董事的所有人须承担连带、共同承担此项纳税责任。

（2）如果向另一人（持续运营）出售或转让涉及任何纳税责任的业务或其中部分业务出售或所有权转让方须缴纳应纳税额，但如果转让方未缴纳应纳税款，未缴纳的税款由公司资产作为第一押记和由受让方支付。

（3）如果属于终止涉及尚未履行纳税责任放入业务或部分业务，终止该业务或部分业务的人须对尚未履行的纳税责任负责并予以缴纳，如业务未终止一样。

二、征税环节

（1）对于生产而言应税消费品在生产环节征税。如果直接对外销售的货物应在生产环节征税；如果将生产的应税货物以及作为材料直接投入生产或加工的，已缴纳的消费税款可以扣除。

（2）对于货物而言应税消费品在出口或国内消费环节征税。

（3）对于服务而言应税消费品在提供或给予服务环节征税。

（4）对于在 2005 年《联邦消费税法》所适用的区域以外的生产或加工的货物，而后被运到该区域内售卖或消费的应税消费品在货物被运到该等区域消费环节征税。

（5）对于进口到巴基斯坦的货物所涉税项征缴时间，与根据 1969 年《海关法》（1969 年第四号）应付的关税的征缴时间无异。

三、联邦消费税的税率

（一）一般税率

巴基斯坦联邦消费税的一般税率为从价的 15%，但下表 4.12 中指明的货物和服务除外，表中显示联邦消费税的从价税率分为 10%、11.5%、15%、16%、65%，还包括从量计征税额。

（二）零税率和退税

出口到巴基斯坦以外的货物或联邦政府在公报上发布通知，指明的货物可按零税率征税，依据调整消费税税法规定，对于该货物可准许税项调整。

税务局可在官方公报上发布通知，批准在通知指明的条件和限制下，按通知所指的

---

① "非关税区"是指阿扎德查谟和克什米尔、北部地区及本法不适用的其他地区或区域。

一项或多项税率，退还就某些货物缴纳的税项，此类货物是指用于制造在巴基斯坦内制造而后出口的任何货物，或作为供给或库存材料装运，供船上或飞机上消费，前往巴基斯坦以外目的地的货物。

尽管上述规定，但税务局可在官方公报上发布通知，对货物或任何指定货物，指定类别的货物出口到任何指定外国港口或领土，禁止支付退税、退款或调整税项。

（三）调整消费税

为厘定纳税责任净额，就任何货物而言，就表 4.12 所指货物以及直接作为投入货物用于生产或加工的货物已缴纳的税项，须从计算的应纳税额中扣除；根据 2005 年《联邦消费税法》，如果登记人持有有效证明，表明其已通过银行渠道支付所购货物价款（包括税款），以及收到所售货物的价款（包括税款），须从计算的应纳税额中扣除；尽管上述规定，但税务局可在官方公报上发布通知，禁止或限制任何货物或任何类别的货物的税项调整的全部或部分金额，或以其他方式进行税项调整。

（四）另行征税

在符合"税务局可在官方公报上发布通知，禁止或限制任何货物或任何类别的货物的税项调整的全部或部分金额，或以其他方式进行税项调整"规定下，如果向未取得登记号的人供应应税货物和服务，联邦政府可在官方公报上发布通知，除对通知指明的应税货物和服务按一般税率和特殊税率征税外，还可按货物和服务价值的 2% 另行征税。

（五）豁免

对于免税消费品，不予进行纳税调整。

经内阁经济协调委员会的批准，在紧急情况下为保护国家安全、防御自然灾害、保护国家食品安全，在国际大宗商品价格发生异常波动的情况下保护国家经济利益，消除税收异常，开发落后地区和实施双边及多边协议，采取紧急措施，联邦政府可在官方公报上发布通知，在通知所指的条件下，对任何货物、任何类别的货物、任何服务、任何类别的服务豁免根据 2005 年《联邦消费税法》征收的全部或部分税项。

联邦政府或税务局可在官方公报上发布通知，出于某些原因，在通知所指条件或限制下，对任何人或任何类别的人豁免其根据"欠税附加费"的有关规定缴纳的全部或部分欠税附加费和罚款。

（六）特殊税率

税务局可在官方公报上发布通知，按以下方式征收和收取税款：

（1）按生产或加工该等货物的工业装置、机械、企业、机构或装置的生产能力征收和收取税款；

（2）对任何货物或任何类别的货物，对任何服务或任何类别的服务，按税务局认为合适的税款，向生产或加工该等货物、提供或给予该等服务的任何机构或企业征收其应纳定额税款。

（3）在不损害联邦消费税其他条文的原则下，联邦政府可在官方公报上发布通知，对一类或多类货物或服务按通知中指明的较高或较低的一项或多项税率征收税项。

四、应纳联邦消费税的计算

巴基斯坦消费税的计税方法分为从价计征与从量计征两种。

（一）从价计征

应纳税额等于应税消费品销售价值乘以适用税率，应纳税额的多少取决于销售价值和适用税率两个因素：

应纳税额=应税消费品销售价值×适用税率

1. 销售价值的确定

销售价值为纳税人销售应税消费品向购买方收取的全部价款和价外费用。"销售"和"购买"是指一人在一般贸易或业务过程中向另一人转让货物的所有权、给予和提供服务，以收取现金、延期付款或收取其他代价。

（1）2005年《联邦消费税法》中货物的销售价须按照1990年《销售税法》第2节第46分节的办法厘定，不含应缴的税款。

（2）2005年《联邦消费税法》中服务价格为服务收费总额，包括附属设施或公用事业，不论提供或给予该等服务有无收费、是否免费、是否享受优惠。

（3）凡货物在进口环节可征税的，按照1969年《海关法》（1969年第四号）第25节厘定的价值（包括就此应缴的关税）评税和缴税。

（4）凡货物可在零售价格的基础上征税的，该税项为制造商确定的零售价格，该零售价格含所有税项、费用和税费。根据1990年《销售税法》第3节征收和收取的销售税除外，任何特定品牌或种类的货物应按此价值向大众消费者出售，或为同一品牌或种类的货物，如果价格不止一个，取其中最高的价格。

除非税务局另有指示，否则该零售价格须以清晰、显著、不能擦除的标记在该等货物的每件货物、包、容器、包裹、封面或标签上注明；但前提条件是，如果税务局指定，任何货物或任何类别的货物应对本地产量按零售价格的百分比征税，经必要的变通后，适用于该货物从国外进口的情况。

此外，税务局可通过一般命令，为确定任何品牌或种类货物的最高零售价格，指明地区或区域。

（5）为征收和收取税项的目的，税务局可确定任何货物或任何类别货物的最低价格，须据此缴纳该货物的税项。但前提条件是，如果任何货物或任何类别的货物的出售价格高于税务局确定的价格，除税务局另有指示外，须按较高的价格征收和收取税项。

（6）应税服务的价格不包括代理人的可补偿费用，如运费、引航费及泊位租赁费、入港费、货物费用、出口货物佣金及支付装卸的船舶操纵费。

2. 含增值税销售价的换算

应税消费品在缴纳联邦消费税的同时，与一般货物一样，还应缴纳销售税。按照1990年《销售税法》条文的规定，对于指定货物或税务局在官方公报上发布通知指明的服务，税项以销售税方式支付的，生产或加工货物、提供或给予服务的登记人有权从其应纳消费税的税额中扣除已交纳的进项税。

应税消费品的销售价=含增值税的销售价/（1+增值税税率）

（二）从量计征

应纳税额等于应税消费品的销售数量乘以单位税额，应纳税额的多少取决于应税消费品的销售数量和单位税额两个因素：

应纳税额=应税消费品的销售数量×单位税额

1. 销售数量的确定

销售数量是指纳税人在巴基斯坦制造、生产、进口或消费的货物及在巴基斯坦提供或给予的服务的数量。

2. 计量单位的确定

根据 2005 年《联邦消费税法》的规定，未制成的烟草、油籽以千克为税额单位；香烟以每千支为单位；香烟滤棒以每根为税额单位；液化丙烷、液化丁烷、液化乙烯、液化丙烯、液化丁烯、液化丁二烯以及其他液化石油气和气态烃以每百立方米为税额单位；气态天然气、其他气态石油气以每百万英热为税额单位。

五、征收管理

（一）纳税义务发生时间

（1）对于货物而言，纳税义务的发生时间为货物以供出口或国内消费的日期。

（2）对于服务而言，纳税义务的发生时间为提供或给予服务的日期。

（3）对于在 2005 年《联邦消费税法》所适用的区域以外的生产或制造，而后被运到该区域内售卖或消费的货物，纳税义务的发生时间为货物被运到该区域的日期。

（4）进口到巴基斯坦的货物所涉税项征缴时间，与根据 1969 年《海关法》（1969 年第四号）应付的关税的征缴时间无异。

（二）纳税期限

1. 一般货物、服务的纳税方式和期限

（1）每月，登记人须在到期日前，按税务局在官方公报上发布通知，规定的方式和格式，提交真实无误的纳税申报表。

（2）对于一个月内做出的应税供货或给予的服务涉及的应缴税项，登记人在提交纳税申报表时，须在指定银行的分行缴存。

但税务局可在官方公报上发布通知，规定缴税的任何方式。

（3）若在任何一个月内，税率发生变化，则须就该月的各部分使用不同的申报表，指明适用的不同税率。

（4）经具有司法管辖权的税务局税务专员批准后，登记人可在提交纳税申报表的一百二十天内提交经修改的纳税申报表，以纠正其中的遗漏或错误申报。

（5）税务局可在官方公报上发布通知，要求任何人或任何类别的人，对于任何货物或任何类别的货物，按指定格式和方式，提交关于任何一个或多个月内的进口、购买、利用、消费、生产、销售或处置该等货物的摘要、详细资料或细节，此项规定对服务经必要的变通后可予援用。

（6）税务局可发布命令，指定为实行消费税法或据此制定的规则，以及通过电子手段纳税，应遵循的方式和程序。

（7）凡在任何其他方面应缴的税额，亦须按上述相同的方式，以规定的纳税申报表，在指定银行分行缴存。

2. 应税服务的特殊规定

（1）保险公司保单涉及的税项，须在收到保费的当月进行核算，保险公司应按照相关规定缴税并提交纳税申报表。保险公司收到特许会计师正式审计的年度审计报告后，须在收到的十五天内向收税员提交一份副本，并且保险公司须在收到审计报告的十五天内，缴纳该审计发现的少缴税项。

（2）货运代理人须就其处理的船舶向联邦消费税收税员提交月度报表，在次月十五日前提交。

（3）银行、金融机构和非银行金融公司提供的服务应于每月缴纳到期税款。

（4）航空公司须就直至每个历月最后工作日提供的服务，在次月第十五前，缴纳每月的到期应缴税项。

（5）广告代理商提供服务的，应按季度于11月、2月、5月及8月的15号之前根据上季度收取或开具的佣金金额纳税。

（6）提供电信服务的所有者、商号或公司应按以下模式和方式缴税：如果为后付费电话服务，则在之后第二个月第二十一日前缴纳税款；如果为预付费电话服务，则在次月第二十一日前缴纳税款；如果属于其他电信服务，则在次月第二十一日前缴税。

提供电信服务的所有者、商号或公司的总部须在之后第二个月第二十七日前缴纳到期应纳税款。

（三）纳税地点

根据2005年《联邦消费税法》须登记的人，如果在开始生产应税货物或给予、提供任何应税服务之前尚未登记的，须采用表格STR-1向收税员登记。

（1）如果属于法人，即上市股份有限公司或非上市股份有限公司或私人有限公司，须向对公司注册办事处所在地具有司法管辖权的收税员提出登记申请。

（2）如果属于非法人团体，有单一的制造单位，营业场所和制造单位位于不同地区的，须向对其制造单位有司法管辖权的收税员管区申请登记。但法人有权申请将登记转移到对制造单位所在地具有司法管辖权的收税员管区。

（3）如果属于应税服务，须向申请人的总部所在地的收税员提出申请。

（4）如果登记申请在各方面均属完整，收税员或在对此方面授权的人员进行必要的核证或调查后，须向税务局的中央登记处转呈申请，后者将采用表格STR-5的形式，向申请人签发载明登记号的登记证书。

表 4.12 联邦消费税税目和税率表

应税商品			
序号	货物说明	税目/子目	税率
1	食用油（不含税目为 15.18 项目下的环氧大豆油）	15.07，15.08，15.09，15.10，15.11，15.12，15.13，15.14，15.15，15.16，15.17，15.18	16%
2	菜油和烹饪油	各税目	16%
3	所有形式的加气饮料浓缩物	2106.9010	15%
4	汽水	2201.1020	11.5%
5	汽水、含糖或含其他甜物质或含调味料的汽水	2201.1010	11.5%
6	纯蔬果汁汽水	各税目	11.5%
7	未加工烟草	24.01	10 卢比/千克
8	烟草或烟草代用品类的雪茄、方头雪茄、小雪茄和卷烟	24.02	65%
9a	本地生产的卷烟，包装上印刷的零售价格超过每千支卷烟 4 500 卢比	24.02	3 740 卢比/千支烟
10	本地生产的卷烟，包装上印刷的零售价格不超过每千支卷烟 4 500 卢比	24.02	1 670 卢比/千支烟
10a	本地生产的卷烟，包装上印刷的零售价格不超过每千支卷烟 2 925 卢比	24.02	800 卢比/千支烟
12	在 1994 年 6 月 10 日之后，无论是否被着色的，或以熟料形式出现的，在非关税区直接或间接有生产任何品牌香烟的制造商，	24.02	60%
13	硅酸盐水泥、高铝水泥、矿渣水泥、超硫酸盐水泥及类似的水凝水泥	25.23	1 卢比/千克
31	液化天然气	2711.1100	17.18 卢比/百立方米
32	液化丙烷	2711.1200	17.18 卢比/百立方米
33	液化丁烷	2711.1300	17.18 卢比/百立方米
34	液化乙烯、丙烯、丁烯和丁二烯	2711.1400	17.18 卢比/百立方米
35	其他液化石油气、气态烃	2711.1900	17.18 卢比/百立方米
36	气态天然气	2711.2100	10 卢比/百万英热
37	其他气态石油气	2711.2900	10 卢比/百万英热

表4.12(续)

应税商品			
序号	货物说明	税目/子目	税率
41	用于汽水的香料和浓缩物	3302.1010	50%
54	油籽	各税目	40 派萨/千克
55	进口汽车、多功能运动型汽车、气缸容量在 1 800cc 或以上的机动车、主要用于载人的机动车（税目 87.02 项目除外），包括气缸容量在 1 800cc 或以上的旅行车和赛车	87.03	10%
56	香烟滤棒	5502.0090	0.75 卢比/根
应税服务			
序号	服务说明	税目/子目	税率
1	闭路电视广告服务	9802.3000	16%
2	有线电视网络广告服务	9802.5000	16%
2a	报刊等广告、广告牌、立柱招牌、标志牌上广告）服务	9802.4000 9802.9000	16%
3	旅行设施：长途（距离>500 千米）	98.03 9803.1000	2 500 卢比
	旅行设施：短途（距离≤500 千米）		1 250 卢比
4	内陆货物航空运输服务	9805.1000	16%
5	运输代理	9804.1000	200 卢比/张分提单：运输代理服务中属于无船承运人、国际货运代理；16%：其他各种运输代理服务
6	电信服务	98.12	18%
8	银行、保险公司、融资合作社、Modarbas、股本参与、租赁公司、外汇经销商、非银行金融机构及其他	98.13	16%
11	特许经营服务	9812.9410	10%
13	股票经纪人提供的服务	9819.1000	16%
14	与进口相关的港口和码头运营商服务	9819.9090	16%
15	包机	98.03	16%

第五节 巴基斯坦关税

一、巴基斯坦关税概况

巴基斯坦关税法的依据为 1969 年《关税法》（1969 年第四部）①。该法为监管和控制所有进出口贸易的联邦税务总局（FBR）提供规则。海关总署在收取税款中发挥重要作用，其运作和制度不断完善。巴基斯坦为了调整自身的贸易差额，对一般贸易提供通关环境，为出口创造了更多的奖励措施，该项措施使贸易逆差维持在一个相当低的水平。2017 年的经济自由指数报告指出，进出口总值占到了 GDP 的 28%，平均适用税率为 8.9%，说明海关贸易在巴基斯坦的经济中发挥关键作用。目前巴基斯坦最低的关税税率是 3%，最高的关税税率为 100%。

（一）巴基斯坦关税的法律框架

一国的贸易量受到其海关总署质量的密切影响。严格的海关规制和关税或许会导致腐败、走私、造假和逃税，这些均不利于一个国家的经济。有效的海关意味着有效的边境管理和有效的国家间贸易管理。

1. 关税当局

巴基斯坦联邦收入委员会（Federal Board of Revenue，FBR），前身为中央收入委员会，隶属于收入司下的半自治联邦机构。联邦收入委员会有权制定和管理财政政策；征税和征收联邦税；行使一种准司法性职能——审理上诉。在恰当的情况下，联邦收入委员会也有权发布法定规则和命令（SROs）、决议、通告和指令，以执行任何财政法规和关税。所有从巴基斯坦进出口的货物都受联邦收入委员会的监督和控制，联邦收入委员会也进行税收管理改革。

巴基斯坦海关总署有着 9 个地区办事处和 17 个海关机构，其中有 261 名官员，7 465 名实际操作员工及其他相关工作者，均受联邦收入委员会的监督和控制。在巴基斯坦的主要城市，包括伊斯兰堡、白沙瓦、拉瓦尔品第、锡亚尔科特、拉合尔、费萨拉巴德、木尔坦、奎达、瓜达尔、海得拉巴、卡西姆港等地均设有地区办事处和海关机构。

联邦收入委员会将巴基斯坦海关作为防范走私边境守护者和诚信贸易的促进者。除了边境守护者外，海关税收对跨境贸易货物进行征税，海关税收是国家税收的主要来源。巴基斯坦海关通过对进出口货物征税，以及对进出该国货物实施管制，来防止任何形式威胁到本国工业发展的假冒、非法、禁止或走私货物的入侵。有效的关税措施通过打击此类货物和实施积极的风险管理制度，从而促进贸易和经济增长。

关税收入大大增加了巴基斯坦税收总收入，但是其优势近年来正在削弱。这证明了

---

① 资料来源：巴基斯坦联邦收入委员会网站公布的 1969 年《关税法（第四部）》[Customs Act, 1969 (IV of 1969)]，http://www.fbr.gov.pk/Categ/Customs-Act-1969/130。

巴基斯坦为了促进商业伙伴的贸易发展而减轻在进出口活动上所征收税的意愿。图4.4展示了巴基斯坦关税占总税收的比例。该比例的变化趋势说明了巴基斯坦关税如何从20世纪90年代的高峰到21世纪头十年的一个相当低的阶段变化，反映出巴基斯坦关税为促进国际贸易，也为促进新投资的战略变化。

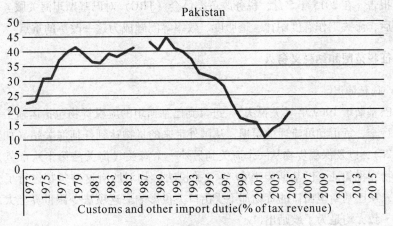

图4.4　巴基斯坦关税占总税收收入的比例①

2. 关税法

巴基斯坦关税法由1969年《关税法》（1969年第四部）、2001年《关税准则》和《财政法》组成。除此之外，FBR颁布的《关税法》由224个征收关税的部门组成。关税法对部分货物分类、关税估价、税率和征收规范进行特殊规定。除了关税法外，巴基斯坦关税还执行了大约27项其他法律。

巴基斯坦《财政法》每年6月更新一次，7月的第一天开始实施。每年的法律修订和变更都是按照《财政法》的规定执行。通过《财政法》的修订，《关税法》得以改进和更新。过去的三年，《财政法》发布关于《关税法》的重要修正案中，包括2014年第18（1A）条的修正案，在2015年和2016年分别对第19（1）条进行连续修改。

（二）收税系统

在几十年的时间里，巴基斯坦关税征收系统从一个手工征收系统改进为一个动态的、风险管理自动化系统。1992年，巴基斯坦海关引入了自动化，并在2005年采用了风险导向通关系统和巴基斯坦海关计算机系统（PACCS）。2011年，一个基于网络的通关系统，名为"Weboc"，对进口和出口进行报关说明。在此"Weboc"的帮助下，海关部门能够识别和拦截高风险人群和交易。随着系统的不断完善，海关总署的目标也不断提高。如今，巴基斯坦海关正打算减少对移动和选择性控制的关注。现在，海关总署的目标不是检查每一位旅客的行李箱或集装箱，而是把边界推到边界外，以便在人们的货物达到巴基斯坦境内之前便进行主动控制、检查和填写资料。这是为了在更现代的海关

① 资料来源：世界银行网站，https://data.worldbank.org/indicator/GC.TAX.IMPT.ZS？end＝2005&locations＝PK&start＝1973。

管理系统中改善贸易条件、有效征税和降低运营非效率风险。

为了降低征收税款中腐败风险，FBR 在 2016 年实施了一项旨在解决这一问题的改革。为了确保征税工作中的完整性和透明度，以及最小化海关官员与贸易商之间互动，此项改革削弱了首席税务官的地位。此外，还需要向巴基斯坦海关官员提交一份关于违法官员的报告。在 2015 年 5 月，税务改革委员会（TRC）对巴基斯坦海关服务效率提出严厉批评后，海关工作态度纪律、透明度、效率等问题成为这一改革的重点。

二、征税范围和纳税义务人

（一）征税范围

根据巴基斯坦 1969 年《关税法》，进口到巴基斯坦的应税货物包括运输工具、储存和材料、行李、货币和可流通的票据，从国外带来的货物达到任何海关站（如港口、机场、边界等），以及保税货物从一个海关到另外一个海关（海关法第十八章节）都需提供进口货物完税凭证。巴基斯坦 1969 年《关税法》均对所有这些货物进行了分类和列表。然而，从巴基斯坦出口的货物却不受出口关税影响。这项法令跟世界上大多国家海关的做法一致，均是为了鼓励出口。

（二）纳税义务人

由于关税的征税对象涉及进出口国的货物，因此，关税的纳税人包括任何携带货物出入境的人以及进出口货物的所有者。然而，有些货物是被巴基斯坦海关禁止和限制的。因此，进口或企图从巴基斯坦出口的任何有伪造、假冒、盗版行为的货物均被关税条例所禁止。在巴基斯坦，禁止假冒商标或盗版版权产品，该行为有可能导致拘留、扣押、没收，也可能被判刑。

三、关税税率

进口商应参照巴基斯坦关税法中的第一列表和第五列表中所列关税税率对进口货物缴纳关税。但关税每年更新一次，公开发表，可供咨询。目前，关税税率从 3% 上升到 100%。汽车和汽车零部件的进口关税最高税率为 100%。90% 的高税率适用于少数产品，这些产品是政府积极劝阻进口的，包括葡萄酒、啤酒、酒精、烈性酒、烈酒和其他发酵饮料。

除海关总署征收的关税外，联邦政府还可以通过正式通知宣布征收一项附加关税和一项特别关税来履行监管职责。因此，关税的净额不得超过多边贸易协定中所议定的费率。该监管职责适用于出口和进口货物，但不得超过货物价值的 100%。附加关税不得超过货物价值的 35%，特别关税不得超过巴基斯坦生产或制造货物的消费税税率。

当所有关税和税收的累计金额相等于或少于 100 卢比时，不需要缴纳最低关税。

四、进出口关税估价方法

（一）进口货物完税价格

对于进口货物，巴基斯坦海关采用海关估价系统的协议，这是一种基于商品成交价格的估价方法，即实际支付的价格或应支付的价格。巴基斯坦应用的海关估价方法与发达国家应用的制度相一致，并被认为是一种公平、统一和中立的货物估价方式。巴基斯坦进口货物的关税完税价格应该依次使用下列六种方法来确定（如表 4.13 所示）：

1. 进口货物的成交价格

进口货物的成交价格是指在向巴基斯坦出口商品时，支付或应付的价款。当进口商品的价格并没有受到任何买方和卖方之间关系的影响时，成交价格的规则是可以被接受的，当进口国证明，在巴基斯坦的出口销售时，这样的价格是接近相同或类似货物的成交价格。

2. 相同货物的成交价格

当关税价值不符合交易价值的规定时，交易价值应适用于出口到巴基斯坦的相同货物的成交价格。相同货物可以是标明具有相同物理特性、质量和声誉的货物。相同货物的成交价格，也应包括在交易价值中所估计的所有与该商品的交易相关的所有成本和费用。在进行必要的调整时，应当考虑到这些成本和费用的显著差异。

3. 类似货物的成交价格

当关税价值不能以相同商品的成交价格决定时，交易价值应当适用类似货物的成交价格。类似的货物可以包括具有相同功能的货物，并且可以在商业上互换的货物。确定相同货物成交价格的规则，应当在确定类似货物的成交价格基础上进行。

4. 倒扣价格估价方法

当关税价值不能由类似货物的成交价格确定时，应当采用倒扣价格估价方法。在倒扣价格估价方法下，销售价格是基于以下三种方式之一来确定的：①进口货物或者相同或者类似的进口货物以最大的总数量出售的单位价格；②进口货物或者相同或者类似的进口货物至少在进口前 90 天内作为进口条件在巴基斯坦境内销售的单位价格；③进口货物以最大的总数量向进口国销售的单位价格；在巴基斯坦与进口或销售货物有关的佣金、运输成本、保险费用、关税和其他应纳税额应当予以扣除。

5. 计算价格估价方法

当关税价值未能按倒扣价格估价方法确定时，计算价格估价方法应该被应用。计算价格估价方法下的完税价格考虑了进口货物生产过程中所使用的材料和制造加工的成本。

6. 其他合理方法

当海关不能按照以上任何一种方法确定进口货物的完税价格时，可以采用其他合理的方法。这类方法应该尽可能以上述五种方法中的一种为基础，但可以放宽相关的运用条件。

表 4.13 进口货物关税完税价格估价法

估价方法	交易价值的测定
成交价格	进口货物支付的成本或应付费用 +运输成本（扣除进口后的内陆运费）+保险费用 +与运输相关的装载、卸载和搬运费用 +佣金+容器成本+劳动力或材料的包装成本 +特许权使用费和许可费+其他直接或间接材料与产品 相关的生产和销售成本
相同货物的成交价格	相同进口货物支付的成本或应付费用 +以上所提到的其他成本和费用
相似货物的成交价格	同类进口货物支付的成本或应付费用 +以上所提到的其他成本和费用
倒扣价格估价方法	进口货物的单价或相同或类似的进口货物的单价 -佣金-运输成本-保险费用-在巴基斯坦应缴关税和其他 进口相关税费
计算价格估价方法	进口货物生产的原材料成本、制造成本或其他加工成本 +利润和一般费用+所有其他相关成本
其他合理方法	—

（二）出口货物的完税价格

出口货物的完税价格是在货物已交付给买方，货物在销售时的价值，而所有的包装、佣金、运输、装载和其他相关费用由卖方承担。出口货物的完税价格需要考虑该货物的权利价值，当货物在出口、销售、其他处置或使用时，需要考虑专利发明或其认为的专利、设计或商标权的价值。确定完税价格是货物申报过程中关键步骤，因为它表明了货物的价值。通过上面提及的估价方法来确定完税价格非常重要，以确保卖方和买方的进口和出口货物不相关，或即使相关，货物的价格必须与此相关关系不受任何影响。

关税征收者或关税估价长官有权通过上述的任意一种评估方法来确定完税价格。但是，在确定完税价格发生冲突的情况下，关税估价长官应当确定适用的完税价格。同样重要的是，完税价格可以从完税价格确定之日起30天内通过呈请文件的方式进行修改。

（三）特别关税优惠

进口的植物、机器、设备和器具，包括各行业的资本货物，享有一些关税豁免和特许权的规定，各行业/部门受益于这些条框，如矿产勘探项目、发电项目、移动电话制造项目和基础设施建设项目。具体项目见表4.14。

表 4.14 特别关税优惠项目

项目描述	关税税率
用于矿物勘探阶段的机械、设备、材料、资本货物 勘探阶段的施工机械、设备和专用车辆 煤矿机械、设备、Thar（塔尔）煤田的进口备用煤 通过核能和可再生能源发电的机器、设备和备件 建筑机械、设备和专用车辆建设工程 机械、设备和其他相关项目，包括资本货物，位于瓜达尔 0 点附近 30 千米范围内的项目建立的发电基础设施 在俾路支/马拉卡纳/吉尔吉特-巴尔蒂斯坦地区建立的水果加工和植物、机器和设备的保存单位 用于制造手机的工厂、机械和生产线设备	0%
用于矿山建设阶段或开采阶段的机械、设备、材料、资本货物 用于发电项目的初始安装的机械、设备和备件 用于输电和电网的机械和设备，包括在建项目	3%，5%
建筑公司进口的专用车辆	20%

五、征收管理

（一）纳税义务发生时间

关税的征收一般在货物从一个国家输到另外一个国家时发生，大多数国家为了促进出口，并不会在出口货物上征税。在巴基斯坦，关税的纳税义务在货物从国外的任何海关（机场，港口，陆地边境等）进口时履行，当保税货物被从一个海关运输到另外一个亦是如此。然而，在一些特殊的情况下，关税的部分或全部税额在征收时也会被巴基斯坦联邦税收局拖延。在拖延的情况下，一笔递延账户中拖延应付的附加费将从递延发生的当日开始使用巴基斯坦联邦税收局规定的方法计算。附加费的数额不应该超过卡拉奇银行的同业拆放利率（每年 3%）。

（二）纳税期限

关税可以在货物到达之前、在途或到达后根据关税条例中陈述的有关时间分配条例来申报。根据巴基斯坦 2001 年《关税法》第 402 条的规定，货物的信息应当至少在估计货物到达前的 18 个小时或者在船只告知报告确认之后的任何时间添加进巴基斯坦海关管理系统。如果不遵从此关税条例将被罚款。一般地，从任何海关的报关手续开始的第一天应该作为关税纳税义务的履行时点。因此，在巴基斯坦货物报关手续办理日为纳税义务发生日，除非申报在货物到达巴基斯坦前完成，那么海关的运输货单被运送的当天为纳税义务发生日。类似地，货物关税税率应该以关税申报和清关及在报关手续一开始的时候货物运输被存档的日期的税率为准。对于邮件到达申报，进口商应该在货物到达后的十天之内在海关办事处填补货物申报。

（三）纳税地点

在巴基斯坦履行关税义务并没有地理上的限制。通过在线网络系统的电子填写程序，纳税人或者代理人能够直接在网上缴纳关税税金。

（四）关税罚行和罚则

提交伪造或者错误的关税申报文件是一种犯罪行为，任何故意的修改、妨碍、隐瞒或者毁坏关税记录也被视为一种犯罪行为。符合《关税法》认定有罪的人将受到罚款、监禁、没收货物、充公、限制或销毁的惩罚。罚款金额从二千卢比到一百万卢比不等，人身监禁可以依照毒品走私的解决方法来处理。

第六节　巴基斯坦其他税种

一、最低税

当地企业、组织或个人在纳税年度的营业额超过1 000万卢比时，征收1%的最低税率。当纳税年度的应纳税额低于营业额的1%时，就需要缴纳最低税额。在本年或前一年度亏损的，可要求免税、退税或补贴和减免。应纳税额超过纳税义务的，在随后的5个纳税年度内进行调整。最低税率是根据2001年《所得税条例》中第一部分第九条的规定计算，具体如表4.15所示。

2017年，其他项目的最低税率从1%上升到1.25%，对于那些面临亏损的公司来说，税率提高将加重这些公司的税收负担。

表4.15　　　　　　　　　　　　最低税税率

项目描述	税率（%）
油类市场公司，巴基斯坦航空公司；家禽产业和个人经营的市场	0.5
药剂经销商，石油代理商，碾米机经销商；面机经销商	0.2
摩托车经销商	0.25
其他	1.25

二、替代公司税

《替代公司税》（Alternative Company Tax，ACT）于2014年通过2001年《所得税条例》的修正案引进。这个税法的发布招致许多批判。一方面，多数意见认为，这对制造业的投资者来说是额外的税收负担。这主要是基于与企业税收和最低税收的平行应用程序的混淆，在纳税年度内征收三种税。另一方面，有人认为该法更像是一种阻碍企业税收筹划的措施，是政府收入的保护措施。

在2011年《所得税条例》第113C条的描述中，公司应缴的企业所得税（ACT）应高于公司税。按会计所得的17%计算，应纳税所得额不包括免税收入、在FTR下应纳所得额、获得100%股权的工业企业100%的税收抵免、非营利组织的收入，信托和福利机构的收入。

在纳税年度内缴纳的企业所得税超过缴纳的税款，可以在第二个年度缴纳，但不得超过纳税年度后的 10 个纳税年度。《替代公司税》的适用范围并不适用于保险公司、从事石油勘探和生产的公司，以及由某些纳税人组成的银行公司。

三、超级税

为了满足军事行动的开支，并为在这种行动中暂时流离失所的人民提供资金，巴基斯坦政府通过 2015 年《财政法》征收超级税（Super Tax）。超级税于 2015 年的纳税年度开始征收，2017 年仍将继续征收超级税。

2017 年《财政法》重新实施征收超级税。因此，在 2015 年、2016 年和 2017 年，对获得 5 亿卢比的最低收入的所有其他纳税人征收 3% 的税率，对银行公司的收入征收 4% 的税率。

巴基斯坦政府对高收入的个人和公司延长征收超级税时间，这对纳税人来说是一个额外的税收负担；尤其对银行部门来说，这一政策增加了在巴基斯坦经营的税收成本。然而，持赞成意见的人士鼓励再次征收超级税，以帮助政府达到在 2017—2018 纳税年度征收约 250 亿卢比税收收入的目的。

四、印花税

根据 1899 年《印花税法》，在巴基斯坦执行的每一项文件都应缴纳印花税，不论是动产还是不动产的转让均需缴纳印花税。在《商船法》、1984 年或 1838 年的第 XIX 号法，或 1841 年《船舶注册法》中规定，通过政府或为了销售、转让或其他处置的文件均应缴纳印花税。如果文件在巴基斯坦境外执行，那么印花税应该在其进入巴基斯坦后的三个月内适用。

在《印花税法》下，可计费的票据可以是汇票、本票、债券、公司债券、转让股份或转让任何由债券担保的利息。一项适当的印花税应用于不同种类的文书，最低应支付 1 卢比。2017 年《旁遮普财政法》（2017 第 XII）在旁遮普省的相关报道提出了 1899 年《印花税法》公告的几项修正案。最重要的是在不同的文件上额外征收印花税，以及按房产价值征收 3% 到 5% 印花税。在城市地区，按房产价值的 5% 征税，而农村地区，按房产价值的 3% 征税。一般来说，印花税是由项目、制作或执行的人承担的。

五、资本价值税

在 2010 年的《财政法》中撤销了资本价值税（CVT）的应用，但在不同的省份仍然适用。在 2012 年的《财政法》中，根据 2012 年第 3 号政府通告所解释的重要条款，CVT 的实施在国家层面上更加适用。

CVT 是对资产的资本价值征税。它是由个人、公司、企业或个人协会购买的资产支付的一种税。该资产可以包括不动产、超过 20 年的资产使用权、收购巴基斯坦上市公司的股票、购买 Modaraba 证书或注册的票据。对于银行来说，当总代理律师出售抵押财产时，应支付资本价值税。

在登记或者转让财产时，应当征收资本价值税，从资产的资本价值中收取一定比例，而该比率根据对资产的描述而有所不同（如表4.16所示）。

表4.16 资本价值税举例

项目描述	税率
城市地区住宅不动产	有记录的财产价值的2%
购买上市公司股票	购买价值的1%
在巴基斯坦证券交易所交易的股票	不适用

六、资本利得税

资本利得税（CGT）适用于资本资产处置而产生的任何收益。换句话说，出售销售不动产中获得的利润需要支付资本利得税，并且由卖方支付。

类似地，2010年7月后处置证券所产生的收益也要缴纳资本利得税。所得收益为所有者在处置资产或证券时所收到的，与在处置资产或证券时所支付的成本之间的差额。

不动产和证券上的CGT税率取决于资产或证券的持有期限。该税率分别在2001年《所得税条例》表一第一部分中的第8条列明。部分例子如表4.17所示。

表4.17 资本利得税举例

项目描述	
不动产资本利得税	证券资本利得税
持有期不超过5年 资产处置所得的10%	持有不超过12个月证券所得 申请人按15%；非申请人则按18%
持有期超过5年 资产处置所得的0%	超过12个月但不超过24个月证券所得 申请人按12.5%；非申请人则按16%
2016年7月1日或之后 资产处置所得的10%	2016年7月1日或以后获得的证券所得 申请人按15%；非申请人按20%

七、未分配利润税

2015年《所得税条例》第5A条引入了对未分配准备金征税条例。该规定主要针对的是在纳税年度结束后的6个月内，未分配准备金和现金股息。该税是由上市公司（除计划银行或Modaraba）按10%的税率对纳税年度产生的利润所征的税。

然而，在2017年《财政法》中修订了这一条款，并将其改变为对未分配利润的征税。新条款规定，在纳税年度结束后的6个月内，如果不分配40%的利润，则需要对税后利润征税。现行税率按公司税前利润的7.5%征税。利润分配包括现金股利和分红。对政府持有50%股份的公司和在巴基斯坦设立的发电项目不适用该规定。

尽管税率从 10% 降至 7.5%，但对未分配利润征税被视为对巴基斯坦投资的一种抑制措施。因为为了避免未分配利润税，公司将被迫分配至少 40% 的会计利润。这可能会导致投资和公司增长项目的减少，而未分配利润可以促进项目投资。反对这一条款的批判人士呼吁政府可以重新考虑企业决策者的权利，允许他们重新利用他们的未分配利润。

第七节　巴基斯坦并购业务税收规范的特殊规定

一、《中华人民共和国政府和巴基斯坦伊斯兰共和国政府关于对所得避免双重征税和防止偷漏税的协定书》对并购的规定[①]

在中巴经济走廊和"一带一路"倡议的背景下，巴基斯坦与中国已经签署了避免双重征税的贸易协定。最早于 1989 年 11 月 15 日在伊斯兰堡签订了《中华人民共和国政府和巴基斯坦伊斯兰共和国政府议定书》，称为第一议定书。于 2007 年 4 月 17 日在北京签订了关于修订 1989 年 11 月 15 日在伊斯兰堡签订的《中华人民共和国政府和巴基斯坦伊斯兰共和国政府关于对所得避免双重征税和防止偷漏税的协定书》，称为第二议定书。为了进一步促进中巴经贸与投资合作，2016 年 12 月 8 日中国国家税务总局局长王军与巴基斯坦联邦税务委员会主席尼萨尔·穆罕默德分别代表各自政府签署《〈中华人民共和国政府和巴基斯坦伊斯兰共和国政府关于对所得避免双重征税和防止偷漏税的协定〉第三议定书》。三次议定书均对不动产所得、营业利润、股息、利息、特许权使用费、技术服务费、财产收益、独立个人劳务、非独立个人劳务、董事费、退休金、政府服务和其他所得等方面的征收对象、纳税人、纳税税额做出明确规定。议定书将降低参与建设的中资企业融资成本，减轻其税收负担，为有效消除双重征税和防止偷漏税奠定基础，能有效促进中巴经济走廊建设和推动中巴经济贸易发展。

二、巴基斯坦税法对并购的规定[②]

（一）合法并购的含义

合法并购是指高等法院按照 1984 年公司条例第 182L 节的相关规定批准的并购。

（二）合法并购中应纳税

合法并购应该缴纳资本利得税和印花税。

1. 资本利得税

除符合豁免条件外，均需缴纳资本利得税。

---

① 参考了《中华人民共和国政府和巴基斯坦伊斯兰共和国政府关于对所得避免双重征税和防止偷漏税的协定的议定书》（1989）伊斯兰堡和《中华人民共和国政府和巴基斯坦伊斯兰共和国政府关于对所得避免双重征税和防止偷漏税的协定的议定书第二议定书》（2007）北京。

② 资料来源：*Pakistan Tax Profile*（2015），KPMG Asia Pacific Tax Centre。

2. 印花税

根据法律规定，在协议和重建项目下的资产转让需要缴纳印花税。在该项目下，不得转让动产和创新财产。

（三）扣除并购成本

并购公司在并购过程中计划和执行有关的在法律、财务咨询服务和其他行政费用上的开支可以作为并购成本予以扣除。

（四）豁免

根据下列条件，在协议和重建项目下，将资产从一家公司转至另一家公司的转让所得，不需缴纳任何税收，具体条件包括：

（1）受让人承诺对所得资产承担全部责任；

（2）在资产处置时，任何对资产的责任不超过资产转让人的成本。

但受让人在处置发生的纳税年度不能豁免税款。

该条例已于2007年7月1日由高等法院、巴基斯坦国家银行或巴基斯坦证券交易委员会批准。此外，2007年7月1日由高等法院、巴基斯坦国家银行或巴基斯坦证券交易委员会批准的协议和重建项目，股票发行所得或收到股票所得均无税收。

（五）最小化税负

一般而言，中资公司通过并购与巴方公司成立合资公司，巴基斯坦的税法对合资公司没有做出任何特殊规定。印花税作为一种执行工具，合资公司必须支付印花税。

巴基斯坦法律规定在巴基斯坦境外执行的任何法律文件都不需缴纳印花税。如果该文件在执行后带到巴基斯坦，则必须在巴基斯坦境内第一次收到法律文件起三个月内支付印花税。此外，在这种情况下，如果该交易文件通过电子形式执行，那么不需缴纳印花税。

如果投资公司位于巴基斯坦税收优惠协定管辖区内，则可以减轻转让税和资本利得税。

第八节　启示

一、巴基斯坦税收规范具有浓厚的伊斯兰文化特点

巴基斯坦是联邦制国家，其中联邦税收占总税收收入的70%左右，因此巴基斯坦税收不但有联邦特色，更具有浓厚的伊斯兰文化。巴基斯坦是一个多民族的伊斯兰国家，95%以上的民众信奉伊斯兰教。在伊斯兰教的文化中就有"不准饮酒"的戒律，因此，巴基斯坦明令禁酒。从巴基斯坦联邦消费税征收范围可以发现，不含酒及酒类制品。关税中对少数产品征收90%的高税率，这些产品包括葡萄酒、啤酒、酒精、烈性酒、烈酒和其他发酵饮料。而在中国，酒文化源远流长，举世闻名，酒甚至成为中国人民日常饮食烹饪的必需品，酒类品种繁多，在销售税、消费税和关税等税收制度中均有对酒类商

品进行详细规定，体现了酒文化在中国的重要性。因此，中资企业和中国投资者需要深入了解和尊重巴基斯坦伊斯兰文化。

二、巴基斯坦税收征税范围和税率变化较大

巴基斯坦税收收入是政府财政收入的重要组成部分，但由于通货膨胀和巴政府债务压力逐年增加，使得巴基斯坦政府尝试从税收出发，寻求缓解经济压力的渠道。在 2015年 4 月巴基斯坦举行的财政部会议上，巴基斯坦政府便将下一财年的税收目标提高了23%。巴基斯坦政府为了促进企业发展，对企业所得税从高达 65% 的税率降至 32% 的税率，到 2017 年将进一步减少到 30% 的税率，小公司税率降低到 25%。对在俾路支/马拉卡纳/吉尔吉特-巴尔蒂斯坦地区经营水果加工的设备和机械免征销售税和进口关税。2014—2016 年巴基斯坦调整了多项联邦消费税税项的税率，如汽水、加糖或其他甜味剂或香料的汽水项目，将税率从 2013—2014 财年的 9% 上调至 2014—2015 财年的 10.5%，再上调至 2015—2016 财年的 11.5%，三个财年税率就提高了 2.5 个百分点。近年来，巴基斯坦税收的征税范围和税率频繁波动。可见，巴基斯坦政府想通过税收政策改变现状的决心，也反映了巴基斯坦政府通过刺激经济增长来实现提高财政收入的目的。中资企业和中国投资者需要密切关注巴基斯坦税收的相关法规变动。

三、巴基斯坦为吸引外资实施较多的税收优惠政策

由于在南亚区域经济体和一系列与其他国家的税收条约，巴基斯坦税收当局为了保证一些重要项目的实施，为其提供了税率奖励。"中巴经济走廊"项目就受益于一个十年免税经济特区，在巴基斯坦的建立而实行的特别关税处理条例，在此特区的开发商和企业都可以从此特别关税处理条例中受益。此举彰显了巴基斯坦关税在积极吸引外资行为中的灵活性。因此，中资企业和中国投资者不仅需要关注巴基斯坦对免税期、促进特定行业、促进特定区域、促进特定项目和促进外商直接投资的相关税收政策和税率的变化，也需要关注投资税收抵免（包括为就业产生的税收抵免）、资本支出的特殊津贴、销售税和关税中的税收优惠政策。特定行业包括发电、输电线路工程、软件出口、液化天然气终端运营商和终端用户、清真肉类生产单位、蜂窝移动电话制造、在 Thar（塔尔）的煤矿项目和房地产行业。对发电行业的股东股息征收 7.5% 的税率，而不是 15%的标准税率，并对营业额免征最低税额。对煤矿行业的开采收入免税、对营业额免税、对股东在 30 年内收到的股息免税、对进口的煤矿机械设备免税。对其他能源相关行业的优惠政策包括，对液化天然气终端运营商和终端用户在 5 年内免征所得税，对营业额免征最低税和替代公司税，并对 2015 年 7 月 1 日至 2018 年 6 月 30 日输变线项目获得的利润和收益，免征 10 年所得税。对房地产项目允许带框利息扣除，到 2018 年 6 月 30 日均可对供应的砖和碎石免征销售税。特定区域包括在经济特区、Gawadar 区、在俾路支/马拉卡纳/吉尔吉特-巴尔蒂斯坦地区经营水果加工的企业，以及在旁遮普省/俾路支省新工业区和拉尔卡纳工业区经营的企业。特定项目包括 CPEC（中巴经济走廊）涉及的28 个能源项目、含双轴心型聚乙烯对苯二甲酸乙二醇项目和双轴取向聚乙烯对苯二甲酸

乙二醇项目的先锋产业项目，以及由中国海外港口控股有限公司承接的 Gawadar 港的运营项目。如果投资外国股权的 50% 以上的投资项目可享受 20% 的优惠税率。

四、巴基斯坦联邦政府及其税务局对税收规范具有较大的权力

巴基斯坦的税收条例是基于《财政法》来进行年度更新，并且允许修改法案和其他改变的存在，例如：巴基斯坦税法中多次重复出现"联邦政府在官方公报上发布通知"或"税务局在官方公报上发布通知"可以指定任何人按其公报上规定的税率、征缴方式、时间、条件或限制扣缴税款的规定。又如联邦消费税第二章就规定了"联邦政府在官方公报上发布通知指明的货物，此类货物在非关税区生产或加工，而后运至关税区，在关税区内出售或消费"需要按规定的方式和规定税率缴纳联邦消费税；销售税税法中规定"税务局按照规定税率征税外，联邦政府还可按额外的税率或金额征税，不超过规定货物价值的 17%；联邦政府可对规定的人，按其规定的形式、方式和时间，以及条件和限制征税"，联邦政府还可以通过正式通知宣布征收一项附加关税和一项特别关税来履行监管职责。此举是为了提升税收在常规方式上的服从性，在巴基斯坦的中资企业在处理税收问题上应该特别注意那些被巴基斯坦国家政府及其通过官方公报发布的通知、并每年更新的税收清单上严令禁止的货物。另外，巴基斯坦销售税法由《1990 年销售税法》和各省级服务销售税法组成，巴基斯坦各省与直辖市有特权按照当地的实际情况征收、管理和执行服务销售税。这在一定程度上说明巴基斯坦管理当局的权利较大，也说明巴基斯坦税收在征收对象、税率、征收管理方面存在不确定性，需要中资企业谨慎小心。

五、巴基斯坦收税系统网络化、自动化程度逐渐提高

巴基斯坦不断将税收系统网络化，成为一个动态的自动化系统，这使得巴基斯坦税收逐渐减少了地理上的限制，通过在线网络系统填报程序，便可实现网上纳税。特别是海关系统，使用了名为"Weboc"的网络通关系统，可以直接对 90% 以上进口/出口进行报关说明。对于进口商品应该遵循一个申报的过程，即需要进口商以一个准确的方式完全公开进口商品的价值，任何其他有关的报表以及信息或者海关认为必要的有关文件每个细节，均用于海关完税价格的决定。储存在海关检查站的出口商品可以被随时清关，只要在储存期内证明所有的租金，罚款以及其他有关收费已经被付清。海关申报过程需要出示一些包括进出口商品的进口，出口，购买，销售，运输，储存的有关信息。此外，附加的文件或者记录可以被用作进一步检查的查询。改进后的网络联通清关系统使得巴基斯坦的海关能够提供一个独一无二的进出口贸易处理"窗口"。该系统是一个无纸化的程序，提供一个与国际海关组织和其他相关机构共享、交换电子数据的平台。此系统与当今世界上最先进的海关系统步调一致，亦确保了一个更有效的服务输送，减少了清关时间、降低了进口成本和促进了出口便利化。

第五章　巴基斯坦企业会计规范

第一节　巴基斯坦会计规范概况

巴基斯坦的会计管理模式深受英国会计模式的影响，其特点是会计规范（这里指财务会计规范，下同）主要采取法律和会计准则两种形式，法律（尤其是《公司法》）对会计准则具有相当大的影响。

一、巴基斯坦会计准则的法律依据——《公司法》

巴基斯坦公司法起源于 1913 年英属印度颁布的《公司法》，1947 年巴基斯坦独立后继续采用该法案，直到 1984 年 10 月 8 日，巴基斯坦总统签署了《公司法令》，1913 年《公司法》才被废止。作为公司法律领域的母法，1984 年《公司法令》不仅为巴基斯坦的企业部门提供了法律框架，还以法律形式提出有关公司（包括上市和非上市公司）财务会计报告的相关要求，这些要求构成巴基斯坦会计准则制定的基础，会计准则的要求不能违反公司法的规定。随着巴基斯坦经济环境的变化，《公司法令》（1984）在发布后的三十多年间历经了多次补充和修改。为使巴基斯坦的公司法律与全球法律标准更趋一致，2017 年在巴基斯坦证券交易委员会（the Securities and Exchange Commission of Pakistan，以下简称 SECP）的提议下，公司法再次进行了重大改革，最终于 2017 年 5 月 31 日发布了由巴基斯坦总统签署的《公司法》（Companies Act，2017），取代了已有 33 年历史的《公司法令》（1984）及其相关的法律法规。

《公司法》（2017）中对公司会计事项（如会计账目记录、保管、检查的要求、财务报表的编制和披露、审计以及相应的法律责任等）做了非常详细的规定，具体内容见表 5.1。

表 5.1　　　《公司法》（2017）涉及会计事项的小节（Section）①

相关小节的名称	相关小节的序号
由公司保管的会计账目	220
SECP 对公司会计账目的检查	221
对违反 221 节规定行为的惩罚	222
财务报表	223
公司的分类	224
财务报表的内容	225
编制董事会报告和承诺声明的责任	226
董事会报告和承诺声明的内容	227
合并财务报表	228
控股公司及子公司的财务年度	229
基金公司的财务报表及基金会计账目资料	231
财务会计报告的批准和鉴定	232
提交给注册登记人员的财务报表副本	233
未审计财务报表的归档	234
公司成员复制财务报表及审计报告的权利	235
对发行、流通或出版财务报表不当行为的处罚。	236
上市公司的季度财务报表	237
SECP 要求企业提交额外会计及其他报告的权利	238
债券持有人获得财务报表副本的权利	239

（一）对公司财务报表的基本要求

2017 年《公司法》要求公司编制的财务报表应当能真实而公允地反映公司的状况。公司的财务报表应包括以下组成部分：

（1）财务状况表；

（2）损益及其他综合收益表，或者是从事非营利性活动公司的收入费用表；

（3）所有者权益变动表；

（4）现金流量表；

（5）报表附注，包括重大会计政策及解释性信息的概述；

（6）联邦政府法令可能要求公司提供的其他报表。

（二）公司的分类及适用的会计准则

2017 年《公司法》第 224/225 节（Section224/225）中规定，巴基斯坦的公司应按照该法附录 3 的规定，以每个公司的实缴资本、营业额、员工人数为标准划分类别，不同类别的公司应遵循不同的会计准则来编制财务会计报表，具体分类请见表5.2。

表5.2 巴基斯坦公司的分类及适用的会计规范①

公司类型	子类型	划型标准	适用的会计准则	适用《公司法》相关附录
（一）公众责任公司（Publically Accountable Company）	1. 公众利益公司（Public Interest Company）	（1）上市公司	国际财务报告准则	附录4
		（2）符合下列条件之一的非上市公司： ①《公司法》定义的公共部门公司； ②提供基本公共服务的公用事业类公司； ③以广大外部投资者受托人身份持有资产的公司，如银行、保险公司、证券经纪公司、养老基金、共同基金或投资银行等金融机构； ④普通股股东人数符合规定的公司； ⑤置存资产的价值超过规定的公司。		附录5
	2. 大型公司（Large Sized Company）	（1）符合下列条件之一的非上市公司： ①实收资本不少于2亿卢比；或 ②年度营业收入不少于10亿卢比；或 ③雇员超过750人。		
		（2）在巴基斯坦经营但注册地在国外（即外国公司）且年度营业收入不少于10亿卢比的公司		
		（3）根据公司法第42节/45节规定许可/成立且年度收入总额（包括拨款、收入、补贴、捐款及其他收益在内）不少于2亿卢比的公益事业公司、非营利组织或担保责任有限公司	国际财务报告准则和巴基斯坦非营利组织会计准则	
（二）中型公司（Medium Sized Company）		（1）符合以下条件的非上市公众公司：实收资本低于2亿卢比、营业额低于10亿卢比、员工人数超过250人但少于750人。	中小企业国际财务报告准则	
		（2）符合以下条件的私人公司：实收资本超过1 000万卢比但未超过2亿卢比、营业额超过1亿卢比但未超过10亿卢比、员工人数超过250人但未超过750人		
		（3）年度营业收入低于10亿卢比的外国公司		
		（4）年度收入总额低于2亿卢比的公益事业公司、非营利组织或担保责任有限公司	巴基斯坦非营利组织会计准则	
（三）小型公司（Small Sized Company）		实收资本不超过1 000万卢比、营业额不超过1亿卢比、员工人数不超过250人的私人公司	巴基斯坦小企业会计与财务报告准则（修订）	

① 公司分类应基于上期审计后的财务会计报告；如果公司连续两年未符合之前该类别的条件，可以对其重新划分类别；员工人数是指公司按月计算的该财务年度的平均员工人数。

根据 2017 年《公司法》第 225 节（Section 225）的规定，在更符合公共利益的情况下，SECP 有权豁免任何公司或任何类别的公司遵守上述任何相应的准则，同时允许公司自愿无保留地根据国际财务报告准则（IFRS）提供财务会计报表。此外，公司法的附录 4 和附录 5 还给出了每类公司财务报表披露的要求。

二、巴基斯坦的会计准则规范及其制定与发布

巴基斯坦会计准则的制定，采取了类似美国公认会计原则制定的分权制，即由独立的民间会计职业团体—巴基斯坦特许会计师协会（the Institute of Chartered Accountant of Pakistan，以下简称 ICAP）推荐或制定会计准则，再由代表政府的巴基斯坦证券交易委员会（SECP）或巴基斯坦国家银行（State Bank of Pakistan，以下简称 SBP）确认批准赋予它权威性。

（一）会计准则制定与发布的法定机构

1. 巴基斯坦证券交易委员会（SECP）①

巴基斯坦证券交易委员会是巴基斯坦政府的一个独立机构，负责监管巴基斯坦全国的资本市场和公司企业，它根据 1997 年 12 月巴基斯坦议会通过的《巴基斯坦证券交易委员会法案》第 3 节设立，并于 1999 年开始运作。该委员会主席由巴基斯坦联邦政府任命，成员由 5 至 7 名来自证券市场、法律、会计、经济、金融保险和产业领域的专家组成。根据《巴基斯坦证券交易委员会法案》（1997）的规定，SECP 的宗旨是"在国际法律和最佳实践的基础上建立发展一个公平、高效、透明的监管体系，以保护投资者的利益、减弱系统性风险，促进巴基斯坦的企业部门和资本市场的发展"。

根据《公司法》（2017）第 225 节的规定，公司应遵循经 SECP 批准发布的会计准则，提供能真实而公允地反映公司事务的财务报告，对于不同类别的公司，编制财务报告的要求也有所不同。这一法律规定奠定了 SECP 在确认批准会计准则方面的法律地位，经 SECP 批准后发布的会计准则也就具有了权威性和法律上的效力。

2. 巴基斯坦国家银行（SBP）②

巴基斯坦国家银行（the State Bank of Pakistan，以下简称 SBP）是巴基斯坦的中央银行，根据《巴基斯坦国家银行法》（1956）（the State Bank of Pakistan Act 1956）设立，负责对本国银行业的全面监管。

《银行机构法》（1962）（the Banking Companies Ordinance 1962）规定，巴基斯坦的银行机构在遵守《公司法》相关条款的同时，还必须按照该法附录 2（the Second Schedule）的要求编制年度财务报表。为了适应不断发展变化的银行业务和监管需求，该法第 34 节（Section 34）赋予巴基斯坦国家银行修订银行机构财务报表编报格式的权力。据此，在对银行机构财务报告规范的监管框架中，国家银行也承担了部分准则制定的职能。

---

① 资料来源：巴基斯坦证券交易委员会网站，https://www.secp.gov.pk/。
② 资料来源：巴基斯坦国家银行网站，http://www.sbp.org.pk/。

3. 巴基斯坦特许会计师协会（ICAP）①

1961 年 3 月，巴基斯坦通过了《特许会计师条例》(the Chartered Accountants Ordinance 1961)，根据该条例于同年 7 月 1 日成立了巴基斯坦特许会计师协会（ICAP），目前会员已经超过 7 000 人。作为会计职业团体，ICAP 的主要职责是规范巴基斯坦的会计职业，通过健全的教育和考试制度培养专业人才，并负责授予巴基斯坦特许会计师资格。除此之外，ICAP 还与包括巴基斯坦国家银行（the State Bank of Pakistan，简称 SBP）、巴基斯坦证券交易委员会（SECP）、联邦税务局在内的重要的政策制定和监管机构合作，共同构建和加强巴基斯坦的监管框架。

巴基斯坦会计准则由 ICAP 下属的会计准则理事会（Accounting Standards Board，以下简称 ASB）负责制定。ASB 成立于 2017 年 5 月，前身是 ICAP 下属的会计准则委员会（Accounting Standards Committee，简称 ASC），其宗旨是"采用和顺利实施符合全球最佳做法的会计准则，确保在巴基斯坦的财务报告中披露和透明度的一致性"（ICAP 网站）。由于巴基斯坦已经宣布全面采用国际财务报告准则（IFRS），因此，ASB 的任务主要是审查并向 SECP 推荐可纳入的 IFRS，同时独立制定并颁布适合本国国情的相关会计准则。为了提高公众对准则制定透明度的信心，ASB 广泛吸收了各利益相关方来参与准则的制定工作，其成员分别来自巴基斯坦证券交易委员会（SECP）、巴基斯坦国家银行（State Bank of Pakistan，简称 SBP）、巴基斯坦证券交易所（Pakistan Stock Exchange）、巴基斯坦高等教育委员会（Higher Education Commission）、巴基斯坦最高审计机构（Auditor General of Pakistan）、实业界人士以及巴基斯坦特许会计师协会（ICAP）。

（二）会计准则的制定与发布

1. 国际财务报告准则的采纳

如前文所述，《公司法》（2017）规定巴基斯坦的公众责任公司和大型公司应该采用国际财务报告准则（IFRS）。从程序上来说，没有得到一个国家监管机构的批准，国际会计准则不能适用于任何国家。因此，在运用 IFRS 之前，各国都会有某种形式的正式准则批准程序。在目前已经生效的 IFRS 中，巴基斯坦的 SECP 已经批准采纳了除 IFRS1 和 IFRS14 之外的所有准则及解释公告。这里所说的 IFRS 是个统称，指一整套的国际会计准则理事会（IASB）公告，既包括由 IASB 批准的国际财务报告准则（IFRS）及解释公告，也包括 IASB 的前身——国际会计准则委员会（IASC）批准的国际会计准则（IAS）及解释公告。

SECP 通过下列程序来发布允许使用的国际财务报告准则（IFRS）：

（1）首先，由巴基斯坦特许会计师协会（ICAP）的会计准则理事会（ASB）考虑本国需要采纳哪些 IFRS，并确定 IFRS 使用过程中可能出现的问题；

（2）会计准则理事会（ASB）把相关议题交给 ICAP 的专业标准和技术咨询委员会（the Professional Standards and Technical Advisory Committee，简称 PSTAC），由 PSTAC 结合本国环境来决定如何促进这些准则的采纳与实施。PSTAC 需要考虑的问题包括过渡期

---

① 资料来源：巴基斯坦特许会计师协会网站，http://www.icap.org.pk/。

的长短以及准则的采纳是否有修改本国法规的必要；

（3）如果 PSTAC 认为准则的采纳需要修改本国法规，则将该问题提交给 SECP；如果对本国法规的修改影响到了银行和其他金融机构，PSTAC 则将该问题提交给巴基斯坦国家银行（SBP）。这一步骤由 ICAP 与 SECP/SBP 之间的协调委员会（the Coordination Committees of ICAP and SECP/SBP）来实施；

（4）在上述问题得到圆满解决后，由 PSTAC 和巴基斯坦特许会计师协会理事会（ICAP Council）共同重新审议该准则的采纳问题；

（5）巴基斯坦特许会计师协会理事会将同意采纳的 IFRS 以理事会决议（decision of the Council）的方式推荐给 SECP 或 SBP，由 SECP 和 SBP 决定是否采纳；

（6）最后，SECP 批准采纳的 IFRS/IAS 以发布政府公告的形式发布，发布之后这些准则就具有了法律上的效力。

2. 独立制定的会计准则

巴基斯坦在致力于追求与全球化会计标准趋同的同时，也结合本国的实际经济和政治环境制定符合本国国情的会计准则。目前，由 ICAP 独立制定的准则主要有：

（1）适用于小型私人公司的"小型企业会计和财务报告准则"（Accounting and Financial Reporting Stand For Small-Sized Entities，简称 AFRS forSSEs）；

（2）适用于伊斯兰金融机构的"伊斯兰金融会计准则"（Islamic Financial Accounting Standards，简称 IFAS）；以及

（3）适用于不以营利为目的非非上市公司（根据公司法第 42 节/45 节规定成立）的非营利组织财务报告和会计准则（International Financial Reporting Standards and Accounting Standards for NPOs）。

值得一提的是，巴基斯坦是世界第二大伊斯兰国家，伊斯兰金融业务在近年来得到了蓬勃发展。考虑到伊斯兰金融模式有别于传统金融的特殊性（如金融体系必须遵从伊斯兰教义，存款不付息，贷款不计息；交易不准涉足烟、酒、猪肉、武器以及经营色情、赌博等行业；禁止不当得利；禁止投机行为；利润与风险共享等），巴基斯坦 ICAP 于 1999 年成立了一个小组委员会，专门研究现行法律、财政和经济框架对采用伊斯兰模式筹资产生哪些障碍，并考虑如何加速执行这些伊斯兰金融模式。后来该小组委员会改组成为"金融与投资无息模式的会计与审计准则委员会（Committee on Accounting and Auditing Standards for Interest Free Modes of Finances and Investment）"，负责制定并颁布极具本国特色的伊斯兰金融会计准则。目前，该委员会已经颁布了三项伊斯兰金融会计准则和两项准则征求意见稿。

第二节　巴基斯坦公众责任公司会计规范

一、概述

根据巴基斯坦《公司法》（2017），公众责任公司包括公众利益公司和大型公司两类

（具体划型标准见表 5.2）。这些公司在遵循 2017 年《公司法》相关会计行为规定的同时，还需要按照本国已采用的国际财务报告准则（其中，大型公益事业公司采用《非营利组织国际财务报告准则》）对经济业务和事项进行会计处理、编制财务报告（银行类机构、保险公司和电力企业存在少数例外情况）。

提供伊斯兰金融服务的机构（Institutions offering Islamic Financial Services，以下简称 IIFS）在遵循上述一般性要求之外，对于发生的伊斯兰金融业务则需要采用本国制定的伊斯兰金融会计准则进行确认、计量和列报。IIFS 的主体是银行，其中又分为两类：一类是全部业务均属于伊斯兰金融的银行，另一类是设立开展伊斯兰金融业务分支机构（Islamic Banking Branches，IBBs）的传统银行。伊斯兰金融会计准则由巴基斯坦特许会计师协会制定、由证券交易委员会予以公告，经国家银行发布指令后由银行执行。

二、《公司法》相关会计规定[①]

2017 年《公司法》在第七章"公司管理和监督"（Part VII Management and Administration）的第 220 条至第 239 条列明了按该法设立的所有公司（除了少数豁免情况）必须遵循的会计行为一般规定，又在附件 4（Fourth Schedule）和附件 5（Fifth Schedule）分别规定上市公司和非上市公司的财务报告披露要求。

（一）会计行为一般规定

各公司必须依法设置会计账簿、编制年度财务报告和其他会计资料，真实、公允地反映经济业务事项对公司财务状况、经营成果、现金流量的影响。

各公司董事会必须在财务年度结束后 120 天之内将该年度的已审财务报告在股东大会年会上呈报，新成立公司的首次年度财务报告应在成立之日起 16 个月内呈报股东大会。实收资本不超过 100 万卢比的私有企业［Private Company，股东不超过 50 人、本身及其母公司（若有）均不公开发行证券的公司］年度财务报告可以不经审计。

各公司应当在召开股东大会年会的 21 日前将年度财务报告、审计报告、董事会报告及合规声明（Statement of Compliance）（上市公司还需提供董事会主席报告）等以恰当的方式送交每位股东并置备于本公司供股东查阅。

母公司必须同时提供年度个别财务报表和集团的合并财务报表。母公司和任一子公司的实收资本均不超过 100 万卢比的集团可以不提供合并财务报表。

公司的年度财务报告必须由董事会批准，并由行政总裁和至少一名董事签名，上市公司还必须由财务总监联合签名。

股东大会年会通过已审财务报告之后，上市公司应在 30 天之内、其他公司（实收资本不超过 1 000 万卢比的私有公司除外）应在 15 天之内向注册机构报送该等文件。实收资本不超过 100 万卢比的私有公司应在股东大会年会结束之后 30 天之内向注册机构报送经董事会批准的年度财务报告（可以未经审计）。

---

① 资料来源：巴基斯坦证券交易委员会网站公布的《公司法》（Companies Act，2017），http://www.secp.gov.pk/laws/acts/。

上市公司在年度财务报告之外还需要公告季度财务报表，第 1 季度和第 3 季度的财报应在季度结束后 30 天之内公告，第二季度的财报应在季度结束后 60 天之内公告。第二季度财报中披露的半年度数字必须经审计师审阅。

会计档案的保管期限不得少于十年。

（二）对上市公司与非上市公司的披露要求

《公司法》（2017）的附件 5（Fifth Schedule）规定了非上市公司在执行所适用会计规范（即非上市公众责任公司采用国际财务报告准则、中型公司采用中小实体国际财务报告准则、小型公司采用本国制定的小型实体会计和财务报告准则）之外应该额外遵循的披露要求。这些要求均属常规项目，此处不再展开。

附件 4（Fourth Schedule）规定的是上市公司在国际财务报告准则之外还需要披露的内容。与附件 5 相比，附件 4 要求披露的项目更多更详细，上市公司应遵循的特殊披露要求主要包括以下项目：

（1）上市公司必须在证券发行之后至募集资金按计划完成投资项目之前的年度财务报告中披露募集资金的使用情况。

（2）上市公司的母公司、子公司、合营公司或联营公司在巴基斯坦境外注册的，上市公司需要披露该等公司的名称、注册地、与本公司的关系、相关的持股比例、行政总裁的名字、经营状况及其最近一期财务报告的审计意见等。

（3）上市公司向境外公司或机构提供借款或进行投资的，上市公司需要披露对方公司的名称、所在地、最终控制人、借款/投资总额、交易条款、取得的回报以及处置境外投资的损益等。

（4）有出口销售业务的上市公司必须按国别披露期末应收款项的余额、种类，逾期欠款的客户名称、金额、是否存在关联方关系以及公司采取的法律措施。

（5）遵循伊斯兰教法的上市公司或者伊斯兰指数公司必须披露伊斯兰金融及投资的相关信息，包括获得的伊斯兰贷款/垫款余额、拥有的伊斯兰存款余额、与伊斯兰银行（IIFS）的关系、因伊斯兰金融服务发生的费用或取得的收益、遵循伊斯兰教法的业务产生的收益情况等。

三、已采用的国际财务报告准则①

截至 2017 年 7 月，国际会计准则理事会共发布了 45 项现行有效的准则，包括 28 项国际会计准则（IAS）和 17 项国际财务报告准则（IFRS）。巴基斯坦证券交易委员会发布公告正式采用了 28 项 IAS 和 11 项 IFRS，仅有 6 项 IFRS 尚未被采用。

（一）已被公告采纳的准则

1. IAS 1 财务报表列报

2. IAS 2 存货

3. IAS 7 现金流量表

---

① 资料来源：巴基斯坦特许会计师协会网站，http://www.icap.net.pk/standards/ifrsadoption。

4. IAS 8 会计政策、会计估计变更和会计差错

5. IAS 10 资产负债表日后事项

6. IAS 11 建造合同

7. IAS 12 所得税

8. IAS 16 不动产、厂场和设备

9. IAS 17 租赁

10. IAS 18 收入

11. IAS 19 职工薪酬

12. IAS 20 政府补助的会计处理和报告

13. IAS 21 汇率变动的影响

巴基斯坦证券交易委员会允许电力企业不执行该准则中关于汇兑损失资本化的相关要求。

14. IAS 23 借款费用

15. IAS 24 关联方披露

16. IAS 26 退休福利计划的会计处理和报告

17. IAS 27 单独财务报表

18. IAS 28 对联营和合营企业的投资

19. IAS 29 恶性通货膨胀中的财务报告

20. IAS 32 金融工具：列报

21. IAS 33 每股盈余

22. IAS 34 中期财务报告

23. IAS 36 资产减值

24. IAS 37 预计负债、或有负债和或有资产

25. IAS 38 无形资产

26. IAS 39 金融工具：确认和计量

巴基斯坦国家银行要求银行类机构暂缓执行该准则。

27. IAS 40 投资性房地产

巴基斯坦国家银行要求银行类机构暂缓执行该准则。

28. IAS 41 农业

29. IFRS 2 股份支付

30. IFRS 3 企业合并

31. IFRS 4 保险合同

32. IFRS 5 持有待售非流动资产和终止经营业务

33. IFRS 6 矿产资源的勘探和评价

34. IFRS 7 金融工具：披露

巴基斯坦国家银行要求银行类机构暂缓执行该准则。

35. IFRS 8 经营分部

36. IFRS 10 合并财务报表

37. IFRS 11 合营安排

38. IFRS 12 在其他主体中权益的披露

39. IFRS 13 公允价值计量

（二）尚未公告采纳的准则

1. IFRS 1 首次执行国际财务报告准则

巴基斯坦相关监管机构对采用该准则尚无具体日程安排。

2. IFRS 9 金融工具

国际会计准则理事会要求该准则在 2018 年 1 月 1 日及之后开始的财务年度生效。巴基斯坦特许会计师协会已经建议证券交易委员会采用该准则，并提议非银行类企业在 2018 年 7 月 1 日及之后开始的财务年度执行、银行类机构则在 2020 年 1 月 1 日及之后开始的财务年度执行。

3. IFRS 14 管制递延账户

该项准则是国际会计准则理事会针对受政府价格管制的企业所发布的暂行准则，目前关于价格管制的综合项目仍在进行中，同时，IFRS 14 必须和 IFRS 1 同时执行。巴基斯坦相关监管机构对采用该准则尚无具体日程安排。

4. IFRS 15 来自与客户签订的合同的收入

国际会计准则理事会要求该准则在 2018 年 1 月 1 日及之后开始的财务年度生效。巴基斯坦特许会计师协会已经建议证券交易委员会采用该准则，并提议所有企业在 2018 年 7 月 1 日及之后开始的财务年度执行。

5. IFRS 16 租赁

国际会计准则理事会要求该准则在 2019 年 1 月 1 日及之后开始的财务年度生效。巴基斯坦相关监管机构对采用该准则尚无具体日程安排。

6. IFRS 17 保险合同

国际会计准则理事会要求该准则在 2021 年 1 月 1 日及之后开始的财务年度生效。巴基斯坦相关监管机构对采用该准则尚无具体日程安排。

从以上介绍可以知道，除了对特定行业实行豁免以及尚未到生效日期的准则外，巴基斯坦几乎采纳了整套国际财务报告准则体系。

四、伊斯兰金融会计准则①

截至 2017 年 7 月，巴基斯坦特许会计师协会共制定了 3 项伊斯兰金融会计准则，并发布了 2 项准则的征求意见稿，具体如表 5.3 所示：

----

① 资料来源：巴基斯坦特许会计师协会网站发布的伊斯兰金融会计准则及其征求意见稿。

表 5.3　　　　　　　　　　　　巴基斯坦伊斯兰金融会计准则

准则名称	中文译名	发布时间
IFAS 1　Murabaha	伊斯兰金融会计准则第 1 号——成本加利润销售	2005 年
IFAS 2　Ijarah	伊斯兰金融会计准则第 2 号——伊斯兰租赁	2007 年
IFAS 3　Profit and Loss Sharing on Deposits	伊斯兰金融会计准则第 3 号——利润分享存款	2013 年
IFAS 4　Diminishing Musharaka（Exposure Draft）	伊斯兰金融会计准则第 4 号——递减股本参与（征求意见稿）	2017 年
IFAS 5　General Presentation & Disclosure in the Financial Statements of Institutions Offering Islamic Financial Services（Exposure Draft）	伊斯兰金融会计准则第 5 号——伊斯兰金融服务机构财务报表列报（征求意见稿）	2017 年

（一）伊斯兰金融会计准则第 1 号——成本加利润销售（IFAS 1）

1. 成本加利润销售业务

（1）交易原则。

成本加利润销售（Murabaha）是一种货物销售交易，卖方需要明确告知买方所售货物的真实成本，双方在此基础上约定毛利的金额，买方按照成本与毛利之和（即售价）在约定的时间（或时期）向卖方支付货款。

提供伊斯兰金融服务的银行在成本加利润销售中作为卖方（即资金提供方），买方则是银行的客户（即资金需求方）。通过这一交易安排，买方利用银行的垫资取得了自己所需要的货物，实现了融资的目标；同时，银行收回的货款包含了垫付的本金和应得的利润（相当于传统金融服务中的利息）。

一项合规的成本加利润销售不能单有销售交易的形式，还必须严格遵守伊斯兰教法（Shariah）、具有销售交易的实质。根据巴基斯坦国家银行伊斯兰教法委员会（Shariah Board）批准的伊斯兰金融产品基本原则（Essentials for Islamic Mode of Financing，以下关于各类伊斯兰金融业务性质的论述均以该原则为依据），成本加利润销售有效成立的条件包括（但不限于）：

①在销售发生时，所售货物已经存在（达到可销售状态），卖方取得其所有权并实际占有（或推定占有）该物。换言之，银行在向客户销售货物之前必须真正承担与所有权相关的风险。

②销售必须即时发生并且是无条件的，不可在未来交割也不可依赖或有事项。

③售价必须绝对确定，提前或拖延付款都不得改变付款金额，不可采用现金折扣。买方违约支付的罚款不得作为银行的收入，只能用于慈善项目。

④销售可以是现销或赊销，款项可以一次付清或分期支付，但付款金额和日期必须明确固定。

（2）交易程序。

成本加利润销售可以采取两种方式：一是银行自行购入客户需要的货物后再向其出售，二是银行委托客户购买该货物再出售。显然，第二种方式于银行而言更便利，其基本流程如下：

①银行与客户签订"销售承诺书"，约定标的货物和成本加成比例或金额；

②银行委托客户作为其采购代理人，双方签订正式的代理合同；

③客户作为银行的代理人购入指定的货物，其间发生的单据（订购单、验收单等）均需以银行的名义编制，银行承担与货物相关的风险；

④客户通知银行已经代其完成采购并向银行提出购买要约；

⑤银行接受要约，销售成立，银行向客户开具发票，与货物相关的风险转移至客户；

⑥银行直接向供应商付款或者委托代理人（即客户）付款。

2. 相关会计处理

（1）一般原则。

银行针对成本加利润销售交易应采用历史成本作为基本的计量原则。

（2）为成本加利润销售所购入的货物。

该等货物在被银行出售之前，应作为银行的存货资产进行会计处理，适用国际财务报告准则对存货的相关规定。具体而言，该等存货以达到可销售状态之前发生的所有成本作为入账价值，在资产负债表日按照可变现净值与账面价值孰低考虑计提跌价准备，在资产负债表内列示为"其他资产"（Other Assets）。

不过，巴基斯坦国家银行（SBP）在 2013 年发布的监管文件（BSD Circular Letter No. 03 of 2013）中规定，银行提供伊斯兰金融服务形成的所有资产应单独列示为"伊斯兰融资及相关资产"（Islamic Financing and Related Assets）项目。2016 年，SBP 再次发文（BPRD Circular Letter No. 05 of 2016），对于设立伊斯兰金融业务分支机构（IBB）的银行，应在资产负债表中将该类资产与传统金融服务形成的资产合并列示在"垫款"（"Advances"，含贷款资产）项目中，但在附注中披露的 IBB 汇总财务表内仍使用"伊斯兰融资及相关资产"项目。

（3）收益确认。

银行向客户销售货物后，按照权责发生制原则，在合同约定的付款日确认收益。未到期付款中包含的收益不得予以确认，此时应按未到期付款总额与所对应的收益之差（即银行垫付的本金部分）确认为资产，属于"伊斯兰融资及相关资产"中的一项。

但是，准则并未说明如何确定未到期付款中包含的收益，这将导致在实务中银行可能采用多种方法进行处理，可选方法包括实际利率法和不考虑货币时间价值的简单分摊法等。这一问题的存在将降低不同银行间财务信息的可比性。

（4）因客户违约收受的罚款。

银行收到客户因拖欠付款等违约行为而支付的罚款时，应将其确认为一项负债"应付慈善款"（"Charity Payable"），在资产负债表中列入"其他负债"（"Other Liabilities"）项目。银行在将该等款项用于慈善项目时则相应减计负债。

（二）伊斯兰金融会计准则第 2 号——伊斯兰租赁（IFAS 2）

1. 伊斯兰租赁

伊斯兰租赁（Ijarah）是指资产的所有权人（出租人，资金提供方）在约定的期间内、收取约定的租金将资产的使用权让与他人（承租人，资金需求方）。用以租赁的资产不能是消耗品（比如食品、汽油、货币等），因为这些物品一经使用便不复存在，无法单独转让使用权。同时，出租人必须在出租之前和租赁期间始终拥有对资产的所有权；租赁期结束时，出租人可以将资产赠予或售予承租人，但这一行为必须与之前的租赁交易相独立、不能互为条件或相互影响。另外，租金的金额及支付方式必须明确固定，不得存在或有因素。

2. 相关会计处理

（1）一般原则。

对于租赁交易，该准则并没有从财务报告的角度区分不同类型。换言之，该准则要求所有的租赁交易适用相同的会计处理方法，没有经营租赁和融资租赁之分。

（2）承租人的会计处理。

承租人一律不确认租入资产，只需将租金在租赁期内的各个期间按直线法确认为费用、记入损益，除非另有更系统合理的方法。租金费用的确认方法应该恰当反映承租人从租赁资产中获取利益的时间模式，而不由支付方式决定。

（3）出租人的会计处理。

① 租赁资产。

出租人需在整个租赁期间将租赁资产确认为自身的资产，但应区别于自用的资产单独列示于资产负债表。对于银行，租赁交易中的租赁资产应记入"伊斯兰融资及相关资产"项目。

除了上述列报要求，租赁资产在初始计量、计提折旧、减值测试等方面适用《国际会计准则 16 号——不动产、厂场和设备》《国际会计准则 36 号——资产减值》等相关国际会计准则的规定。

② 租赁收益。

出租人应在租金到期日确认租赁收入，除非另有系统合理的方法。相较于前文所述承租人以直线法为费用确认的一般性方法，准则要求交易双方采用的会计处理并不对称。

出租人发生的初始直接费用可以直接记入当期费用，也可以递延至以后各期按租金收入的确认比例予以分摊。租赁期间发生的各项费用（包括折旧）应确认为发生当期的费用。

（4）售后租回的会计处理。

如果交易双方签订的租赁协议属于一项售后租回交易，出租人应将买入的资产确认为表内资产，并以实际售价作为入账价值，再按照前述租赁业务的会计处理方法进行处理。

承租人（即销售方）应该将标的资产公允价值与账面价值的差额记入当期损益。如果售价低于公允价值，有关损失应于当期确认；但若该损失将有低于市价的未来租赁付款额补偿，则应将其递延，并在预计资产使用期限内按与租金支付相一致的比例进行分摊。如果售价高于公允价值，高出部分的金额应予以递延，并在预计使用期限内摊销。

在《伊斯兰金融会计准则第 2 号——伊斯兰租赁》（IFAS 2）出台之前，巴基斯坦的金融机构一般采用的是国际会计准则中的融资租赁方法对租赁交易进行处理。IFAS 2 所规定的处理方法在实质上近似于经营租赁，所以，在该准则生效后，参与租赁交易的主体和参与传统融资租赁业务或者执行国际会计准则的主体在相关会计信息方面的可比性骤降。尤其是国际会计准则理事会在 2016 年正式发布了《国际财务报告准则第 16 号——租赁》（IFRS 16），IFRS 16 将融资租赁方法作为承租人会计处理的一般性方法（出租人的会计处理仍保持区分融资租赁和经营租赁），IFAS 2 与国际财务报告准则的差异被进一步拉大。

（三）伊斯兰金融会计准则第 3 号——利润分享存款（IFAS 3）

1. 利润分享存款

（1）基本定义。

由于伊斯兰教法禁止单纯基于货币借贷关系产生的利息，伊斯兰金融机构均不向存款人支付利息。银行吸收的资金可以分为两类：一类是存款人或资金供给人完全没有回报的业务，比如活期存款（Current Account）；另一类是资金供给人能取得可变回报。利润分享存款（Profit and Loss Sharing on Deposits）属于后一类，该类存款账户的持有人（PLS Deposit Accounts Holder，下称"账户持有人"或"持有人"，相当于存款人）授权银行全权决定账户资金的投资事宜，所以这类存款账户也称为"无限制投资账户"（Unrestricted Investment Accounts）。银行无需保证持有人能收回最初存入的资金，同时，持有人也无权获取固定收益（即利息），而是按照与银行事先约定的比例分享账户资金的投资收益、承担投资风险。

（2）业务形式。

利润分享存款业务常用的形式主要包括信托融资（Mudaraba）和股本参与（Musharaka）。

信托融资是一种合伙关系，合伙人一方（或多方）（即账户持有人）提供资金，另一方（即银行）提供资金运营服务（相当于资金经理人），资金的投资收益按照事先约定的比例在合伙人之间进行分配，但投资损失只由提供资金的合伙人承担（除非损失是由于经理人的失职）。如果账户持有人同意，银行也可以将自有资金投入其中，这时持有人分享利润的比例不得超过其出资比例，而投资损失则由各方按出资比例分摊。

股本参与则要求包括银行在内的所有参与人都必须出资，各参与人按约定比例（不一定等于出资比例）分享收益、按出资比例分摊损失。

在利润分享存款业务中，持有人可能与银行约定：银行作为经理人可以取得特定金额的服务报酬，该报酬与资金的投资收益无关；同时，为了激励银行实现更高的投资回报率，银行可以按约定比例分享实际收益超过预计收益的部分。

2. 相关会计处理

（1）账户持有人资金（Funds of PLS Deposit Accounts Holder）。

"账户持有人资金"是指持有人在利润分享存款业务中享有的资产金额，包括初始存入金额和之后的变动额。其在资产负债表日的余额具体计算如下：

账户持有人资金期初余额

加：本期新增存入额

减：本期撤回存款额

加：本期分配并用以再投资的投资收益

减：本期分担的投资损失

加/减：其他调整项目

账户持有人资金期末余额

IFAS 3 要求银行在资产负债表中将持有人资金余额作为"可赎回资本"（Redeemable Capital）单独列示在负债项目和所有者权益项目之间。该准则认为：由于银行没有向持有人支付本金和的既定义务，这类资金不像普通存款属于负债而是带有权益性资本的性质；不过，银行虽然能自主决定如何投资这些资金但并不能像自有资金那样自由使用（比如，不能用以偿付客户的活期存款），所以也不完全符合权益的定义。

IFAS 3 对账户持有人资金的列报要求与国际会计准则的有关规定存在明显差异。根据《国际会计准则 39 号——金融工具：确认与计量》和《国际会计准则 32 号——金融工具：列报》，如果利润分享存款业务构成银行向账户持有人交付现金的合同义务，那么账户持有人资金应该被确认为银行的一项金融负债，同时将该等资金投资形成的资产确认为银行的资产；否则，银行应将其作为资产负债表外业务，不确认相应的负债（以及该等资金投资形成的资产）。国际会计准则并不允许将持有人资金列示为负债与所有者权益的中间项目这一选择。

（2）投资损益确认与分配。

① 银行收益。

银行运作利润分享存款资金池（包含所有账户持有人和银行共同投入的资金）产生的投资收益，按照约定比例由银行享有的份额，应确认为银行的当期收益。

银行作为资金经理人所获得的特定金额报酬可以在利润表中单独列示为"佣金/手续费"；也可以和利润分享存款业务分得的收益合并列示，但要在附注中单独披露。

② 账户持有人收益。

账户持有人按约定比例分配取得的收益尚未发放、继续留在账户里用以再投资的，记入"账户持有人资金"，列示为"可赎回资本"项目；持有人分配取得的收益尚未发放但不再用以投资的，银行对其具有支付现金的现时义务，应确认为金融负债。

③ 储备金。

根据伊斯兰金融服务风险管理的有关要求，银行对于利润分享存款业务产生的投资收益在向参与各方分配之前先提取一定比例的"利润均衡储备"（Profit Equalization Reserve，PER），该储备金主要用以在投资业绩不佳的期间补充可供分配的利润从而维持业务参与方，尤其是账户持有人，能获得稳定的回报。投资收益总额在提取 PER 之后再由银行和账户持有人分享，其中，银行可能对持有人分享的部分再提取"投资风险储备"（Investment Risk Reserve，IRR）作为持有人未来可能遭受投资损失的缓冲，提取 IRR 之后的剩余部分才是向账户持有人实际分配的金额。

PER 和 IRR 虽由银行提取并决定如何使用，但其权属是清晰的：PER 由账户持有人和银行按照利润分享比例共享，IRR 则完全归属于账户持有人。不过，IFAS 3 并没有从财务报告的角度指明 PER 和 IRR 的性质以及确认和列报的规则，这将会导致银行对这两个储备项目会计处理和报告实务的多样化。

④ 投资亏损。

IFAS 3 要求在利润分享存款业务发生投资损失时，损失金额先冲减 PER，PER 不足冲减的部分再冲减 IRR，如果还有剩余损失，则按照账户持有人和银行的出资比例分别减记各方在利润分享存款资金池中的份额。但是，投资损失应该如何在银行和账户人持有人之间分担，这首先是个分配问题而不是会计问题，应由银行根据与账户持有人的协议做出决定，如果银行的决定与 IFAS 3 规定的上述顺序不一致，很可能导致银行财务报告的被迫性违规。

对于银行失职造成的投资损失，IFAS 3 要求先全额冲减银行享有的收益份额，不足部分再减记银行在资金池中的份额或者确认为银行对账户持有人的一项负债。

3. 生效时间

IFAS 3 的列报和披露规则对巴基斯坦的伊斯兰金融机构现行财务报告格式提出了大量的改革要求（比如，银行目前适用的资产负债表格式中并没有"可赎回资本"这个项目），为了统一制订新的报告格式，巴基斯坦国家银行在 2015 年专门发文（BPRD Circular No. 4 of 2015）暂缓银行执行 IFAS 3，截至 2017 年 7 月仍未发布生效公告。

（四）伊斯兰金融会计准则第 4 号——递减股本参与（征求意见稿）

1. 递减股本参与

递减股本参与（Diminishing Musharaka，DM）是一种针对有形资产所有权的共有安排，交易双方根据各自的出资额分别享有相应比例的资产所有权，一方共有人（资金需求方，客户）将分期陆续购买另一方共有人（资金提供方，银行）持有的所有权份额，直至将对方的所有份额全部买下、独自享有该资产的完整所有权。

一项减股本参与业务主要包含以下三个步骤：

①银行和客户签订资产共有协议。

②银行将自身持有的份额出租给客户，客户向银行支付租金。即，客户从交易成立时起就取得了资产的使用权。

③银行将自身持有的份额分期分批出售给客户，直至出售完毕。随着客户的陆续购买，银行持有的所有权份额不断下降，客户支付的租金也随之减少。

2. 相关会计处理

（1）银行的处理原则。

银行为共有资产垫付的款项应确认为"递减股本参与垫款"（Advances against DM），

支付的款项在递减股本参与已经生效并且资产的风险和报酬已经转移至客户时则确认为"递减股本参与资产"（DM Assets）。征求意见稿要求"递减股本参与垫款"在资产负债表中列示于"伊斯兰融资及相关资产"项目下，而"递减股本参与资产"则作为单独项目列示。

银行应将每一期的销售视作一笔独立交易进行处理。银行每次收受对价的公允价值与所售份额的账面价值之差应确认为当期损益。

银行每期收取的租金应按照权责发生制确认为当期收益，除非另有系统合理的方法。征求意见稿特别指出银行确认的租金收益应当与银行当期尚未售出的所有权份额相对应，这解释了权责发生制在此处的应用。

（2）客户企业的处理原则。

客户企业应将共有资产按交易的价值总额确认为一项资产，按照与自有资产相同的方法进行后续计量并列示在资产负债表对应的项目内（但需要在附注中单独披露），并将由银行持有的份额确认为"可赎回资本"（Redeemable Capital）。

客户企业应将每一期对银行份额的购买视作一笔独立交易进行处理。在购买发生时，该企业应减记对应比例的"可赎回资本"，将支付对价的价值与所减记可赎回资本账面价值之间的差额确认为当期损益。企业每期应支付的租金则确认为当期费用。

（五）伊斯兰金融会计准则第5号——伊斯兰金融服务机构财务报表列报（征求意见稿）

目前，巴基斯坦的银行类机构按照本国的监管要求采用的是国家银行制定的财务报表列报格式。在现行格式下，伊斯兰金融银行和传统银行（包含设立伊斯兰金融分支机构的传统银行）的财务报表项目几乎没有区别，除了前者在资产负债表单独列示"伊斯兰融资及相关资产"项目，而后者需要将该类资产并入"垫款"项目。银行与伊斯兰金融服务相关的信息主要是在报表附注中披露。

伊斯兰金融业务和传统银行业务的模式存在很大差异，目前统一的报表格式主要还是适应传统业务环境的产物，并不能充分反映伊斯兰金融业务对银行的经济影响和后果，从而导致伊斯兰金融银行编制的财务报表信息含量和可理解性都较差。在这一背景下，巴基斯坦特许会计师协会在2017年5月发布了财务报表列报准则的征求意见稿。

这份征求意见稿提出的主表格式与现行格式相比，主要的变化包括：

1. 资产负债表

（1）"伊斯兰融资及相关资产"（Islamic Financing and Related Assets）项目需要列示以下明细项目：

——基于货物购销交易的资产（Trade based）

——基于参与经营业务的资产（Participation based）

——租金（Rental）

——其他资产（Others）

（2）在负债和所有者权益之间新增"可赎回资本"（Redeemable Capital）项目，在该项目下需要分别列示"无限制投资账户持有人资金"（Unrestricted Investment Account Holders Funds，等同于前文所提"利润分享存款账户持有人资金"）和"伊斯兰债券"

(Sukuk) 两个明细项目。

2. 利润表

新增数个与无限制投资账户有关的项目，分别反映该类业务资金池投资形成的利润总额、账户持有人分享的金额、银行自身享有的金额等。

由于增加了伊斯兰金融业务特有的报表要素，这份征求意见稿实际上把财务报表的会计恒等式修改为：

资产=负债+可赎回资本+所有者权益

净损益=收入-投资账户持有人享有的收益-成本费用

第三节　巴基斯坦中型企业会计规范

一、概述

中小型企业，是指在相同行业当中，比大型企业人员规模、资产规模与经营规模都较小的经济单位。根据中小企业发展局（Small and Medium Enterprises Development Authority，SMEDA）的数据显示，2016 年中小企业的产值占巴基斯坦整个 GDP 的比重约为30%，吸收了全国大约78%的非农业劳动力就业。巴基斯坦政府于 2017 年发布了"巴基斯坦中小企业 5 年发展规划"，希望通过扶持中小企业来促进国家经济的发展，提高出口，提供更多的就业机会，实现"巴基斯坦 2025 愿景"。所以，中小企业是巴基斯坦经济发展的主要推动力之一。

根据 SMEDA 发布的报告，2016 年中小企业发展管理局为 7 000 多个中小企业提供了服务，为私有企业投资在各个领域共扶持了 12.5 亿卢比的流动资金，为 6 500 多名企业人员提供了相关培训项目以及能力建设规划。为了推动中小企业发展，政府亟须推出以实地调研、现场研究和创新为基础的改革政策。而财务会计对于企业的运营管理有着关键性作用。企业需要正确地计量任何业务和事项，如果企业不能正确地计量，那么其可能无法正确地进行资源优化配置。良好的会计政策可以帮助企业管理业务，同时确保其经营是符合相关标准和法定要求的。在巴基斯坦，不同类型的企业有着不同的会计和财务报告准则。在"一带一路"倡议的背景下，越来越多的公司进入巴基斯坦进行投资，企业在计划对中型企业进行并购时，通过了解不同类型企业的会计准则，可以指导并购企业评价其企业价值、财务报告数据，更有效地进行并购。

二、巴基斯坦中型企业会计规范改革历程

（一）巴基斯坦中型企业会计准则的变化

自 20 世纪 70 年代以来，随着国际会计准则理事会（International Accounting Standards Board，IASB）颁布国际财务报告准则（International Financial Reporting Standard，Full IFRS），巴基斯坦就使用着 Full IFRS。为了更符合中型企业的特点和需求，2009 年，巴

基斯坦颁布了中小型企业会计准则，中型企业需按照该准则准备财务报表，为投资者、雇员、借款人和供应商等提供财务信息。2015 年以后，根据巴基斯坦政府 929 条款（Statutory notifications，S. R. O.）规定，巴基斯坦特许会计师协会（Institute of Chartered Accountants of Pakistan，ICAP）规定巴基斯坦中小企业使用中小主体国际财务报告准则（International Financial Reporting Standard for Small and Medium-sized Entities，中小主体 IF-RS），而 2009 年颁布的准则将不再适用。这是因为随着全球化经济的发展，世界各国都在逐步统一其会计准则。在 IASB 的引导下，欧盟和众多亚洲国家都已经执行 Full IFRS，但是对于中型企业来说，Full IFRS 较为复杂、繁琐及成本效益低。中小企业经济业务类型相对于大型企业较为简单，为了简化其遵循的会计准则，缩小与国际会计准则的差距，ICAP 要求巴基斯坦中型企业执行中小主体 IFRS。一带一路为沿线国家提供了前所未有的发展机遇，简化了会计准则后，更加方便投资者和其他报表使用者去比较巴基斯坦中型企业的财务状况，也减轻了企业编制财务报表的负担。

（二）巴基斯坦中型企业遵循的会计准则

2015 年，巴基斯坦中型企业开始执行中小主体 IFRS。中小主体 IFRS 是由 IASB 于 2009 年颁布，2015 年进行了第二次修订。准则共 28 个部分，全部适用于符合巴基斯坦规定的中型企业标准的企业。除了按照中小主体 IFRS 来进行会计处理外，中型企业在进行重估价的时候也可根据《国际会计准则第 16 号——不动产、厂房和设备》来处理。另外，在进行借款费用资本化时，企业可遵循《国际会计准则第 23 号——借款费用》来执行。中小主体 IFRS 简化了 Full IFRS 中许多有关确认和计量的原则，这样更加符合中型企业的成本效益原则，降低了中型企业的财务信息报告成本。同时，增强了巴基斯坦中型企业在国际化市场的可比性，为中型企业拓宽了融资渠道，降低了融资成本，使中型企业抵御融资风险的能力提高。此外，还增强与竞争者之间的可比性，更有效地与国际投资者进行沟通交流。

三、巴基斯坦中型企业划分标准

为了更好地执行中型企业会计规范，巴基斯坦对中企业定义进行了调整。在巴基斯坦 2009 年中型企业会计准则中规定，中型企业为：①不是上市公司或者不是上市公司的子公司；②还未申请上市，或者无计划申请，没有向巴基斯坦证券交易委员会（Securities and Exchange Commission of Pakistan，SECP）或其他监管机构提交其财务报表，以获得在公开市场上发行任何级别的工具的资格；③不以受托人身份持有外部群体的资产，如持有银行、保险公司、证券经纪人或交易商、养老基金、信托基金的资产或投资银行实体等；④不是一个提供基本公共服务的公用企业或者类似企业；⑤不具有重大经济意义和不是小型企业的企业。

根据中小主体 IFRS，什么企业需要采用中小主体 IFRS，应该是由各国主管机关及会计准则制订的机构决定的，包括以企业的收入、资产或员工人数等项目作为量化条件。中小主体 IFRS 面向的是那些不需要承担公众受托责任的，必须发布或选择发布通用的财务报表给外部使用者参考的企业。中小主体 IFRS 指出，"承担公众受托责任"的企业包括拥有在公开市场上交易的股票或者债务工具的企业、银行、信用机构、证券经纪商/交易商、信托基金和保险公司等。

巴基斯坦 2017 年颁布的公司法对中型企业做了具体的量化，分为以下几种：①非上市公司，实收资本少于 2 亿卢比；营业额少于 10 亿卢比；员工人数为 250~750 人；②私人公司，实收资本为 1 000 万~2 亿卢比；营业额为 1 亿~10 亿卢比；员工为 250~750 人；③外国公司的营业额少于 10 亿卢比；④从事公益事业的公司，每年总收入（包括赠款、收入、补贴、捐款）、其他收入或利润不少于 2 亿卢比。

四、巴基斯坦中型企业财务报告的质量要求

（一）可理解性

可理解性是指财务报表所提供的信息能让使用者容易理解。财务报表的使用者有一定的商业经济知识和会计知识，并且愿意去研究相关的信息。但是财务报表中包含一些复杂信息，是与使用者做经济决策时相关的，所以可理解性要求这些信息不能因为其复杂性而不予以披露。

（二）相关性

相关性是指财务报表所提供的信息必须与使用者的决策需要相关。当这些信息能够帮助使用者评价过去、现在和未来的事项，确认或改变他们过去的评价从而做出经济决策时，就说明这些会计信息具有相关性。

（三）重要性

重要性是指财务报表一些信息的省略或错报会影响使用者进行经济决策，因此这些信息也具有相关性。

（四）可靠性

可靠性是指财务报表所提供的会计信息必须是可靠的。当会计信息不存在实质性的错误和偏见，并能不偏不倚、客观地披露会计信息时，这时候说明会计信息是可靠的。

（五）实质重于形式

实质重于形式要求企业应当根据交易或事项的经济实质进行核算，而不是仅仅按照其法律形式加以核算和说明。实质重于形式提高了财务报表的可靠性。

（六）审慎原则

审慎原则要求企业在编制财务报表时对不确定的因素实行审慎原则。由于一些交易或者事项在一定性质和程度上存在不确定性，此时企业应该保持谨慎性。谨慎性是指在不确定的条件下对事项进行估计和判断时，需要保持应有的谨慎，如不高估资产和收益、低估负债或者费用。总之，谨慎性不允许存在偏差。

（七）完整性

为了提供可靠的会计信息，要求企业在披露财务报表时必须在符合重要性和成本效益的范围内做到会计信息完整。一个遗漏的发生就可以导致虚假信息的产生和误导使用者，从而使得会计信息不可靠，降低相关性。

（八）可比性

可比性原则主要解决企业会计信息的比较问题。会计信息的使用者必须能够比较同一企业在不同时期的财务报告信息，或能够比较不同企业在同一时期的财务报表，以评估企业的财务状况、经营成果和现金流量。因此，为了保证交易或其他事项等会计信息的可比性，不论是对于同一企业的不同时期，还是不同企业的会计信息，都要求采用一致的方法。

（九）及时性

及时性要求企业及时提供具有相关性的财务信息给使用者，以帮助使用者做出经济决策。如果不能及时提供，这些信息就失去了相关性，则对决策无用。此外，企业管理者需要同时平衡信息的及时性和可靠性。因为在实务当中，某一交易或事项在信息全部获得之前就进行了会计处理，这体现了及时性，但是降低了可靠性；相反，待所有的会计信息获得后再进行会计处理，就会影响及时性。所以为了权衡相关性和可靠性，要以让使用者做出最佳经济决策需要作为判断标准。

（十）效益和成本之间的平衡

成本效益是指会计信息所产生的效益应高于其成本。在成本效益的观念下，财务报表信息可以帮助使用者做出更好的经济决策，从而提高了资本市场的运作效率，降低整个经济环境的资本成本。在该质量要求的影响下，中型企业可以提高资本市场的准入率，改善公共关系，获得可能更低的资本成本。同时因为财务报表产生了一定的内部财务信息，所以成本效益原则可以使管理当局做出更好的管理决策。

（十一）过度成本和代价

过度成本和代价是指中型企业会计核算不需要付出过多的成本和代价。这些豁免规定不适用于中小主体 IFRS 的其他要求。

在特定的环境下，企业在获取或决定一些会计信息时，需要服从一些涉及过度的成本和代价的条款。这时需要考虑这些会计信息与使用者的关系，是否会影响使用者做经济决策。中型企业为了提供某些会计信息而增加了成本，如估价费用，额外的努力和员工的奉献等，但可以让使用者从这些会计信息中获得了超额的利益，这时企业可以执行涉及过度的成本或代价的条款。巴基斯坦中型企业根据中小主体 IFRS 去评估过度代价和成本时，与公众受托责任的企业相比障碍较小，因为中型企业不对公共利益相关者负责。

五、巴基斯坦会计准则的基本原则

（一）巴基斯坦中型企业财务报告的要素

1. 资产

资产是指预期会给企业带来经济利益的，其成本和价值能够可靠计量的资源。企业不能确认一项或有资产作为资产。或有资产是过去的交易或事项形成的潜在资产，需要通过某些未来不确定事项的发生与否才能证实其是否会形成企业真正的资产。但是，如果相关资产确定未来可以给企业带来未来经济利益的流入，那么相关资产就可以确认为资产。

2. 负债

负债是指企业由于过去的事项承担的一项义务，企业在履行该义务的时候可能会导致经济利益的流出，且其结算金额能够可靠地计量。企业不能确认一项或有负债为负债。或有负债是一项由过去的交易或事项形成的潜在义务，需要通过未来不确定事项的发生或者不发生去进行证实。或有债务不能够被确认是因为它不满足负债的确认条件，如履行该义务不是很可能导致经济利益的流出或者是该义务的金额不能够可靠地计量，企业不能够确认或有负债为一项负债。但是，如果是在企业合并中被购买方的或有负债，则应予以披露。

3. 收益

收益是指企业未来的经济利益的增加是由资产的增加或者负债的减少而直接导致的，并且能够可靠地计量，则企业可以在综合收益表中确认为一项收益。

4. 费用

费用是指企业未来的经济利益的减少是由资产的减少或者负债的增加直接导致的，并且能够可靠地计量，则企业可以在综合收益表中确认为费用。

5. 综合收益总额和损益

综合收益总额是指收益和费用的差额。损益是指除了在其他综合收益项目中的收益和费用以外的收益和费用的差额。因为综合收益总额和损益不是单独的财务报告要素，所以也不需要单独的确认原则。

中小主体 IFRS 对资产、负债、收入和费用的确认和计量是根据 Full IFRS 的确认原则来确定的。如果中小主体 IFRS 没有对特定交易或其他事项做出规定，则中型企业要根据准则提供的指南去进行判断。

（二）巴基斯坦中型企业财务报告的计量属性

根据中小主体 IFRS 规定，巴基斯坦中型企业应使用历史成本和公允价值作为计量基础。

（三）巴基斯坦中型企业财务报告的会计基础

巴基斯坦中型企业在准备财务报表的时候应当以权责发生制为基础，有关现金流量的信息除外。权责发生制基础要求，当资产、负债、所有者权益、收入和费用满足其定义和确认条件时，则可以加以确认。即凡是当期已经实现的收入和已经发生或应当负担的费用，无论款项是否收付，都应当作为当期的收入和费用，计入利润表；凡是不属于当期的收入和费用，即使款项已在当期收付，也不应当作为当期的收入和费用。

（四）巴基斯坦中型企业财务报告的抵销规定

中小主体 IFRS 规定，除非本准则允许或要求，企业不能抵销资产和负债，或收益和费用。资产或负债是按扣除估价备抵来计量的，不是抵销。例如扣除存货跌价准备和不可收回的应收账款坏账准备等不是抵销。此外，由非日常活动产生的利得和损失，企业从处置收入中减去资产账面金额和相关出售费用来列示的，不属于抵销。

六、巴基斯坦财务报告概述

随着全球并购的发展，并购中出现的问题也日益增多，如高估企业的潜在经济效益、并购费用过高、财务风险估计不足等，这些问题都会导致并购的失败。而企业的财务报告披露了企业的财务状况和经营成果，通过分析企业的财务报表可以对其进行评价，以利于企业管理者、投资人、债权人等进行分析和经济决策。因此，在企业并购中应充分了解企业编制财务报表的原则和基础，才能更好地实现并购。

（一）巴基斯坦财务报告体系

2009 年颁布的巴基斯坦中型企业会计规范当中，规定中型企业不需要编制现金流量信息。执行中小主体 IFRS 后，巴基斯坦中型企业至少需要包括以下组成部分：①资产负债表；②综合收益表；③所有者权益变动表；④现金流量表；⑤财务报表附注。如果当期权益变动表发生变动的原因仅仅是因为损益、发放股利、前期错误更正和会计政策变动时，企业可以编制单一的收益和留存收益表来代替综合收益表和权益变动表。采用了中小主体 IFRS 后，巴基斯坦的中型企业能编制更加完善的财务报告，使投资者获得财务信息增加，更有利于投资者进行经济决策。

中小主体 IFRS 规定，如果在任一期间，企业都没有产生其他综合收益项目，则企业可以只提供收益表，或者列报以"损益"为结束项的综合收益表。并且，在比较性的基本要求下，企业应当披露在当期财务报表中列报的所有项目与上一期财务报表信息比较数据。此外，与 Full IFRS 不同，中小主体 IFRS 不需要中型企业编制每股收益、中期财务报告、分部报告、保险合同，以及持有待售资产。如果企业披露了以上报告信息，则需要披露编制这些信息的基础和规则。通过简化财务报告的要求，使中型企业更加符合成本效益原则，提高运行效率，而投资者在对中型企业进行分析时，其财务信息也更加地简单明了。

（二）巴基斯坦中型企业财务报告的披露要求

当巴基斯坦中型企业的财务报表是根据中小主体 IFRS 来编制时，应该在附注中明确且无保留地披露这一事实。

在极少数情况下，投资者在查看企业的财务报告时，会发现有些信息与财务报表的目标相违背。这是因为企业的管理层认为一些事项在根据中小主体 IFRS 进行会计处理时，会产生误解。为了公允地列报相关信息，企业会不遵循中小主体 IFRS 的相关规定。这时，企业应当披露：①管理层确定财务报表已经公允表示；②除了为实现公允表示而背离了某项准则，企业在其他方面均以遵循了中小主体 IFRS；③背离那项准则的描述、背离的性质，包括该项准则要求的处理方法、在背离情况下的处理方法和现在采用的处理方法。所以投资者在分析这些特殊的财务信息时，应结合企业披露的信息进行判断，看是否与准则相违背。

（三）巴基斯坦中型企业财务报告列报的基本要求

与 Full IFRS 和巴基斯坦原中型企业会计准则相比，中小主体 IFRS 对财务报表的列报提出了相一致的要求。财务报表的列报要求针对交易和事项的列报和附注的披露，企业在列报时应该遵循以下要求：①持续经营。中型企业应当以持续经营为基础，在编制报表时，管理层应当考虑所有能获得的信息来评价企业自报告日起 12 个月的持续经营能力。②报告频率。企业应当至少每年编制一套完整的财务报告。③列报的一致性。企业对于财务报表中的列报和分类，应当保持这一个期间与下个期间相一致。当报表的项目发生变化时，企业应对比较金额重新分类，除非重新分类不切实可行，并且应披露这一事实。④比较信息的列报。企业在列报当期财务报表时，应当披露所有列报项目的上一个可比会计期间的比较信息。⑤重要性和汇总。主体应该将类似项目的重要项目单独列报。如何判断项目重要性取决于该项目的遗漏或者误报是否会单独或共同影响使用者基于财务报告做出的经济决策。⑥按流动性列报。企业应该根据运营的实质，把企业的经济资源按流动性分为流动资产和非流动资产、流动负债和非流动负债来在财务状况表中进行单独列示。

（四）巴基斯坦中型企业资产负债表

1. 资产负债表内容

中小主体 IFRS 规定，作为最低要求，资产负债表应至少反映下列项目金额：①现金及现金等价物；②应收账款和其他应收款；③金融资产（不包括在①、②、⑩和⑪项内的金额）；④存货；⑤不动产、厂房和设备；⑥投资性房地产（以成本扣除累计折旧和减值准备计量的）；⑦投资性房地产（以公允价值计量且变动计入当期损益的）；⑧无形资产；⑨生产性生物资产（以成本扣除累计折旧和减值准备计量的）；⑩生产性生物资产（以公允价值计量且变动计入当期损益的）；⑪联营中的投资；⑫共同控制主体中的投资；⑬应付账款和其他应付款；⑭金融负债（不包括①和⑯项内的金额）；⑮当期所得税负债和资产；⑯递延所得税资产和递延所得税负债（通常为非流动）；⑰准备；⑱非控制权益；⑲归属于母公司所有者的权益。如果额外的单列项目、标题和小计金额可以帮助使用者理解企业财务状况，则中型企业应该财务报表中列报。

2. 资产负债表或附注中应披露的信息

在财务报表中，对于报表单独列出的项目，企业还应该对这些做出以下二级分类，并在财务报表或附注中披露：①不动产、厂房和设备项目应该根据企业来进行分类；②应收账款和其他应收款应该单独列示以下金额：从关联方获得的金额，从其他方获得的应收款金额，应计收益但尚未支付的应收款；③存货应该单独列示以下金额：在日常经营过程中持有待售的，仍在生产但为了出售的，为生产或提供服务而消耗的材料或物料；④应付账款和其他应付款应该单独列示以下金额：应付给交易供应商的金额、给关联方的金额、递延收益及应计项目；⑤员工福利准备和其他准备；⑥权益的分类：投入的资本，留存收益，股本溢价和本准则要求确认为其他综合收益并在权益项下单独列报的收益和费用项目。

如果企业是持有股本的，那么企业应该在财务报表或附注中对每一类股本披露以下内容：①核定的股数；②已发行并且已经收到全部股款的股数，已发行但尚未收到全部股款的股数；③每股面值或无面值的股票；④期初和期末发行在外的股数调节表（调节表不需要在前一阶段披露）；⑤各类股本上相关联的各种权利、优惠和收回，包括分配股利和归还资本的限制；⑥企业自身持有或其子公司或联营主体持有的本公司股数；⑦为了以期权和合同方式发售而储备的股数，包括条款和金额。

此外，如果在报告日时，企业持有对某一项资产或一组资产和负债进行重大处置的约束性销售协议，则企业应该披露以下内容：①对要处置的资产或负债进行描述；②对销售和环境的事实或计划进行描述；③资产的账面金额，或者如果处置涉及的是一组资产和负债，那么这些资产和负债的账面金额也应该披露。如果没有股本的企业，例如合伙或信托，则应该披露以下要求的内容的对等信息，这是为了反映当期每一个类别中的权益和权利，以及附于每个类别的权益的优惠和限制条件的变化情况。

对于附注应披露的信息，中小主体 IFRS 和 IFRS 有着明显的区别。中小主体 IFRS 规定在二级分类应披露相关应收账款和其他应收款，这可以为贸易供应商和关联方提供相关财务信息，如递延收益和应计利润等。此外，IFRS 要求要对可卖回工具进行重分类，而中小主体 IFRS 并没有这一规定，特别是针对于金融工具。如果企业在对金融工具计量时包括可卖回金融工具时，则可选择按照 IFRS 的要求来执行，这样可以更有利于使用者去评估企业资本运营的情况，做出更有效的经济决策。

（五）综合收益表和利润表

在巴基斯坦 2009 年颁布的中型企业会计准则中，准则规定中型企业须编制利润表，并且至少披露以下内容：收入、经营活动成果、财务费用、所得税费用、期间净利润或损失。而 2015 年后，根据中小主体 IFRS 要求，巴基斯坦要求中型企业要在一张综合收益表或两张财务报表（收益和综合收益表）中，汇总列报一个期间内的综合收益总额来体现企业间的经营成果。当从一张报表方式变为两张报表的披露方式，属于会计政策变更，反之亦然，这与 Full IFRS 的要求相一致。

1. 综合收益表

如果中型企业采用一张综合收益表的方式，则应该在综合收益表中列示本期确认的所有权益和费用项目，并且至少单独列示以下项目：①收入；②财务费用；③采用权益法核算的在联营和共同控制主体投资的损益中所占份额；④所得税费用；⑤终止经营后的税后损益和因终止经营而产生的资产减值，或减值转回后的税后利得或损失；⑥损益（如果企业没有其他综合收益项目，则不需要列报此项目）；⑦按性质分类的其他综合收益；⑧采用权益法核算的在联营和共同控制主体投资的其他综合收益中所占份额；⑨综合收益总额。

2. 综合收益表和收益表

如果企业采用两张报表的形式，那么损益表至少要列示按一张综合收益表规定列示的①至⑥中的项目金额，损益表最后一行是损益。同时，综合收益表以损益作为第一行，列示一张综合收益表规定列示的⑦至⑨中的项目金额。

3. 其他综合收益的规定

对于其他综合收益，中小主体 IFRS 和 Full IFRS 有着不同的规定。中小主体 IFRS 里包括三种类型的其他综合收益，即国外经营的财务报表折算时产生的一些利得和损失，一些精算利得和损失和不动产、厂房和设备根据重新估价模式估价产生的变化和套期工具公允价值变动而产生变化重分类为损益的。而 Full IFRS 除了这三种类型，还包括可供出售金融资产的收益和现金流量对冲的损益，同时需要披露对税收的影响和涉及影响其他综合收益的重分类科目。由此看来，针对其他综合收益，中小主体 IFRS 的类型较少，也没有要求披露对税收的影响。在实际的经济业务当中，会有许多的其他综合收益科目，此时，中型企业可以参照 IFRS 的规定来执行。

（六）现金流量表

现金流量表反映了在一个报告期内，企业现金和现金等价物变动情况的报表，通过报表展示企业来自经营活动、投资活动和筹资活动的变动情况，可供报表使用者了解和评价企业获取现金和现金等价物的能力。

1. 现金等价物

现金流量表中的现金概念是编表基础，即指现金和现金等价物。中小主体 IFRS 和巴基斯坦中型企业会计准则都规定，现金等价物是为了满足短期现金需要，不是以投资为目的或其他目的而持有的投资。所以，一项投资的期限通常只有自取得日起三个月或更短到期才可作为现金等价物。比如库存现金、银行存款、其他货币资金和现金等价物等。

在极少数情况下，按照中小主体 IFRS 的规定，一些有价证券满足现金等价物的定义，但是有价证券的价值存在变动性，这与 IFRS 的不存在价值变化风险的要求不符。

2. 来自经营活动的现金流量

企业收入主要来源于经营活动，而经营活动的现金流量通常来自影响企业损益的交易和其他事项。如销售商品和提供服务所获得的现金收入，特许使用费、劳务费等。企业可采用间接法和直接法来列报经营活动现金流量。直接法是指按现金收入和支出的总分类来反映企业经营活动产生的现金流量。间接法是指企业调整不涉及现金交易的有关项目，剔除投资和筹资活动对现金流量相关的收益或费用项目的影响，来对损益进行调整。如调整当期存货及经营性应收和应付款的变动，调整如折旧、准备、递延税款等非现金项目等。

3. 来自投资活动的现金流量

投资活动是指企业长期资产和不包括在现金等价物范围内的投资和处置。比如购买不动产、厂房和设备、无形资产和其他长期资产的支出，出售这些长期资产的收入，购买或出售其他企业的权益工具或债务工具所带来的现金支出或收入等。

4. 来自筹资活动的现金流量

筹资活动是指导致企业资本和借款的结构和规模和发生变化的活动。包括发行股票或其他权益工具所获得的现金收入、发行债券和提供其他借款所获取的现金收入、偿还借款所导致的现金流出等。

对于来自筹资活动的现金流量，中型企业在按照中小主体 IFRS 编制流量信息时会更繁重。Full IFRS 和中小主体 IFRS 都规定企业应该披露包括发行股票或其他权益工具所获得的现金收入、发行债券和提供其他借款所获取的实得现金收入、偿还借款所导致的现金流出等。IFRS 还要求提供产生现金流量净收益的情况，而中小主体 IFRS 没有这一要求，则这一要求的优点不能体现。

5. 外币现金流量

由于并购行为涉及外币交易，而了解外币交易现金流量的会计处理对于企业在进行并购时是必要的。外币交易的现金流量应当折算成主体的功能货币即记账本币来记录。使用外币交易的现金流量或者国外子公司的现金流量在折算成记账本币时，所使用的折算汇率是指发生现金流动当日的功能货币和外币之间的兑换率。

汇率变动所引起的未实现利得和损失不是现金流量，但是持有或到期的外币现金或现金等价物会受汇率变动影响了期初和期末的现金和现金等价物，所以汇率变动所引起的差额需要在现金流量表中列报。因此，企业应该按照期末汇率重新来计量报告期所持有的现金和现金等价物，并且单独列报，与来自经营、投资和筹资活动的现金流量分开反映。

（七）巴基斯坦中型企业合并财务报表

企业进行并购之后股权一般会发生改变，所以对合并财务报表进行正确的会计处理，可以让企业的会计信息更加真实可靠，并及时提供给使用者。

原巴基斯坦中型企业会计准则并没有对合并财务报表做出有关规定，但是中小主体IFRS界定了企业应该列报合并报表的相关情形和编制程序，简化了full IFRS对合并报表的相关要求。合并财务报表与联合财务报表不同，联合财务报表是被同一企业控制的两个或两个以上主体的单独的一套报表，中小主体IFRS不要求编制联合财务报表。中小主体IFRS也不要求母公司或其个别子公司编制单独的财务报表。

1. 企业合并的含义

中小主体IFRS对企业合并的定义与IFRS的规定相比范围较小，因为中型企业涉及的企业合并业务较少。对于企业合并的定义两个准则是类似的，即将单独的主体或业务集合成为一个报告主体。此外，中小主体IFRS表明企业合并一般来说包括投入和产出。

2. 企业合并的会计处理方法

在跨国并购的操作中，应当按照并购方也就是母公司所在国家的会计准则规定来执行。对于跨国企业来说，是为非同一控制下的企业并购，按照中小主体IFRS规定应使用购买法。但值得注意的是，虽然IFRS和中小主体IFRS都为购买法，但其英文字面是不同的。Purchase Method只是购买股权实现的并购，而Acquisition Method是购买资产实现的并购。这两者的主要区别是前者有更为自由的购买价格分配模式，后者具有更为市场化的识别模式。

IFRS中的Acquisition Method，收购价格必须以公允价值计量，包括非控制权益和或有事项，购买价格与公允价值之间的差额确认为商誉。中小主体IFRS中的Purchase Method，是以成本原则在购买日，将企业合并的成本分配至取得的资产和负债及所承担的或有负债的准备。由于IFRS的规定更能真实地反映出无形资产，意味着财务报表更加透明，更具有相关性。

3. 控制的含义

子公司是指被母公司控制的企业。控制是指拥有一家企业的财务和经营政策的决策权，并且从中获取利益的权力。如果一家企业设立了一个特殊目的的主体，是为了实现某个具体、明确的目标时，并且该特殊目的主体是被那家企业控制时，企业应该将这个特殊目的主体合并。

如果母公司直接或间接通过子公司拥有另一家公司超过半数的表决权时，就假定存在控制权，除非有特殊情况表明这种所有权不构成控制。如果母公司所拥有的一个企业的表决权为一半或者少于一半，但满足下列条件也可以表明存在控制权：

①与其他投资者达成协议，使表决权超过半数。

②根据章程或协定，有管理企业财务和经营政策的权力。

③有权任命或撤销董事会或同等理事机构的多数成员，并且该董事会或机构控制了该企业。

④在董事会或同等理事机构的会议上占多数表决权，并且该董事会或同等理事机构控制了该企业。

对于控制的规定，IFRS 和中小主体 IFRS 的规定相一致，但 IFRS 提供了为潜在的表决权提供了更广泛的指导。目前的评估当中包括了可行权或可转换的工具。由于中小主体 IFRS 简化了这些规定，更加符合中型企业的实际经营情况。

4. 合并程序

（1）编制程序。

集团在编制合并财务报表时，应该将集团看作单独的一家企业来列报财务信息，编制合并财务报表的程序大致如下：

①将资产、负债、权益、收益和费用科目的金额逐一相加，合并母公司和子公司的财务报表。

②抵销母公司对各个子公司投资的账面金额与母公司在各个子公司当中所占的权益份额。

③对子公司的报告期损益中含有属于非控制权益的部分和属于母公司所有者权益的部分进行区分，并分开单独计量和列报。

④分开确定子公司的净资产中属于非控制权益的部分和属于母公司所有者权益的部分。

（2）合并财务报表编制的前期准备事项。

为了让合并财务报表更加准确，全面反映集团的真实情况，需要做好一系列的准备事项。包括统一的母子公司的报告日，会计政策。

（3）合并财务报表中的披露事项。

在合并财务报表中，企业应该披露以下内容：①财务报表为合并财务报表；②如果母公司没有直接或者间接拥有子公司半数以上的表决权，仍认为母公司存在控制权的原因和基础；③编制合并报表时，母公司和子公司在使用的财务报表的报告日时的差别；④如果子公司以现金股利或者偿还贷款的方式项目公司转移资金受到限制时，需披露受到限制的性质和程度。

5. 购买和处置子公司

中小企业 IFRS 在处理子公司的处理方面与 IFRS 不同。主要区别在于中小企业标准的简化，因此中小主体 IFRS 处置的收益或损失可能有所不同。

子公司的收益和费用自被取得日起就应该要包括在合并财务报表当中，直到母公司丧失了控制权。当母公司失去控制权时，处置子公司所获得的收入与处置日子公司的账面价值的差额，应该作为处置子公司的利得或损失在合并综合收益表（或者用利润表列报的）中进行确认。境外子公司如果有累积的汇兑差额，根据外币折算的规则，应该在其他综合收益中进行确认。

七、巴基斯坦中型企业与国际财务报告准则

根据巴基斯坦 S. R. O. 929 号文规定，中型企业除了按照中小主体 IFRS 来进行会计处理外，在进行重估价的时候也可根据《国际会计准则第 16 号——不动产、厂房和设备》来处理。另外，在进行借款费用资本化时，企业可遵循《国际会计准则第 23 号——借款费用》来执行。本节将针对这两个准则与中小主体对应准则的相关规定做比较。

（一）不动产、厂房和设备、无形资产

中小主体 IFRS 规定，在对不动产、厂房和设备和无形资产进行后续计量时，企业应该以成本扣除累计折旧和累计减值损失后的金额来计量，不得采用重估价模式。并且中小企业只需在资产的残值、使用年限和折旧方法有改变的迹象时，才需要对相关方法进行复核。如果有因素表明自最近的年度报告日，资产实物的未来经济利益的预期消耗方式有重大改变，又例如因为使用方式变化，价格变化和科技进步提高了技术等因素使无形资产的使用寿命或残值自最近的年度报告日开始发生了变化，企业则应审核当前的折旧方法，如果与当前的预计不一致，则应改变折旧方法以反映新的方式。

而根据《国际会计准则第 16 号——不动产、厂房和设备》规定，当不动产、厂房和设备在初始确认为一项资产后，可以按其成本扣除任何累计折旧和累计减值损失后的金额入账，也可以按照重估价值的金额予以入账，即该资产按重估日的公允价值减去累计折旧和累计减值损失后的金额入账。企业应该经常进行资产重估，以确保资产的账面价值与期末按照公允价值计量的资产价值相差不大。企业应该在每一会计年度结束时，对残值、使用年限和折旧方法进行相关检查。Full IFRS 和中小主体 IFRS 对不动产、厂房和设备和无形资产的后续计量有不同规定，那么巴基斯坦中型企业可以根据自身情况来选择按照哪一个会计准则来进行计量。

（二）借款费用

中小主体 IFRS 规定，借款费用是指企业因为借入资金而发生的利息和其他费用，具体包括用实际利率法计算的利息费用、融资租赁形成的费用和作为外币借款利息费用调整额产生的汇兑差额。企业应在所有借款费用发生的当期确认为费用计入损益，即借款费用予以费用化。

而通常来说，Full IFRS 同样要求将借款费用予以费用化，然而也允许那些可直接归属于因为相关资产的购置、建造或生产而产生的借款费用资本化。直接归属于因为相关资产的购置、建造或生产而产生的借款费用是指那些因为相关资产发生支出而必须产生的借款费用，是包括在该项资产的成本之中。这项借款费用可能为企业带来未来的经济利益并且其金额能够可靠地计量，所以可作为资产成本的一部分进行资本化。

八、首次使用《中小主体国际财务报告准则》的规定

《中小主体国际财务报告准则》的使用对象为该准则的首次采用者，无论使用对象原来是使用国际财务报告准则还是国家编制的会计原则。对于巴基斯坦来说，其中型企业原来是使用《巴基斯坦中型企业会计准则》，2015年后，巴基斯坦中型企业使用《中小主体国际财务报告准则》，所以巴基斯坦中型企业符合首次采用者的要求。但是一个企业只有一次机会成为首次采用者，如果使用了该准则，但是在一个或多个报告期间后停止使用而又被要求或者自愿采用该准则时，中小主体国际财务报告准则的特殊豁免、简化以及其他规定并不适用于重新采用。

企业首次按照中小主体IFRS编制的财务报表是指其明确且无保留地表明遵循了该准则的首份年度财务报表。所以巴基斯坦中型企业过渡到中小主体IFRS之日是指按照该准则编制的财务报告的最近报告期的期初。根据中小主体国际财务报告准则规定，企业在过渡到该准则日时，应在其期初的财务报表中：①按照中小主体IFRS的规定确认所有资产和负债；②重分类新准则与旧准则不同的项目；③按照中小主体IFRS的规定来计量所有已确认的资产或负债。

如果中小主体IFRS规定的会计政策与原来使用的会计政策不同时，对于不同的交易、其他事项或情况的调整直接确认到留存收益中。但是对于以下项目的会计处理，在首次使用中小主体IFRS时，企业不用进行追溯调整：①金融资产和金融负债的终止确认；②套期会计；③会计估计；④终止经营；⑤计量非控制权益。

企业在按照中小主体IFRS编制首份财务报表时，拥有豁免权，即不需要根据中小主体IFRS的一些规定来进行会计处理。具体项目为：①企业合并；②以股份支付为基础的支付交易；③以公允价值确认的成本；④以重估价确认的成本；⑤外币折算的累计折算差额；⑥单独财务报表；⑦复合金融工具；⑧递延所得税；⑨服务特许权协议；⑩采掘活动；⑪包含租赁的协议；⑫包含在不动产、厂房和设备项目中的退役负债。与Full IFRS相比，中小主体IFRS对于豁免的规定较为广泛和简化，例如增加挖掘活动的豁免项目对于在转换日前权益交割股份基础给付者可以采用豁免规定，易于中型企业进行转换。

第四节　巴基斯坦小企业会计规范

一、巴基斯坦小型企业概述

中小企业是国民经济构成的主要部分，世界上多于95%的企业为中小型企业，中小

企业对经济与社会的发展有着重要的作用。根据巴基斯坦国家统计局数据显示，巴基斯坦小型制造企业（包括屠宰业）的固定资产形成总额从 2007 年至 2014 年持续上升，2013 年为 10 215 百万卢比，比 2012 年环比增长 7.4%，占巴基斯坦固定资产形成总额的 0.736%；2014 年为 10 966 百万卢比，比 2013 年环比增长 7.4%，占巴基斯坦固定资产形成总额的 0.729%。小企业的会计信息质量高低与自身财务控制效率影响着小企业的运行与发展。

巴基斯坦小企业会计准则是构成巴基斯坦会计准则的一部分，了解巴基斯坦现行的小企业会计与财务报告规范有助于中国企业在巴基斯坦更好地开展业务、进行投资并购。

二、巴基斯坦小企业会计准则制定背景

巴基斯坦的会计准则与国际财务报告准则在很大程度上趋同，巴基斯坦证券交易委员会采用了除 IFRS1、IFRS9、IFRS14、IFRS15、IFRS16 和 IFRS17 外的所有国际财务报告准则，同时也采用了《中小型企业国际财务报告准则》（International Financial Reporting Standard for Small and Medium Entities，简称 IFRS for SMEs）。作为国际会计师联合会（International Federation of Accountants，简称 IFAC）的成员，巴基斯坦特许会计师协会有义务将国际会计准则与本国准则进行合并、推动国际会计准则发展、帮助推行国际会计准则等。

虽然巴基斯坦力求企业出具的财务报表按照国际会计准则，但是小型企业采用国际会计准则所出现的问题是不可避免的。小型企业需要一套更简单、实行起来会计成本更低的准则。2006 年，巴基斯坦证券交易委员会批准了特许会计师协会发布的《小企业会计与财务报告准则》，这套准则开始在巴基斯坦的小型企业中执行。2015 年 9 月 10 日，应巴基斯坦特许会计师协会的建议，巴基斯坦证券交易委员会发布通告（参照法令通知 SRO 929/2015 号）：从 2015 年 1 月 1 日起，小型企业开始执行由特许会计师协会发布的《小企业会计与财务报告准则（修订）》（Revised Accounting and Financial Reporting Standards for Small Sized Entities，以下简称 Revised AFRS for SSEs）。2017 年颁布的《公司法》仍然沿用《小企业会计与财务报告准则（修订）》作为小型企业的会计规范。

三、中巴小企业会计准则比较

巴基斯坦小企业会计准则与中国小企业会计准则既有相同，也有不同。本节主要对巴基斯坦非上市小型企业适用的《小企业会计与财务报告准则（修订）》与中国《小企业会计准则》进行比较，分析两套准则的主要不同点。

（一）巴基斯坦与中国小企业划分标准与适用准则比较

根据巴基斯坦《公司法》（2017），非上市小型企业划分标准主要根据企业的缴纳资本、营业额和从业人数进行划分（表 5.2），此标准适用于所有行业，对企业的资产总额没有要求。

中国将中小企业划分为中型、小型和微型三种类型。具体标准根据企业从业人员、

营业收入、资产总额等指标，结合行业特点制定，不同行业的划分标准不同。符合规定划分为小型企业的企业除下列三类小企业外，适用中国的《小企业会计准则》：

（1）股票或债券在市场上公开交易的小企业；

（2）金融机构或其他具有金融性质的小企业；

（3）企业集团内的母公司和子公司。

（二）巴基斯坦 Revised AFRS for SSEs 概念框架与中国《企业会计准则——基本准则》比较

中国会计准则不采用概念框架，《企业会计准则——基本准则》中对中国境内设立的所有企业（包括公司）适用的会计准则皆适用，因此中国小企业会计准则也适用该基本准则。Revised AFRS for SSEs 概念框架与中国企业会计基本准则比较如表 5.4 所示。

表 5.4　　　　Revised AFRS for SSEs 概念框架与中国企业会计基本准则比较

	巴基斯坦小企业会计准则概念框架	中国企业会计准则基本准则	不同
目标	提供企业经营成果及财务状况的信息，以为使用者评价企业经营成果及管理者工作表现所用	向财务会计报告使用者提供与企业财务状况、经营成果和现金流量等有关的会计信息，反映企业管理层受托责任履行情况，有助于财务会计报告使用者做出经济决策	中国会计准则目标除了提供财务状况、经营成果信息外，还提供现金流量等信息①。AFRS for SSEs 着重强调会计准则的受托责任观，中国对于受托责任观与决策有用观两个目标并重
使用者	管理人员、贷款人及其他债权人、政府、税务部门	投资者、债权人、政府及其有关部门和社会公众等	由于中国受托责任观与决策有用观两者并重，因此信息使用者还包括投资者
财务会计信息的质量特征	可理解性、相关性、可靠性、可比性	相关性、可靠性、可理解性、可比性、实质重于形式、重要性、谨慎性、及时性	中国会计信息质量要求还包括实质重于形式、重要性、谨慎性和及时性
会计信息效益与成本的平衡	企业时常需要在会计信息质量与提供该信息的成本之间做出权衡	将"重要性"纳入会计信息质量要求中	AFRS for SSEs 认为会计信息产生的效益与提供该会计信息的成本之间的平衡不是会计信息的质量特征，而是普遍的对企业的一个约束。决定信息的重要性及进行成本权衡是职业判断的过程，在不同情况下权衡结果也会有所不同

---

① 我国《企业会计准则——基本准则》第四十四条写到"小企业编制的会计报表可以不包括现金流量表"。但我国《小企业会计准则》中要求企业至少编制现金流量表。由于《企业会计准则——基本准则》出台时间早于《小企业会计准则》，且不是针对小企业的专门准则，本着"先法服从于后法、下位法服从于上位法、一般法服从于专门法"的考量，这里没有提及"小企业编制的会计报表可以不包括现金流量表"的规定。

表5.4（续）

	巴基斯坦小企业会计准则概念框架	中国企业会计准则基本准则	不同
财务报告要素	资产、负债、所有者权益、收入、费用	资产、负债、所有者权益、收入、费用、利润	中国财务报告要素还包括利润
会计确认与计量	1. 会计确认条件 （1）与未来经济利益相关的项目可能流入或流出企业；并且（2）项目的成本或价值可以可靠计量 2. 会计计量 会计计量是确认财务报表的负债、资产、收入及费用的金额的过程。两个基本的计量属性为历史成本与公允价值	1. AFRS for SSEs 的会计确认条件与中国资产、负债的确认条件基本相同，其他要素的确认条件另有规定 2. 中国会计计量属性有：历史成本、重置成本、可变现净值、现值、公允价值	除资产、负债的确认条件与中国准则相同外，其他要素的确认有所差异；中国会计计量属性有五种，但 AFRS for SSEs 只有历史成本与公允价值两种计量属性

（三）其他会计准则比较

1. 财务报表的列示

（1）财务报表的组成。

Revised AFRS for SSEs 规定财务报表应至少包含以下内容：资产负债表；利润表；会计政策及附注。中国规定小企业的财务报表至少应当包括：资产负债表；利润表；现金流量表；附注。

可以看出，中国小企业会计准则要求现金流量表的编制，而 Revised AFRS for SSEs 未对现金流量表做出硬性规定。现金流量表可以作为巴基斯坦小企业提高信息透明度与信息质量的辅助报表。

（2）规定的列报项目。

Revised AFRS for SSEs 对资产负债表、利润表所规定的列报内容与中国小企业会计准则规定的列报内容基本一致。中国小企业会计准则还对现金流量表的列报做出要求，因为 AFRS for SSEs 不要求小企业出具现金流量表，所以在该准则中没有提及对现金流量表列报内容的要求。

2. 固定资产与地产、厂房和设备

（1）概念。

Revised AFRS for SSEs 中"地产、厂房和设备"包括房地产、厂房及设备，也泛指企业的固定资产。中国准则中的固定资产，是指小企业为生产产品、提供劳务、出租或经营管理而持有的，使用寿命超过1年的有形资产，包括房屋、建筑物、机器、机械、运输工具、设备、器具、工具等。由于中国企业只能取得土地使用权而不能取得土地所有权，因此固定资产中不包括地产，企业获得的土地使用权划为无形资产。

（2）后续计量。

①Revised AFRS for SSEs 下的后续计量。

Revised AFRS for SSEs 规定，企业可选择成本模式或重估价模式对地产、厂房和设备进行后续计量。企业一旦选定，要对企业的所有财产、厂房和设备的后续计量采用该模式进行计量。

A. 成本模式

企业将初始确认成本减去累计折旧和累计减值损失后的价值作为地产、厂房和设备的价值。

B. 重估价模式

如果企业的财产、厂房和设备可以以公允价值进行可靠计量，那么企业的财产、厂房和设备应以重估价格进行列示。重估价格，即重估日的公允价值减去后续累计折旧与累计减值损失。当重估价后资产的增值的，增加部分应计入"固定资产重估价盈余"账户，该账户在资产负债表中的"实收资本及储备"项目后列示，即增值部分并不计入利润表，而在所有者权益中予以体现。当重估价后资产的价值减少的，减少部分应作为一项费用，冲击利润表。该费用以"固定资产重估价盈余"中增加的余额为限冲减"固定资产重估价盈余"。

在重估价模式下，折旧也同时进行。后续折旧应按重估价值进行调整，折旧费用计入损益账户。同时，为了计量重估价盈余的实现，应按照当期由于重估价而增加的折旧额，从"固定资产重估价盈余"转出到资产负债表的"未分配利润"或"累积亏损"项目中。

②中国小企业准则下的后续计量。

小企业准则规定，小企业应当对所有固定资产计提折旧，但已提足折旧仍继续使用的固定资产和单独计价入账的土地不得计提折旧。折旧费用按受益对象计入相关成本和损益账户中。小企业应当按照年限平均法计提折旧，固定资产由于技术进步等原因，确需加速折旧的，可以采用双倍余额递减法和年数总和法。

③区别。

中国准则不允许以公允价值计量固定资产，所有固定资产以历史成本进行计量并计提折旧。但 Revised AFRS for SSEs 允许采用历史成本或公允价值进行计量。这是了解 Revised AFRS for SSEs 在"地产、厂房和设备"在后续计量中要注意的问题。

3. 政府补助

（1）政府补助的确认。

Revised AFRS for SSEs 规定企业应将下列补助确认为政府补助：

①补助对企业未来经营表现没有条件要求。企业应将补助金额确认为收入当该补助确定为企业的一项应收款项。

②补助对企业未来经营表现有条件要求。企业应将补助金额确认为收入当企业满足相应的经营表现要求。

③在满足补助收入确认条件之前应确认为一项负债。

中国准则没有将政府补助按照是否满足未来经营要求来区分，收到与资产相关的政府补助，应当确认为递延收益，并在相关资产的使用寿命内平均分配，计入营业外收入。

中国准则没有以是否满足未来经营要求为政府补助收入确认的条件。中国准则规定在收到补助时，要确认为一项负债，且在资产的使用寿命内平均分配。而 Revised AFRS for SSEs 规定，如果对企业未来经营表现有条件要求的，须达到要求才能确认收入与资产，不确认为负债，确认的收入不用在之后的使用寿命内进行分配。对于不满足确认条件的，收到的收入才作为一项负债。

（2）列示。

Revised AFRS for SSEs 规定，对于收到的用于购买可折旧固定资产的政府补助，企业可以按补助金额，在资产负债表上单独列示；也可以在资产的购买价款或生产成本中减去该补助金额，以资产的净值列示。

中国准则将收到的政府补助确认为一项递延收益，即负债，并在以后寿命期间分配计入各期营业外收入。在资产负债表列示时，应列示为一项流动负债；在利润表中应在"营业外收入"项目中列示。

（3）潜在负债的确认。

Revised AFRS for SSEs 当在特定条件下，企业很可能退回全部或部分补助时，企业应对该潜在负债进行确认。中国小企业会计准则未对此做出规定。

4. 基本金融工具

Revised AFRS for SSEs 规定企业应按照实质重于形式的原则将金融工具划分为金融资产、金融负债或权益工具。除企业的关联交易外，企业应按照金融资产或金融负债的公允价值作为初始入账金额。对于金融工具的后续计量，除了投资权益工具外，企业应按摊余成本对金融资产或金融负债进行后续计量。权益工具在活跃市场上有报价的，应按公允价值进行计量；权益工具在活跃市场没有报价的，应按成本减去减值进行计量。金融工具公允价值的变动计入净利润。

中国《小企业会计准则》中规定的金融资产主要有：短期投资、长期债券投资和长期股权投资等。短期投资中以支付现金取得的短期投资，入账时应当按照购买价款和相关税费作为成本进行计量；在持有期间，确认收到的利息或分配到的现金股利为投资收益。长期债券投资，也是以成本进行入账及后续计量，持有期间收到的利息应确认为投资收益。长期股权投资按照成本进行计量，并采用成本法进行会计处理；持有期间，获得的现金股利或利润应确认为投资收益。

Revised AFRS for SSEs 允许使用公允价值对金融资产进行计量，但中国准则对金融资产基本规定以成本进行计量。从 Revised AFRS for SSEs 对金融资产划分的类别来看，其涵盖的内容更多；中国明确规定了短期投资、长期债券投资、长期股权投资等几种金融资产的会计准则，对其他金融资产未做详细规定。

第五节 启示

一、巴基斯坦企业会计规范总体国际趋同程度较高

正如前文所述，在巴基斯坦，除了银行、保险公司等少数特例，公众利益公司和大、中型企业均直接采用国际财务报告准则或中小实体国际财务报告准则，其会计规范的国际趋同程度很高。

特别是，即使在企业并购这一涉及复杂交易安排和错综利益博弈的领域，巴基斯坦也没有执行具有本国特色的会计规范。2016 年，巴基斯坦的两家伊斯兰金融银行，Al-baraka Bank（Pakistan）Limited（ABL）和 Burj Bank Limited（BBL），进行了换股合并。ABL 以 1 股换 BBL1.7 股的比率，共发行普通股 480 442 760 股以换取 BBL 全部股份（816 752 758 股），BBL 的股东将持有合并后公司 35% 的股份。ABL 在其 2016 年财报中披露，对此次合并采用《国际财务报告准则第 3 号——企业合并》（IFRS 3 Business Combinations）中规定的购买法进行会计处理，即对 BBL 的可辨认资产和负债按其购买日的公允价值予以确认，按所发行普通股的公允价值与 BBL 可辨认净资产公允价值之间的差额确认商誉。由于截至 2016 年 12 月 31 日（资产负债表日），BBL 可辨认资产的公允价值尚未完全确定，ABL 按照 IFRS 3 的要求在当年的年报中对 BBL 的资产、负债暂按购买日的账面价值确认并计算商誉，待公允价值确定之后（购买日后 1 年之内）再进行追溯调整。

这样的会计处理原则对于中国企业来说是非常熟悉的，因为中国的企业会计准则与国际财务报告准则保持了实质趋同。虽然这两套准则仍存在少量差异（包括同一控制下企业合并的处理方法），但是，二者是高度趋同的；同时，中小实体国际财务报告准则只是对国际财务报告准则的简化，在处理原则和方法上并没有实质的区别，这些因素使得中巴两国企业学习对方国家会计规范的成本得到有效降低。

虽然在跨国并购中，会计监管环境和财务报告规范的属性并不是交易各方考虑的首要因素，但交易主体所在国高度趋同的会计规范将会极大降低并购所需财务信息的转换成本以及并购完成之后的财务信息编制成本。因此，巴基斯坦企业直接采用国际财务报告准则体系的制度安排为中国企业与之开展并购交易或其他投资或贸易活动提供了很大的便利条件。

二、伊斯兰金融业务领域的会计规范尚未成熟

（一）国内伊斯兰金融会计准则的制定明显滞后于行业发展需要

据巴基斯坦央行发布的伊斯兰银行业公报（Islamic Banking Bulletin，June 2017），截至 2017 年 6 月，该国共有 21 家伊斯兰银行和 2，320 个伊斯兰银行分支机构提供伊斯

兰金融服务，这些银行机构的资产总额占全国银行业资产总额的 11.6%。在伊斯兰银行的资产总额中，递减股本参与占 29.6%，股本参与占 17.9%，成本加利润销售占 17%，制造加利润许可协议（Istisna）占 7.2%，伊斯兰租赁占 6.8%，预付款购买（Salam）占 5.2%，其他方式形成的资产占 16.3%。

但是，目前正式发布的 IFAS 只对成本加利润销售（IFAS 1）和租赁（IFAS 2）两类业务的会计处理进行了规范，而其他重要的金融服务方式应该如何进行会计确认、计量和列报只能由各家银行根据自身对业务性质和适用准则的理解去自行判断。再加上现行的财务报告格式未能及时根据已发布的 IFAS 和伊斯兰业务模式进行调整，IFAS 的执行效果被进一步削弱，这将导致为数众多的伊斯兰银行机构所编制的财务信息质量参差不齐、缺乏可比性。

（二）伊斯兰金融领域的会计准则国际趋同度较低，各国实务呈现多样化

亚洲-大洋洲会计准则制定机构组（Asian-Oceanian Standard-setters Group，AOSSG）从 2013 年 11 月的《银行家》杂志刊登的各国伊斯兰金融机构排名中挑选了来自 31 个国家的 132 家提供伊斯兰金融服务的银行进行研究。AOSSG 的研究报告指出：根据这些银行 2016 年度财务报告披露的信息，除了 2 家银行未说明所遵循的会计准则，48% 的样本采用了国际财务报告准则，33% 采用了本国会计规范，17% 则采用伊斯兰金融机构会计和审计组织（Accounting and Auditing Organization for Islamic Financial Institutions，AAOIFI）发布的财务会计准则（Financial Accounting Standards）。截至 2017 年 7 月，AAOIFI 发布了《伊斯兰金融机构财务报告概念框架》和 24 项现行有效的财务会计准则，形成了比较完整的伊斯兰金融会计准则体系。

从巴基斯坦的正式监管要求来看，银行机构优先采用的是本国会计规范，在本国会计规范没有相关规定或与之不冲突的情况下采用国际财务报告准则。我们在前文的分析中已经指出，巴基斯坦本国制定的伊斯兰金融会计准则（IFAS）与国际财务报告准则存在不少实质上的差异，相较之下 IFAS 与 AAOIFI 制定的会计准则比较接近，但同样也存在一定的差异。虽然巴基斯坦国家银行曾在其监管文件（IBD Circular No 02 of 2008）中鼓励银行对 IFAS 尚未涉及的领域参照 AAOIFI 的会计准则进行会计处理，但这一建议并没有强制性，相关银行很可能选择了不同的准则体系和会计方法。

中国企业在跨国并购中可能会寻求能够提供伊斯兰金融服务的银行合作伙伴，甚至需要选择该类机构作为交易对手或者目标企业，这时必须小心应对伊斯兰金融会计的国别差异可能造成的障碍，切不可理所当然地将不同国家（甚至相同国家）不同银行同类业务的财务数据直接进行比较。我们既要彻底掌握伊斯兰金融服务的交易安排又要准确了解特定银行机构具体的会计实务方法，才能恰当理解和使用银行提供的财务信息。

三、小型企业的会计规范兼具本国特色和国际化特征

从国际范围来看，为了契合使用者对小型企业会计信息的实际需求、降低小型企业

的信息编制成本，大部分国家（和地区）都会针对本国的小型企业制定专门的会计规范。巴基斯坦也不例外，在直接采用国际财务报告准则体系的同时，也实施具有本国特色的《小企业会计与财务报告准则》。由于受会计规范国际趋同理念的影响，巴基斯坦小企业会计规范的会计处理原则和方法并未超出国际财务报告准则的范畴，这对于中国企业在与巴基斯坦小型企业展开贸易、投资、并购等商业往来活动时理解、分析对方企业的财务信息提供了较大的便利。

第六章 巴基斯坦金融市场

第一节 概述

金融市场是一个国家融通资金的场所，具有确定价格、资产评估、套利、筹集资金、商业交易、投资和风险管理的主要功能。有海外并购意愿的企业不论目的如何，都必须充分利用目的国的金融市场，以达到自身的并购目的。因此，海外并购企业需要密切关注该目的国的金融市场状况，详细了解当地的投资融资环境，为其未来在海外的投资决策、融资决策、经营决策以及利润分配决策做出一个合理的顶层设计，让企业在"走出去"之前就能够立于不败之地。巴基斯坦作为发展很快的"一带一路"沿线国家，近年来与中国的经贸关系日趋活跃和紧密，已成为中国海外投资的重要目的国，因此，对其金融市场的研究尤其重要。本章主要从外汇市场、货币市场、资本市场以及其特殊的金融模式四个方面来论述。

一、外汇市场

（一）外汇市场政策

巴基斯坦现行外汇政策有：《巴基斯坦外汇监管条例》（1947 年颁布，2016 年修订）、2001 年《外汇账户（保护）法案》《外汇储备管理治理结构和管理策略》（2016年颁布）。

1.《巴基斯坦外汇监管条例》

1947 年颁布的该条例制定和规范了巴基斯坦外汇政策及其运作模式，目的是对国家的经济和金融利益进行监管，包括对某些支付、外汇交易、证券、货币和黄金的进出口的监管等。该条例主要规定有：如何授权外汇交易、如何申请授权经销商的许可证、授权经销商如何在其授权范围内从事交易、授权经销商应如何对客户进行监管、如何授权货币兑换商（即资产管理公司）、授权货币兑换商应遵守的行为准则、授权货币兑换商对客户进行相关的检查等。

2016 年的修订版对特定支付、外汇和证券交易以及货币和黄金的进出口的监管规范进行修改，主要补充了对从事外汇交易的授权经销商、授权货币兑换商和交易公司，以及相关的交易限制、支付限制、冻结账户、联邦政府收购外汇等规范。

2. 2001 年《外汇账户（保护）法案》

该法案规定，巴基斯坦不对外汇实施管制。在巴基斯坦居住的外国人，在巴境内的外国独资或合资公司、外国公司分支机构，可以在有外汇经营资格的银行开立、使用外汇账户。对这些账户的外汇汇出、汇入、现金存取没有限制。巴基斯坦允许外国投资者汇出全部资本及投资所得，前提是缴纳 10%的代扣税。巴基斯坦也不限制外国人带外币现金和旅游支票出入境。

3.《外汇储备管理治理结构和管理策略》

巴基斯坦中央银行发布了该法案，规定了巴基斯坦的外汇储备由中央银行授权，由巴基斯坦国家银行管理。银行可以直接或间接地购买、持有和出售由政府、机构、地方当局、企业和国家发行的货币和金融工具，其货币和金融工具是被宣布为已批准的外汇。银行可以指定管理人员、托管人员、咨询师和其他专业顾问，以有效管理国家外汇储备。

（二）外汇市场结构

1. 外汇交易层次

巴基斯坦外汇交易分为三个层次，即本国银行间的外汇交易、场外市场的外汇交易与哈瓦拉经纪商的外汇交易。前两个市场属于官方认可的外汇市场，哈瓦拉市场是一个非正式的外汇市场，是一种不合法的非官方的地下外汇市场。

2. 独特的地下外汇交易——哈瓦拉

哈瓦拉其实是一种地下钱庄，独立于政府银行体系之外，以网络为依托，以信用为基础，费用低廉的跨国界流动的外汇交易方式。哈瓦拉最早出现在南亚次大陆巴基斯坦和印度等国，经过多年的发展，已经成为包括伊斯兰世界在内很多国家普遍存在的资金流通方式。

哈瓦拉是以网络为依托的。一个哈瓦拉网络的网点可以分布于多个国家和地区，交易十分快捷而隐蔽。也因为如此，哈瓦拉还成为恐怖组织和犯罪集团转移资金和洗钱的工具，被欧美国家密切关注。

哈瓦拉是以信任为基础的。而这种信任又是以种族、家族血缘等关系为基础的，无论是经营者还是客户，都是因为这个基础产生信任而发生关系。

正常经营的哈瓦拉网络，通常是在多个不同的国家和地区建立网点，这些网点一般都存放大量现金，有客户来汇款，经纪人只需通知（电子邮件或电话均可）收款人所在地的网点，约定好支付暗号，收款人即可在该网点取款，既不需要票证也无须资金转移，方便快捷。这也是哈瓦拉受到青睐的原因之一。

3. 外汇市场存在的风险

巴基斯坦政府对官方的外汇市场监管比较严格，整个外汇市场的风险主要出现在地下钱庄——哈瓦拉。哈瓦拉由于方便、快捷、价格便宜而且充满人情味，使得这种地下金融组织在巴基斯坦长期存在，但是由于哈瓦拉是非官方的、独立于政府银行体系之外，且交易方式奇特，所以，对国家和使用者都存在着巨大的风险。

首先，哈瓦拉独特的交易方式同样方便了不法交易，容易成为恐怖组织和犯罪集团转移资金和洗钱的工具。

其次，由于哈瓦拉独立于政府银行体系之外，政府和社会机构无法对其进行监管，因此，其之存在和发展，给社会经济的正常运转带来负面影响。一方面，哈瓦拉方式直接造成了大量的税收流失，无论对汇出国还是汇入国的财政都是一个损失；另一方面，哈瓦拉交易的资金基本不受监控，更无法统计，使货币管理部门难以对货币的社会流通量进行准确评估，进而对该国货币政策产生冲击。

最后，由于交易本身没有任何凭据，全凭种族和血缘关系产生的信任进行交易，如果信任不存在或者中间发生一些意外，会导致资金无法回收，造成巨大的损失。

（三）成长中的外汇市场

巴基斯坦是发展中国家，也是个新兴市场，因此，其外汇市场也处于成长之中，存在着负债不充分、不平衡，规模小、较脆弱等特点。外汇汇率和外汇储备波动较大是其主要表现。

1. 外汇汇率波动较大

（1）外汇汇率管理体制变动较大。

巴基斯坦的外汇管理经历了 1971 年前与英镑挂钩，1971—1981 年与美元挂钩，1982 年后实行单一银行浮动汇率，1998 年开始采用官方和银行双汇率制度，1999 年实行单一官方汇率，2000 年又开始实行浮动汇率制度。国家汇率管理的机制在短时间内的整体变动幅度较大。

（2）近年来巴基斯坦政府为了稳定国内经济形势，不断地让卢比人为贬值。

在巴基斯坦卢比交易清淡的市场上，只有巴基斯坦央行是最大的参与者，交易者称央行控制着一个受控的浮动汇率。例如，在 2002—2006 年，在央行的控制下，巴基斯坦汇率相当稳定，基本在 58~60 卢比：1 美元的水平上下浮动。2008 年以后，卢比发生了贬值。截至 2017 年 7 月 7 日，卢比兑美元的汇率从 85.56 卢比兑 1 美元的水平下跌至 108.00 卢比兑换 1 美元。为此，巴基斯坦央行宣布，巴基斯坦由于 3 000 亿美元的经济显现出了强劲的基本面，虽然对外账户的赤字在扩大，但市场及央行中汇率调整背后的理念是贬值，这将解决对外账户上出现的不均衡，加强国家的增长前景。然而，有国内经济学专家对此表示了不同的看法，巴基斯坦财政部长 Ishaq Dar 称他对货币的人为贬值感到"深刻的担忧和愤怒"。

2. 外汇储备波动较大

巴基斯坦外汇储备的变动幅度非常大，1993 年最低为 14 亿美元，2016 年最高达到 245 亿美元，2017 年 7 月在 200 亿美元左右。波动大的原因与巴基斯坦的政治局势不稳定有关，巴基斯坦政府为了提高外汇储备也做了许多努力。

以 2013 年为例，2013 年 10 月 4 日，巴基斯坦央行持有的外汇储备为 39.53 亿美元，不足以支付巴基斯坦一个月的进口费用。一般来说，衡量外汇储备是否稳定的标准是其能否足以支付三个月的进口费用。巴基斯坦每月进口（包括货物和服务）费用约为 45 亿美元，当年 11 月还需向国际货币基金组织偿付 7 亿美元，而需向其他贷款机构偿付的金额还未计算在内。巴基斯坦的外汇储备已彻底陷入危机。为此，巴基斯坦政府与巴基斯坦国民银行、联合银行、联盟银行以及东京银行、渣打银行、瑞士银行、阿富汗银行等国内外银行机构签署了约 6.25 亿美元、名为"石油金融机制与贷款安排"的协议。按照协议，相关银行需从国外获取资金以帮助巴政府提高外汇储备，并将于两周内开始实施。政府认为此举有利于提高外汇储备、稳定卢比汇率，尤其是降低银行间市场与公开市场间的差价。此后，巴基斯坦的外汇储备逐年攀升，于 2016 年 10 月达到了245 亿美元的最高峰。随后外汇储备由于政府为了刺激经济，人为贬值卢比而逐步降低。

二、货币市场

(一) 货币政策

1. 货币政策的变化

1972 年以前，巴基斯坦的货币政策主要依靠间接方式（买卖政府债券、调节银行利率、改变流动利率）调控信贷，但是间接方式不太有效。从 1972 年开始，货币政策更依赖直接方式（贷款限额和分配、合理的贷款目标、优惠贷款等）。20 世纪 90 年代开始，对银行和金融机构进行改革，货币政策的贷款管理也随之发生变化，从直接管理转向间接管理。

2. 利用货币政策进行宏观管理

巴基斯坦中央银行主要通过利用政策利率（货币市场隔夜回购利率）、反向回购利率、回购利率、公开市场、伊斯兰公开市场、现金储备金要求、流动性要求和外汇互换调整货币政策，国家也会根据实时的通货膨胀情况降低或提高贴现率，达到宏观管理的目的。

以 2009 年为例，在 2009 年刚开始的几个月，巴基斯坦通货膨胀率持续下降，为巴基斯坦央行调整近年来持续实施的紧缩货币政策提供了空间。为推动经济增长，巴基斯坦央行 2009 年 8 月、11 月两次共降息 150 基点，使政策贴现利率降至 12.5%，同时对货币政策进行重要改革以加强其操作效率，如引入货币市场隔夜回购利率的通道结构管理以稳定市场短期利率。但巴基斯坦通胀率在 2009 年 10 月份创下 8.87% 的 22 个月低点后大幅反弹，2010 年 5 月份为 13.07%，其中食品通胀率为 14.81%，扣除食品和能源的核心通胀率也达到 10.3%。国际大宗商品价格压力，以及巴基斯坦内食物价格上涨、政府为改善财政状况而实施的逐步消除补贴、调整能源价格等措施使巴基斯坦通胀预期继续上行，巴基斯坦央行预计当年平均 CPI 将接近 12%，因此 2010 年 3 月 27 日和 5 月 24日两次利率会议均决定将政策贴现利率维持在 12.5%。

(二) 主要信用工具

巴基斯坦货币市场的信用工具包括短期政府债券、回购协议、银行承兑票据、短期伊斯兰债券、利率互换、货币互换和其他。货币市场工具交易的清算和结算是通过转让所有权的账单系统，即交付付款（DVP）。

(三) 货币供应与需求

巴基斯坦的货币供应较多，其广义货币增长率一直以来都远远高于 GDP 增长率，导致通货膨胀一直居高不下，近几年由于政府不断降低存款和贷款利率，通货膨胀才有所缓解。各年货币供应与 GDP 指标对比如表 6.1 所示。

表 6.1　　　　　　　　各年货币供应与 GDP 指标对比

截止时间	广义货币增长 （%）	GDP 增长 （%）	按 CPI 计通货增长 （%）	货币与准货币 （万亿）
2007 年	19.72	5.68	7.6	4.38
2008 年	5.69	1.6	20.29	4.63
2009 年	14.76	3.6	13.65	5.32
2010 年	15.05	4.14	13.88	6.12
2011 年	12.04	2.36	11.92	6.85
2012 年	17.03	4.19	9.69	8.02
2013 年	14.73	6.07	7.69	9.20
2014 年	10.59	5.41	7.19	10.17
2015 年	12.35	5.54	2.54	—
2016 年	13.55	5.74	3.75	—

资料来源：新浪财经全球宏观经济数据，http://finance.sina.com.cn/worldmac/。

（四）利率变动趋势

巴基斯坦央行从 2011 年来不断降低基准利率（如表 6.2 所示），并受到了巴基斯坦工商界的普遍欢迎。自不断降息之后，巴基斯坦宏观经济状况进一步改善，通胀率继续走低、贸易赤字收缩、外汇流入增加，宏观经济向好。

表 6.2　　　　　　　　各年各种利率对比

截止时间	存款利率 （%）	贷款利率 （%）	按 CPI 计通货增长 （%）	货币与准货币 （万亿）
2007 年	5.31	11.77	7.6	4.38
2008 年	6.92	12.94	20.29	4.63
2009 年	8.68	14.54	13.65	5.32
2010 年	8.15	14.04	13.88	6.12
2011 年	—	14.42	11.92	6.85
2012 年	7.98	13.52	9.69	8.02
2013 年		11.99	7.69	9.20
2014 年	7.27	11.73	7.19	10.17
2015 年	5.97	—	2.54	—
2016 年	4.83		3.75	—

资料来源：新浪财经全球宏观经济数据，http://finance.sina.com.cn/worldmac/。

三、资本市场

相比于货币市场，资本市场有如下特点：①融资期限长，一年以上；②融资金额大；③流动性弱；④风险大，如价格变动幅度大等，但收益高。

（一）股票市场

巴基斯坦股票市场已经成为一个发展强势的新兴市场。

截至 2017 年 3 月，共有 560 家上市公司，总市值 95 948 亿卢比，总股票数量 705.1 亿股。从市场表现上看，近年来，巴基斯坦股市明显强于中国和印度两大金砖国家。据《福布斯》网站披露，巴基斯坦股市 2016 年的市场回报率达到了 20%，中国为 9.8%，印度为 12.77%，巴基斯坦相对于印度和中国的股市收益率有 2 比 1 的优势。而近五年的股市收益率，巴基斯坦为 400%，中国为 16%，印度为 33%，更是遥遥领先。

相对于中国和印度，巴基斯坦的经济体量、经济形势和安全状况都相去甚远，可是为什么在股市上远远强于这两个国家呢？首先，巴基斯坦还不是严格意义上的新兴市场，只能称为边疆市场，这种市场更容易吸引国际热钱，尤其是带赌博性质的资金前来投资。其次，由于阿富汗战争和反恐需要，欧美国家对巴基斯坦进行了一定的经济援助，加上巴基斯坦本国正在努力进行的市场改革也得到了国际社会的认可，双重作用之下，巴基斯坦获得了较大的资金支持，如世界银行支持了 10 亿美元，上海电力也积极向卡拉奇的 K-Karachi 进行投资等等。国际机构和投资者的认可，甚至超过了中印。最后，巴基斯坦境内的恐怖活动对政治经济以及人民生活的影响并不像外界认为的那么严，贸易和金融市场没有受到实质性损害。但是，其风险也是巨大的，边疆市场的波动之大已经为众多国家的市场所证明，而且，经过近五年的高速发展，近期也有停滞甚至回落的可能。

（二）债券市场

1. 债券市场欠发达

巴基斯坦长期以来债券市场发展时间很短、并不发达。过去十多年，由于政局不稳和恐怖袭击等原因，造成政府赤字严重，政府也开始发展债券市场。2005 年才首次发行了 450 亿卢比伊斯兰债券。此后政府发行普通债券逐步常态化。

2. 发债成本较高

由于投资者对政府和未来经济形势没有信心，债券的成本比周边国家和地区的都高，造成很沉重的债务负担。以 2015 年 9 月 25 日的一次政府发债为例，巴基斯坦在国际债券市场成功发行 5 亿美元的 10 年期债券，在国内引起较大争议。因为此次发行债券的票面利率仍为 8.25%，与 2014 年发行的债券持平，且高于近期加蓬、斯里兰卡、土耳其、埃及等国在欧洲债券市场发行债券的收益率，如斯里兰卡在当年 5 月以 6.125% 的利率发行了 6.5 亿美元 10 年期债券，比巴基斯坦债券低 2 个百分点。此次举债后，巴基斯坦商业利率的外债占总外债的比例将超过 35%，还款付息压力巨大，如美联储加息，部分债务的成本还将上升，在巴基斯坦出口创汇无力、外商投资不足的情况下，巴基斯坦未来偿债能力令人担忧。

3. 近两年经济形势好转发债成本也没有改变

表 6.3 为最新的巴基斯坦国债利率，可以看出发债成本与 2015 年相比较没有较大的回落，说明在国内经济形势向好的前提下，国际资本市场对巴基斯坦并不买账。

表 6.3　　　　　　　2017 年 8 月 4 日巴基斯坦国债收益率

	最新价(%)	基础(%)	高(%)	低(%)	涨跌	涨跌幅
巴基斯坦 3 个月期	5.990	5.990	5.990	5.990	0	0%
巴基斯坦 6 个月期	6.010	6.010	6.010	6.010	0	0%
巴基斯坦 1 年期	6.030	6.030	6.030	6.030	0	0%
巴基斯坦 3 年期	6.400	6.401	6.400	6.400	0	0.00%
巴基斯坦 5 年期	6.951	6.951	6.951	6.951	0	0%
巴基斯坦 10 年期	8.100	8.101	8.100	8.100	−0.001	−0.01%
巴基斯坦 15 年期	10.999	11.000	10.999	10.999	0	0.00%
巴基斯坦 20 年期	12.899	12.899	12.899	12.899	0	0%
巴基斯坦 30 年期	13.500	13.500	13.500	13.500	0	0%

四、巴基斯坦特殊的金融模式

（一）伊斯兰金融

伊斯兰金融是一种独特的金融形式。伊斯兰经济金融界，在不违反伊斯兰教义（禁止收取利息）并遵循利益共享、风险共担原则的基础上，按照现代经济法律体系，设计了多种融资和经营模式，通过共同投资、租赁、收取费用等各种手段对相关企业和项目进行投资，同时将利润或收益支付给投资者（存款人），实现了传统教义与现代金融模式的调和。巴基斯坦的伊斯兰金融是目前除了印度尼西亚以外发展得最好的一个国家，主要有伊斯兰银行、伊斯兰债券和伊斯兰基金。

1. 伊斯兰银行

伊斯兰银行是带有浓重伊斯兰宗教色彩的，受伊斯兰教义严格规范的，区别于传统银行体系的金融信贷机构的总称。《古兰经》认为，计收利息是违背天理道德的，因此伊斯兰教义规定，利息属于非法收入，必须严格禁止。也因如此，大多数的伊斯兰国家银行业欠发达，企业和个人投融资均比较困难，导致了国家经济难以发展。为此，一些现代伊斯兰经济学家决心创建符合伊斯兰教义的金融信贷体制，他们去除不符合伊斯兰教义的经营手段，如利息概念，吸收了现代经济学的先进手段，如股权概念，形成了伊斯兰特色的金融信贷理念和体制，史称"伊斯兰银行运动"。伊斯兰银行区别于传统银行的特点是：银行无须为存款支付利息，也不能向贷款收取利息。还有就是，银行的资金主要来源于存款和政府的无息贷款。

2. 伊斯兰债券

伊斯兰债券是以资产实物为基础的、收益相对稳定的、可转让且符合伊斯兰教义的信托权证（参见本章第三节《货币市场》之短期"伊斯兰债券"）。伊斯兰债券通常以信托凭证或参与凭证的形式发行。伊斯兰债券持有人所享有的是对该资产收益的所有权而不是债权。伊斯兰债券的投资领域，特别是房地产业和商贸行业，由于受伊斯兰教义限制，发展得非常缓慢。

伊斯兰债券的发行币种，最初是以美元为主导的，之后逐渐增加多种伊斯兰国家币种，如马来西亚林吉、阿联酋第拉姆以及沙特阿拉伯里亚尔等，使伊斯兰债券成为从由美元主导到伊斯兰国家货币共同影响的金融工具。这种影响仍在进一步扩张之中。

3. 伊斯兰基金

伊斯兰基金是借用了世俗世界的基金形式，依照伊斯兰原则进行改造变通使之符合伊斯兰教义的产物。因此，伊斯兰基金可以称为伊斯兰教义约束下的基金，即伊斯兰基金必须遵守伊斯兰教法规定的投资原则，接受伊斯兰教律法委员会的监督，该委员会可以定期对基金进行审核，并向基金经理提出投融资建议。同时，伊斯兰基金还是强调道德原则的金融工具，强调在宗教信仰基础上的社会责任，因此，其对基金投资领域有严格的限制和严厉的罚则。

伊斯兰基金有严格的投资限制：按照伊斯兰教法规定，基金只能投资股票。但也并非可以投资任意股票，一切与利息和投机（如金融服务和衍生工具，一般基金尤其是对冲基金或 130/30 基金等）相关行业的股票都在禁止之列；一切不符合伊斯兰道德原则，如赌博、休闲娱乐（酒店、电影及音乐事业等）、酒精饮品、与猪肉相关的产品、色情、武器及军事设备、烟草、基因工程等行业，以及一些存在次级债业务或相关财务数据混乱的公司的股票也被列入禁止范围。

伊斯兰基金有严厉的罚则：按照伊斯兰教教法规定，伊斯兰基金不仅不能投资禁止投资的领域和项目，而且，在被允许投资的项目中，其收入组合中如果有被伊斯兰教法认定为不合法、不纯洁的成分，就必须去掉。比如，某公司利用基金投资经营被教法禁止的业务，基金又从该业务中取得收入，那么，这些收入将被伊斯兰教律法委员会没收，并捐献给委员会认可的慈善机构。

伊斯兰基金虽然以伊斯兰命名，但并非只对伊斯兰教徒开发，也对非伊斯兰教徒开发，只要他接受伊斯兰基金的经营理念和方式。其实，在世界各地，由于伊斯兰基金的道德原则社会责任，也很受世俗人士的追捧。这也是伊斯兰基金能够发展壮大的原因。

除此之外，伊斯兰金融体系里还有伊斯兰保险、伊斯兰央行票据、伊斯兰住宅抵押证券等其他种类繁多的金融工具。

（二）微型金融

微型金融是一种特殊的金融方式，其特殊性在于"微型"一词。"微型"包含两层意思，一是其所通融的资金额度微小，可以理解为小额信贷；二是其所提供金融服务的对象经济能力微弱，属弱势群体。这些群体因为无力提供抵押担保或其他信用，往往被传统金融体系拒之门外，得不到金融服务和支持，丧失很多进一步发展的机会，所以，微型金融的出现，正是为了解决这个问题。当然，也并非所有穷人都可以得到微型金融服务，只有那些有稳定收入来源、有一定偿付能力的个人或微型企业。比如，小农场主、小作坊主、小零售商、街头小贩、小型低收入劳动者等等。微型金融认为，对于无力偿付的无稳定收入来源、无家可归的极度贫困者的援助，是政府的责任。

在巴基斯坦，微型金融已有 40 多年的历史。一开始，主要是扶贫以及提高妇女地位等为初衷，以慈善机构和多边组织捐款、政府拨款和补贴为资金来源，规模小，覆盖率低。2001 年巴基斯坦加强对微型金融的监管和扶持，建立村镇银行，加大政府扶持的力度，实施全面的金融普惠计划，极大地促进了微型金融的发展。

截至 2011 年年底，巴基斯坦小额贷款受益者仅约 200 万人，而目标市场则为 2 500 万至 3 000 万。巴基斯坦的金融渗透率也处于全球较低水平，成年人口有 56% 未享受任何金融服务，另有 32% 未享受正规渠道的金融服务。巴基斯坦的微型金融未来会有很大的发展空间和机会。

五、金融监管

（一）对外汇的监管

巴基斯坦政府 1947 年颁布了《巴基斯坦外汇监管条例》；2001 年颁布了《外汇账户（保护）法案》；2016 年颁布了《巴基斯坦外汇监管条例修订版》；2016 年 8 月，巴基斯坦中央银行发布了《外汇储备管理治理结构和管理策略》。

（二）对银行的监管

巴基斯坦国家银行（即巴基斯坦中央银行）是银行监管的主体。

按照"国家银行法"以及随后一系列的法令规定，巴基斯坦国家银行的主要职能有：①执行联邦政府和省政府的银行的职能。它接受政府存款，办理政府部门同其他银行的资金结算，并向政府提供现金。中央银行管理和代销政府公债，零售政府国库券和其他有价证券。在设有分支机构的城镇，中央银行委托国有化银行办理政府业务。中央银行不向政府交付利息，也不收取经营手续费。②中央银行向联邦政府和省政府发放短期信贷。这些贷款无须担保品，但期限不得多于 3 个月。此外，还向省政府发放以联邦政府债券作为担保的中长期贷款。向政府提供信贷的另一种形式是进行公开市场业务，中央银行不仅购买公债，还购买政府因特定目的而发行的证券，但在银行部，证券持有总额不得多于银行股本、储备基金和负债的总和。③执行"最后贷款人"的职能。④通过"银行检查监督系统"来保证银行体系的稳定。为了维持卢比的对外价值，中央银行对外汇进行管制。管制方法是由中央银行指定经营外汇业务的机构，而由它制订外汇汇率，并参与外汇预算工作。⑤设立发展基金。其基本功能都是对这些领域的专业信贷机构发放中长期支援资金，使其能成为这些领域内经济开发的有效融资渠道。

巴基斯坦国家银行 2008 年发布了《银行业十年改革战略（2008.7—2018.6）》，对整个国家银行业做了基本规定和规划。2009 年，巴基斯坦国民议会颁布《银行公司条例》，赋予中央银行对商业银行更大的监管权限。主要体现在三个方面：一是对商业银行注册资金的监管，央行可以对任何一家商业银行进行风险管理评估，并根据评估结果要求商业银行增加注册资金；二是对商业银行储备金的监管，央行可根据风险管理评估结果决定商业银行的最低储备金；三是对商业银行股权交易的监管，规定凡认购任何一家银行 5% 以上股权的，必须经过央行批准，目的是防止商业银行股权的过度集中。2016 年，巴基斯坦国家银行采取以下措施进一步加强对银行业的监管：加强法律法规建设，增强金融监管；扩大金融网络兼容性；完善金融市场基础设施建设；规范银行行为，保护金融消费者权益。

（三）对资本市场的监管

巴基斯坦资本市场的监管分法规制定和法规执行两个层级。法规制定，由巴基斯坦商务部、财政部和投资部负责；法规执行，由巴基斯坦证券交易委员会负责。巴基斯坦证券交易委员会依照法规对资本市场的交易活动进行监管，主要手段有调查和执法，即对问题交易案件进行调查，对违法交易案件的涉案企业及人员进行处罚。与世界各国证券交易委员会职能不同的是，由于巴基斯坦没有专门针对保险市场的监管机构，巴基斯坦证券交易委员会也行使保险市场监管职能。

（四）对伊斯兰金融的监管

1. 一般伊斯兰世界对伊斯兰金融监管的特点

沙里亚咨询委员会是伊斯兰金融的宗教监管机构。沙里亚是伊斯兰教法的总称，沙里亚咨询委员会就是监督各项伊斯兰教法贯彻执行的总机构，所以，在伊斯兰教义约束下的伊斯兰金融也在其监管之下。该委员会对伊斯兰金融的监管，主要是监督伊斯兰金融机构的日常经营，以保证其经营的金融产品符合伊斯兰教义。

伊斯兰世界对伊斯兰金融的监管有如下特点：

第一，监管理念相同。伊斯兰金融是宗教教义约束下的金融方式，以宗教理念进行宗教监管是其最大的特点。伊斯兰教义规定，利息和通过利息获利以及向基因工程、军火、休闲娱乐等领域投资是违背教义教法的，因此，其监管的首要目的就是禁止这种经营活动。

第二，监管机构不统一。虽然各国都是以沙里亚咨询委员会为其监管机构，但由于沙里亚咨询委员会是各教派自己设立的，不同的教派有不同的沙里亚咨询委员会，所以，就大部分伊斯兰国家来说，没有统一的监管机构。

第三，监管标准不统一。由于伊斯兰教存在众多派别，不同的教派对《古兰经》理解不同，具体教义也有所区别，其各自设立的沙里亚咨询委员会对金融机构的监管标准也各个不同，所以，就大部分伊斯兰国家来说，没有统一的监管标准。当然，他们对原则性的规定是相同的。

此外，伊斯兰金融机构在内部管理上也有自己的特点，虽然伊斯兰金融机构与投资人的关系是建立在利润分享和风险共担的理念上的，类似公司与股东的关系，但除了分享利润外，并没有赋予投资人相应的股东权利，无权参加股东会议等。

2. 巴基斯坦对伊斯兰金融的监管

与一般的伊斯兰国家不同，巴基斯坦对伊斯兰金融的管理制度、监管标准和监管机构是统一的。成立有国家层面的沙里亚咨询委员会，负责审查国家各项法律制度是否符合伊斯兰教义并予以纠正。沙里亚委员会的级别很高，成员均由总统委任，权力也很大，涉及国家经济政治文化各方面，当然也包括伊斯兰金融。

巴基斯坦对伊斯兰银行采取双重监管模式。一是宗教监管，监管依据是伊斯兰教法。对伊斯兰金融的宗教监管由国家沙里亚咨询委员会负责，当金融机构与沙里亚咨询委员会出现分歧的时候，则需提交联邦伊斯兰法院裁决，联邦伊斯兰法院是伊斯兰金融的最高管辖部门。二是政府监管，监管依据是国家相关法律。政府对伊斯兰金融的监管由国家银行（即巴基斯坦央行）下设的伊斯兰银行部负责，该部门依据伊斯兰教法和国家相关法律，对伊斯兰银行制定各项规定，如市场准入、经营范围、风险管理、市场退出等，还就如何符合伊斯兰教法给予指导。

（五）对微型金融的监管

2011 年巴基斯坦央行制定了 2011—2015 年微型金融战略框架（Microfinance Strategic Framework 2011-2015），旨在促进巴基斯坦微型金融的可持续发展。巴基斯坦央行还启动试点性金融知识普及项目，目的是向大众传授基本金融概念，如预算、存款、投资、债务管理、金融产品等。该项目首批受益者达 5 万人，他们主要是低收入人群。未来会视试点项目效果，或将其覆盖范围扩大至全国。

第二节　外汇市场

一、外汇市场发展历程

外汇市场是指经营外币和以外币计价的票据等有价证券买卖的市场，是金融市场的主要组成部分。汇率是外汇市场的核心。巴基斯坦外汇市场的发展经历了三个阶段。

（一）20 世纪 40 年代至 20 世纪 70 年代，实行汇率挂钩制度

1947 年巴基斯坦独立后至 1970 年，卢比是与英镑挂钩的。1971 年开始，巴基斯坦政府开始提议将卢比与美元挂钩，实行卢比"盯住"美元的政策。1981 年，由于外国汇款突然下降，导致卢比兑美元的汇率发生巨大变动，此时，巴基斯坦采用管理的浮动汇率以缓解官方汇率与黑市汇率的差异。

（二）20 世纪 80 年代至 20 世纪 90 年代，推行浮动管理汇率制

1982 年，基于国际货币基金组织的扩展基金贷款的安排，卢比与美元脱钩，并实行浮动管理汇率制，该制度将卢比的币值与主要贸易伙伴的一篮子货币相联系，并由国家银行定期对卢比的价值进行调整。1994 年，巴基斯坦接受《国际货币基金组织协定》第八款，负有避免经常性支出限制、避免差别货币措施和外国持有结余自由兑换的义务，该协定允许居民持有外汇账户、国家银行向货币兑换商颁发许可证允许其公开进行外汇交易。

1998 年 5 月 28 日，巴基斯坦的核试验打乱了外汇改革。巴基斯坦对收支和外汇账户设定限制，主要是防止国际金融组织和其他捐助者暂停援助给外汇储备和收支平衡带来的损害。1998 年 7 月，巴基斯坦出台官方汇率和银行间浮动汇率的双汇率体系，允许在两种汇率的基础上进行交易。最初双汇率固定在 50∶50，随后改为 20∶80，明显支持

银行间汇率。1999年5月，根据国际货币基金组织的要求，官方汇率和银行间浮动汇率合并，银行间浮动汇率成为官方汇率。

（三）21世纪至今，实行浮动汇率制度

自2000年1月，卢比开始实行浮动汇率机制，国家银行可以从银行间和场外市场购买外汇，以增加储备。通过银行和外汇公司，卢比在市场上可以自由兑换。2002—2006年，汇率稳定在58~60卢比兑换1美元的水平。

二、外汇市场现状

（一）外汇市场交易结构

巴基斯坦外汇交易分为三个层次，即本国银行间外汇交易、场外市场的外汇交易、哈瓦拉网络。

1. 本国银行间外汇交易

本国银行间外汇交易是一个正式的外汇市场，是指所有在银行系统内部进行的外汇交易，主要包括出口收入、官方汇款、外国私人投资、外汇公司购买外汇、进口支付、外国公司的利润汇回、转移到国外的资金等。银行间市场的需求和供给决定银行间的官方汇率。

2. 场外市场的外汇市场

场外交易市场也是一种正式的外汇市场，参与主体主要是交易公司或货币兑换商，其主要外汇来源包括工人汇款，外汇支出包括购买医疗、旅行和教育等。公开交易市场的汇率是由在场外市场上的美元需求量和供应量决定的。场外交易市场与银行间外汇市场之间的价差通常被称为"场外溢价"，一般为7%~9%。

3. 哈瓦拉网络

哈瓦拉在印度语中是地下钱庄的意思，它是一个非正式的外汇市场，建立在中东、印度次大陆、非洲甚至美国和英国的哈瓦拉经纪人网络的基础上，其建立基础是相互信任的社交网络。

哈瓦拉的运作方式可以通过举例说明。例如：巴基斯坦的某个人A要把1万英镑汇给英国某地的B，A找到某个在巴基斯坦办公的哈瓦拉经纪人C，C接到这笔交易后，通过电话或互联网跟自己在英国的伙伴D联系，C收下A的钱，而D使用自有资金将1万英镑交给B。该笔交易在发生时并不在两国的哈瓦拉系统显示资金往来，而是在完成一定的交易数量后，两国才进行轧差结算并支付。比如C与D完成10笔交易后，C为D多支付了20万卢比，此时D将差额支付给C即可。

从哈瓦拉的运作方式可以看出，哈瓦拉独立于银行体系，但是与银行体系也存在联系，比如在不同国家的同一个哈瓦拉网络，一般通过银行体系支付收付差额。

哈瓦拉网络的迅速发展得益于它具有方便快速、手续费低、移民或海外劳工容易接受等特点。首先，哈瓦拉网络不需要证明文件、银行单据等繁琐的手续，并且可以在十几分钟至几小时内完成汇款到收款，具有方便快速的特点；其次，哈瓦拉网络收取的手续费比银行低很多，因此，不管是中小企业还是移民或海外劳工更倾向于通过哈瓦拉网络汇款;最后,哈瓦拉网络是建立在种族、亲缘关系的基础上的,移民或海外劳工基于信任本种族的人而更容易接受哈瓦拉网络进行汇款。

同时,哈瓦拉由于其跨境汇款方式隐蔽、经营方式较隐蔽、容易与贸易资金混杂而不易被政府发现和监管。首先,单笔跨境汇款不通过哈瓦拉系统或银行体系显示资金往来,导致资金调度不易被政府发现;其次,哈瓦拉经纪人只需通过电话或互联网就可以调动资金转移,因此难以被政府监管;最后,某些哈瓦拉经纪人同时开展国际贸易业务,导致哈瓦拉资金与贸易资金混杂,难以被政府发现和监管。

(二)近年来巴基斯坦外汇市场的运行特点

1. 外汇市场规模逐年增加

从 2011 年至 2016 年,巴基斯坦的外汇市场规模逐年增加,从 743.63 亿美元增加到 848.07 亿美元,增长 16.6%,但是占 GDP 的比值从 35.24% 下降至 32.11%。2016 年,外汇市场规模下降 18.88 亿美元,共 848.07 亿美元,占 GDP 的比值为 30.4%。贸易额占比均在 75% 以上,2011 年至 2013 年,贸易额占比超过 80%,2014 年至 2016 年,贸易额占比逐年下降。汇款规模逐年增长,从 2011 年的 112 亿美元增长到 2016 年的 199.15 亿美元,增长 77.8%。外商投资呈现时涨时跌态势,从 2011 年的 19.79 亿美元下降至 2012 年的 6.8 亿美元,随后增长,2014 年增至 43.77 亿美元,2015 和 2016 年出现下降,2016 年降至 15.72 亿美元。具体见表 6.4。

表 6.4　　　　　　　2011—2016 年巴基斯坦外汇市场规模

项目	2011 年	2012 年	2013 年	2014 年	2015 年	2016 年
贸易额(亿美元)	611.84	651.57	650.21	668.37	655.28	633.20
汇款(亿美元)	112.00	131.87	139.20	158.32	184.54	199.15
外商投资(亿美元)	19.79	6.80	15.81	43.77	27.13	15.72
合计	743.63	790.24	805.22	870.47	866.95	848.07
项目	占 GDP 比值					
贸易额(%)	29.00	28.21	27.44	27.06	24.27	22.70
汇款(%)	5.31	5.71	5.87	6.41	6.83	7.14
外商投资(%)	0.94	0.29	0.67	1.77	1.00	0.56
合计(%)	35.24	34.21	33.98	35.24	32.11	30.40

资料来源:巴基斯坦中央银行,http://www.sbp.org.pk。

从交易量来看,2017 年 6 月,巴基斯坦外汇交易量的日平均交易量约为 12.94 亿卢比(官方渠道,即银行间市场)。但是,作为一个新兴经济体,巴基斯坦的外汇交易量仍比世界其他国家和地区的要小。然而,随着国内生产总值的不断增长,外汇市场的规模也会不断扩大。同时,巴基斯坦外汇市场已经从不稳定的、细分的、薄弱的市场转变为稳定的、统一的、较为深入的市场。

2. 实行浮动汇率制度,汇率逐年上升

自 2000 年 1 月,卢比开始实行浮动汇率机制,国家银行可以从银行间和场外市场购买外汇，以增加储备。通过银行和外汇公司，卢比在市场上可以自由兑换。

2002—2006年，汇率稳定在58~60卢比兑换1美元的水平。美元面对世界主要货币疲软、外汇储备的建立、侨汇的增加、经济增长、低通胀等问题时都为汇率稳定做出了贡献。在2008年至2009年年初，卢比受财政赤字、外债增加、外汇储备减少、通货膨胀率激增等原因的影响发生贬值。2011—2017年，卢比兑美元的汇率从85.56卢比兑1美元的水平上涨至104.77卢比兑换1美元，具体数据见表6.5。卢比对美元的实际有效汇率基本呈现逐年上升的趋势，而名义有效汇率呈现时跌时涨的趋势，具体数据见表6.6。

表6.5　　　　　　　　　2011—2017年卢比兑美元的汇率

年度	最高	最低	收盘	平均
2011年	86.5	83.93	85.97	85.56
2012年	94.69	85.79	94.55	89.27
2013年	99.8	93.7	99.66	96.85
2014年	110.5	95.75	98.8	102.88
2015年	103.45	98.58	101.78	101.46
2016年	106.1	101.69	104.83	104.38
2017年	104.95	104.26	104.86	104.77

注：2017年的数据截至2017年1月25日。

资料来源：巴基斯坦中央银行，http://www.sbp.org.pk。

表6.6　　　　　　　　　2011—2015年卢比兑美元的有效汇率

	2011年	2012年	2013年	2014年	2015年
实际有效汇率（Rs&USD）	102.74	104.20	102.16	109.67	118.75
名义有效汇率（Rs&USD）	95.05	90.13	83.82	85.47	92.04

资料来源：巴基斯坦中央银行，http://www.sbp.org.pk。

3. 外汇储备不断增加

1993年，巴基斯坦外汇储备只有14亿美元，导致巴基斯坦无法完全达成贷款和融资框架安排。随后几年由于大规模资金的流入，外汇储备状况有所改善。但是，在1997至1998年间，外汇储备再次下降至低水平，这主要是因为国际货币组织安排的中断、出口的减少和侨汇的减少，以及1998年5月核试验的副作用。随后情况渐渐改善，2005年6月外汇储备超过125亿美元，2007年10月超过184亿美元。2007年11月，由于石油价格的暴涨和证券投资的撤出，外汇储备发生覆变，降到60亿美元的低位。2011年至2016年，外汇储备均超过100亿美元，其中，2014—2016年同比增长均在24%以上，详见表6.7。

表 6.7　　　　　　　　2011—2017 年巴基斯坦外汇储备情况

时间	中央银行储备 （百万美元）	银行储备 （百万美元）	总外汇储备 （百万美元）	同比增长 （%）
2011 年 6 月	14 783. 60	3 460. 20	18 243. 80	—
2012 年 6 月	10 803. 30	4 485. 30	15 288. 60	−16. 2%
2013 年 6 月	6 008. 40	5 011. 20	11 019. 60	−27. 9%
2014 年 6 月	9 097. 50	5 043. 60	14 141. 10	28. 3%
2015 年 6 月	13 525. 70	5 173. 50	18 699. 20	32. 2%
2016 年 6 月	18 271. 70	4 930. 50	23 202. 20	24. 1%
2017 年 6 月	16 143. 30	5 224. 50	21 367. 80	−7. 9%

资料来源：巴基斯坦中央银行，http://www.sbp.org.pk。

2016 年 8 月，巴基斯坦中央银行发布《外汇储备管理治理结构和管理策略》，规定巴基斯坦的外汇储备由中央银行授权，巴基斯坦国家银行管理。银行可以直接或间接地购买、持有和出售由政府、机构、地方当局、企业和国家发行的货币和金融工具，其货币和金融工具是已宣布为被批准的外汇。银行可以指定管理人员、托管人员、咨询师和其他专业顾问，以有效管理国家外汇储备。管理国家外汇储备，需要遵循三项原则：安全性、流动性、收益性。

《外汇储备管理治理结构和管理策略》还规定巴基斯坦国家银行外汇储备管理的治理结构包括巴基斯坦国家银行中央委员会、中央投资委员会、管理投资委员会、投资委员会的管理团队，并规定了相应的职责。

4. 外汇市场的交易币种多样

巴基斯坦外汇交易包含了绝大多数货币。巴基斯坦证券交易所网站显示，2017 年 6 月，外汇交易量的币种主要为欧元对美元、英镑对美元、美元对日元、澳元对美元、美元兑加元等主流货币。日均交易量分别为 EUR/USD1. 56 亿卢比，占比 4. 68%；GBP/USD2. 71 亿卢比，占比 8. 13%；USD/JPY4. 76 亿卢比，占比 14. 29%；AUD/USD0. 22 亿卢比，占比 0. 7%；USD/CAD0. 6 亿卢比，占比 1. 8%。具体见表 6.8。

表 6.8　　　　　　　　巴基斯坦外汇市场交易结构

交易币种	日均交易量（亿卢比）	占比（%）
EUR/USD	1. 56	4. 68
GBP/USD	2. 71	8. 13
USD/JPY	4. 76	14. 29
AUD/USD	0. 22	0. 7
USD/CAD	0. 6	1. 8
合计	9. 85	29. 6

资料来源：巴基斯坦证券交易所。

三、外汇市场监管

（一）外汇市场的监管部门

巴基斯坦的外汇市场由国家银行监管。巴基斯坦国家银行在外汇市场中的职责包括制定和规范外汇政策及运作模式、制定和规范外汇账户的使用以及外汇的汇款等。

（二）外汇市场的监管法规

巴基斯坦关于外汇市场的监管法规主要有《巴基斯坦外汇监管条例》（1947 年）[以下简称《外汇监管》（1947 年）]、《外汇账户（保护）法案》（2001 年）、《巴基斯坦外汇监管条例（修订版）》（2016 年）[以下简称《修订版》（2016 年）] 和《外汇储备管理治理结构和管理策略》（2016 年 8 月）。

1.《巴基斯坦外汇监管条例》（1947 年）

《巴基斯坦外汇监管条例》（1947 年）制定和规范了巴基斯坦外汇政策及其运作模式。该条例的目的是对巴基斯坦的经济和金融利益进行监管，包括对某些支付、外汇交易、证券、货币和黄金的进出口等进行监管。该条例主要对如何授权外汇交易、如何申请授权经销商的许可证、授权经销商如何在其授权范围内从事交易、经授权的经销商应如何对客户进行监管、如何授权货币兑换商（即资产管理公司）、授权货币兑换商应遵守的行为准则、授权货币兑换商对客户进行相关的检查等方面进行了规范。

2.《外汇账户（保护）法案》（2001 年）

该法案规定，巴基斯坦不对外汇实施管制。在巴基斯坦居住的外国人或在巴基斯坦境内的外国独资或合资公司、外国公司分支机构任职的外国人，可以在有外汇经营资格的银行开立、使用外汇账户，并对这些账户的外汇汇出、汇入、现金存取没有限制。巴基斯坦允许外国投资者汇出全部资本及投资所得，前提是缴纳 10% 的代扣税。巴基斯坦也不限制外国人带外币现金和旅游支票出入境。

3.《巴基斯坦外汇监管条例（修订版）》（2016 年）

该《修订版》是对特定支付、外汇和证券交易以及货币和黄金的进出口进行监管的法律，主要规定了从事外汇交易的授权经销商、授权货币兑换商和交易公司，以及相关的交易限制、支付限制、冻结账户、特殊账户等。

《修订版》（2016 年）与《外汇监管条例》（1947 年）的区别主要是部分修订授权外汇交易、冻结账户，增加外汇交易限制、支付限制、货币或黄金的进出口限制等规定。

首先，部分修订授权外汇交易、冻结账户。例如，在授权外汇交易方面，增加"经授权的交易商应在所有的外汇交易中遵守国家银行更新的一般或特殊指示，并且，除经国家银行许可外，经授权的交易商不得从事与授权条件不相符的任何外汇交易"。关于冻结账户，增加"除非按照国家银行的一般或特殊许可，不得在被冻结账户提取任何金额"。

其次，增加外汇交易限制、支付限制、货币或黄金的进出口限制、联邦政府收购外汇的规定等。对于外汇交易限制，规定除国家银行的一般或特别许可外，在巴基斯坦或居住在巴基斯坦的任何人（除授权经销商外）不得购买、借贷、出售、出借、交换任何外汇，任何人不得做授权经销商。关于支付限制，在巴基斯坦境内的居民或居住在巴基斯坦境内的居民不得：①向巴基斯坦以外的居民支付任何款项；②提取或签发任何汇票或本票或承认任何债务。货币或黄金的进出口限制方面，除国家银行的一般或特殊许可并支付规定的费用外，任何人都不得携带任何本国或外国金银、票据、硬币进入巴基斯坦；任何人不得向境外输送任何黄金、珠宝或宝石、票据、银行票据、硬币、外汇。关于联邦政府收购外汇的相关规定，拥有或持有外汇的人可以在指定的时间以联邦政府的价格向国家银行出售外汇，且联邦政府的价格不低于外汇市场的价格。

4.《外汇储备管理治理结构和管理策略》（2016 年 8 月）

巴基斯坦中央银行发布了该法案，规定了巴基斯坦的外汇储备由中央银行授权，由巴基斯坦国家银行管理。银行可以直接或间接地购买、持有和出售由政府、机构、地方当局、企业和国家发行的货币和金融工具，其货币和金融工具是已被宣布为已批准的外汇。银行可以指定管理人员、托管人员、咨询师和其他专业顾问，以有效管理国家外汇储备。

（三）外汇市场未来监管重心

在巴基斯坦国家银行发布的《银行业十年改革战略（2008.7—2018.6）》的基础上，巴基斯坦国家银行（SBP）2016 年采取了一系列措施，为了进一步完善国家外汇体制，议院通过对《外汇监管条例》（1947）的修订，于 2016 年 7 月 27 日发布。

第三节　货币市场

一、货币市场发展历程

货币市场是一种金融市场，用于短期债务工具（期限不超过 1 年）交易，即短期贷款、短期存款以及短期金融工具的交易，具有期限短、流动性强和风险小的特点。货币市场的核心是货币政策。货币政策是国家进行经济管理的重要工具之一，其目标是维护经济稳定，一般通过保持低且稳定的通货膨胀率实现，因为低且稳定的通货膨胀率为经济可持续增长和就业提供有利条件，为此要调控货币总量和利率。巴基斯坦中央银行利用政策利率（货币市场隔夜回购利率）、反向回购利率、回购利率、现金储备金要求、流动性要求调整货币政策。

（一）20 世纪 40 年代至 20 世纪 70 年代初，中央银行间接干预

1972 年以前，巴基斯坦货币政策主要依靠间接方式（买卖政府债券、调节银行利率、改变流动利率）调控信贷，但是由于货币市场欠发达，政府债券市场窄小，间接方式不太有效。此时，大量贷款用于进口、生产和采购。

（二）20 世纪 70 年代初至 20 世纪 80 年代，中央银行直接干预

1972 年开始，货币政策更依赖直接方式（贷款限额和分配、合理的贷款目标、优惠贷款等），引进贷款预算和年度贷款计划，同时成立国家贷款咨询委员会，负责审查计

算项目增长率、价格需求、财政赤字估算、私人贷款需求等，银行据此向各类机构和组织发放贷款。贷款计划主要包括政府借贷和私人机构贷款。

（三）20世纪90年代至今，贷款管理由直接管理转向间接管理

20世纪90年代银行和金融机构进行改革，货币政策的贷款管理也随之发生变化，从直接管理转向间接管理。贷款额度和部门拨款等直接方式被公开市场业务（国际银行买卖政府债券）和银行利率（国家银行提供给商业银行的贷款利率）等间接方式所替代。

例如，国家银行按0.5%固定利率发行的90日国库券（政府借款）改按市场竞价来确定利率，商业银行从国家银行取得的贷款也将按市场竞价来确定利率。此外，还引进了短期国库券和长期联邦/公共债券。

巴基斯坦中央银行通过调整政策利率（货币市场隔夜回购利率）来表示货币政策立场，政策利率的变化影响银行和金融机构的同业拆借利率，进而影响市场利率，市场利率的变化影响消费者和企业的借款成本以及储蓄者的存款回报。同时，政策利率的变化也影响到金融和实物资产的价值，影响到人民的财富和支出，影响社会需求、价格水平，从而影响经济的通货膨胀。

巴基斯坦中央银行通过公开市场管理货币市场的流动性来实现每周加权平均隔夜回购利率接近政策利率的目标。如果隔夜回购利率上升，表明货币市场流动性不足，巴基斯坦中央银行通过从公开市场购入政府债券，在货币市场注入流动性（OMO infresh）。相反，如果货币市场流动性过剩，隔夜回购利率下降，巴基斯坦中央银行则会通过出售政府债券清除过剩的流动性（OMO mop-up）。如有需要，巴基斯坦中央银行还会在银行间进行外汇掉期，以影响市场流动性。如果预计流动性短缺或超额会持续较长时间，巴基斯坦中央银行也会更改储备金要求。

二、货币市场现状

（一）货币市场的交易主体

货币市场的交易主体包括短期资金的供给方和短期资金的需求方，短期资金的供给方包括中央银行和政府、主要交易商/市商、银行、非银行金融机构、基金公司和经纪人等；短期资金的需求方包括中央银行和政府、银行、企业和个人等。

一般而言，巴基斯坦货币市场的主要参与者有：中央银行和政府、主要经销商、银行、非银行金融机构、货币市场基金和公司、货币市场经纪人。

（二）货币市场的信用工具

巴基斯坦货币市场的信用工具包括短期政府债券、回购协议、银行承兑票据、短期伊斯兰债券、利率互换、货币互换和其他等。

1. 短期政府债券

短期政府债券是指一国政府为满足其短期资金需求而发行的短期债务凭证，期限一般为3、6、9或12个月。狭义的政府债券仅指国家财政部所发行的债券。在西方国家一般将财政部发行的期限在1年以内的短期债券称为国库券，因此，短期政府债券市场就

是指国库券市场。

2013 年 6 月巴基斯坦新政府上台，其政府债券逐渐受到外国投资者的青睐。由于预计央行下一轮货币政策将继续上调基准利率，以及对私营部门信贷缺乏投资热情，巴基斯坦的商业银行目前热衷投资短期政府债券，不愿对长期债券进行投资。

2. 回购协议

回购协议（Repurchase Agreement）有广义和狭义之分，广义上指的是具有回购条款的协议。而狭义的回购协议是指资金需求方在出售金融资产时签订的协议，该协议约定在一定期限后出售方按约定价格购回出售的金融资产。回购协议的目的是满足出售方的短期资金需求。

巴基斯坦国家银行（央行）从本国金融市场上回购国库券和政府债券，目的是向国内货币市场注入新资金，增强投资商对市场的信心。

3. 银行承兑票据

银行承兑汇票（Bank's Acceptance Bill，简称 BA）是一种商业汇票，由在承兑银行开立存款账户的存款人出票，向开户银行申请并经银行审查同意承兑的，保证在指定日期无条件支付确定的金额给收款人或持票人的票据。银行承兑汇票的期限一般不超过 6 个月。

4. 短期伊斯兰债券

短期伊斯兰债券是指一年内的，对特定资产或资产收益权的所有权主张权利而非现金流的一种凭证。伊斯兰债券持有人在持有期间或债券到期日均享有该资产收益的所有权，而一般债券持有人享有的是债权。

目前常见的伊斯兰债券有两类，一种是资产抵押债券，一种是分账式债券。伊斯兰资产抵押债券是指以租赁资产为基础而发行的债券，其运作方式是由 SPV（Special Purpose Vehicle）购买基础资产，再将基础资产租赁给第三方，SPV 将取得的租金分配给债券持有人。伊斯兰资产抵押债券的特点是承租人承担基础资产的日常维护费用，债券持有人承担基础资产的报废和其他费用；基础资产与租赁合同绑定，租金是债券持有人的收益；收益的支付期限由债券的相关参与人协商确定，与承租人的收益无关。

分账式债券与资产抵押债券不同，它是指基于债券权益的所有权而发行的债券，一般用于为新工程建设或根据合伙协议进行的融资。其运作方式是持有基础资产的公司与 SPV 签订固定日期和收益率的合同，合同约定持有基础资产的公司在一定时期内购买 SPV 的分账式债券份额并最终结清双方收益。

5. 利率互换

利率互换（Interest Rate Swap）也叫利率掉期，是一种互换合同。合同双方约定在未来的某一特定日期以未偿还贷款本金为基础，相互交换利息支付。例如：A 得到浮动利率贷款，但希望以固定利率筹资；而 B 得到固定利率贷款，但希望以浮动利率筹资。为了降低资金成本和利率风险，A 和 B 通过利率互换交易，实现各自的融资要求。

利率互换具有风险较小、影响性微、成本较低、手续较简、容易达成的优点，其缺点是没有标准化的合约，难以找到互换的对象。

6. 货币互换

货币互换（又称货币掉期）是指两笔金额相同、期限相同、计算利率方法相同，但货币不同的债务资金之间的调换，同时也进行不同利息额的货币调换。货币互换中交换的对象是货币，利率互换中交换的对象是利率，但是各自的债权债务关系并没有改变。为了降低资金成本和汇率风险，企业通过货币互换实现各自的目的。

货币市场工具交易的清算和结算是通过转让所有权的账单系统，即交付付款（DVP）。

(三) 货币的供应与需求

1. 货币的供应

贷款计划和货币政策基于广义货币（M2），包括流通货币、各类存款和居民外汇存款。从 2004 年到 2015 年，货币资产增长了 3.5 倍，从 24 860 亿卢比增长到 112 820 亿卢比。从其结构看，存款（不含居民外币存款）仍占货币供给量的绝大部分（均超过 70%），其次是流动现金，占总量的 22% 左右，居民外币存款占比较低，具体数据见表 6.9。

表 6.9　　　　　巴基斯坦货币供给的结构变化（2004—2015 年）

截止时间	货币供给（10 亿卢比）	流动现金	存款（不含居民外币存款）	居民外币存款
2004 年	2 486.00	23.27%	70.82%	5.86%
2005 年	2 961.00	22.49%	71.30%	6.09%
2006 年	3 407.00	21.73%	72.38%	5.74%
2007 年	4 065.00	20.67%	74.06%	5.10%
2008 年	4 689.00	20.95%	73.34%	5.62%
2009 年	5 137.00	23.18%	72.03%	5.64%
2010 年	5 777.00	23.07%	71.49%	6.15%
2011 年	6 695.00	22.90%	71.83%	5.72%
2012 年	7 642.00	22.52%	72.22%	5.92%
2013 年	8 856.00	22.31%	72.20%	5.93%
2014 年	9 967.00	22.26%	72.01%	6.13%
2015 年	11 282.00	22.64%	71.94%	5.42%

资料来源：巴基斯坦中央银行，http://www.sbp.org.pk。

2. 货币的需求

货币增长与国内贷款增长和国外净资产密切相关。从 2011 年至 2016 年，国内贷款从 64 240 亿卢比增长到 141 940 亿卢比，增长 121%；货币资产从 66 950 亿卢比增长到 128 249 亿卢比，增长 92%，这表明从 2011 年至 2016 年，国外资产迅速增长。公共部门贷款增长速度减慢，从 2011 年的 19.1% 降至 2015 年的 8.7%，到 2016 年的增长速度有所上升。非公共部门贷款增长速度波动较大，2011 年为 4.5%，2012 年上涨至 20.6%，随后下降，2015 年为 9.3%，到 2016 年的增长速度有所上升，为 12.9%，具体数据见表 6.10。

表 6.10　　　　　　　巴基斯坦货币指标的主要变化（2011—2016 年）

截止时间	货币增长（%）	国内贷款增长（%）	公共部门	非公共部门贷款
2011 年	918（15.9）	1 398（27.8）	19.1%	4.5%
2012 年	947（14.1）	1 495（23.3）	15.5%	20.6%
2013 年	1 214（15.9）	1 913（24.2）	12.6%	10.3%
2014 年	1 111（12.5）	1 441（14.7）	11.9%	10.3%
2015 年	1 315（13.2）	1 379（12.2）	8.7%	9.3%
2016 年	1 542.9（13.7）	1 542（12.2）	13.2%	12.9%

资料来源：巴基斯坦中央银行，http://www.sbp.org.pk。

（四）利率变动

1. 巴基斯坦中央银行反向回购利率、回购利率和政策利率

从 2011 年到 2016 年，巴基斯坦中央银行反向回购利率逐年下降，从 13.5% 下降至 6.25%；同时，回购利率也逐年下降，从 2011 年的 10.5% 下降至 2015 年的 4.25%；政策利率从 2015 年 5 月 25 日 6.5% 下降至 2016 年的 5.75%，具体数据见表 6.11。

表 6.11　　　巴基斯坦反向回购利率、回购利率和政策利率（2011—2016 年）

日期	反向回购利率	回购利率	政策利率
2011 年 8 月 1 日	13.50%	10.50%	—
2011 年 10 月 10 日	12.00%	9.00%	—
2012 年 8 月 13 日	10.50%	7.50%	—
2012 年 10 月 8 日	10.00%	7.00%	—
2012 年 12 月 17 日	9.50%	6.50%	—
2013 年 2 月 11 日	9.50%	7.00%	—
2013 年 6 月 24 日	9.00%	6.50%	—
2013 年 9 月 16 日	9.50%	7.00%	—
2013 年 11 月 18 日	10.00%	7.50%	—
2014 年 11 月 17 日	9.50%	7.00%	—
2015 年 1 月 26 日	8.50%	6.00%	—
2015 年 3 月 24 日	8.00%	5.50%	—
2015 年 5 月 25 日	7.00%	5.00%	6.50%

表6.11（续）

日期	反向回购利率	回购利率	政策利率
2015 年 9 月 14 日	6.50%	4.50%	6.00%
2016 年 5 月 23 日	6.25%	4.25%	5.75%

资料来源：巴基斯坦中央银行，http://www.sbp.org.pk。

2. 银行贷款和存款利率走势

从 2011 年至 2017 年，实际贷款利率（基于 12 个月的通货膨胀率）从 0.94%增长到 3.06%，其中 2011 年到 2015 年逐年上涨，在 2015 年达到最高 3.98%，随后又下降。实际贷款利率（基于同比的通货膨胀率）从 2.15%增长到 2.44%，其发展趋势与实际贷款利率（基于 12 个月的通货膨胀率）一致。实际存款利率（基于 12 个月的通货膨胀率）除了 2015 年和 2016 年外都是负数，表明名义存款利率低于通货膨胀率；而实际存款利率（基于同比的通货膨胀率）除了 2015 年外都是负数，表明名义存款利率低于通货膨胀率，具体数据见表 6.12。

表 6.12　　　　　巴基斯坦实际贷款和存款利率（2011—2017 年）

年度	实际（基于 12 个月的通货膨胀）		实际（基于同比的通货膨胀）	
	贷款利率	存款利率	贷款利率	存款利率
2011 年	0.94	−5.75	2.15	−4.54
2012 年	1.65	−4.08	2.68	−3.05
2013 年	2.38	−2.21	2.64	−1.96
2014 年	2.43	−2.33	3.28	−1.48
2015 年	3.98	1.33	5.82	2.35
2016 年	3.85	0.56	3.18	−0.11
2017 年	3.06	−0.57	2.44	−1.20

注：2017 年的数据截至 5 月。

实际利率（基于 12 个月的通货膨胀）= 名义利率−基于 12 个月的通货膨胀率

实际利率（基于同比的通货膨胀）= 名义利率−基于同比的通货膨胀率

资料来源：巴基斯坦中央银行，http://www.sbp.org.pk。

3. 历年现金储备率和流动比率情况

巴基斯坦建国初期，现金储备率为 5%，1965 年提高至 7.5%，随后又逐年下降，到 1999 年平均为 5%，最低为 4%；2000 年又出现上涨，涨至 7%，最低为 6%。2001 年至 2006 年，基本保持 5%，但是，2006 年 7 月，活期债务的平均现金储备率为 7%，定期债务为 3%，这样的较高水平现金储备率持续到 2008 年 10 月。2008 年 11 月 1 日，活期债务的现金储备率平均为 5%，定期债务为 0%。流动比率方面，建国初期为 15%，随后的四十多年一直上升，直到 1992 年的 40%。随后，又开始逐年下降，从 1992 年的 40%

降低至 1999 年的 13%，而后又有所回升，到 2008 年，流动比率为 19%，且 2008 年以后均为 19%，具体数据见表 6.13。

表 6.13　巴基斯坦银行现金储备比率和流动比率要求（1948—2012 年）

现金储备率		流动比率	
实施起始时间	比率	实施起始时间	比率
1948 年 7 月 1 日	活期债务 5%，定期 2%	1948 年 7 月 1 日	15%
1963 年 7 月 25 日	5%	1967 年 9 月 1 日	20%
1965 年 4 月 1 日	6.25%	1972 年 6 月 9 日	25%
1965 年 5 月 1 日	7.50%	1973 年 8 月 16 日	30%
1965 年 8 月 21 日	6.25%	1992 年 8 月 13 日	35%
1965 年 9 月 17 日	5%	1992 年 12 月 19 日	40%
1967 年 6 月 16 日	6.25%	1993 年 10 月 27 日	30%
1968 年 1 月 19 日	5%	1994 年 3 月 1 日	25%
1991 年 10 月 24 日	5%	1997 年 5 月 28 日	20%
1997 年 7 月 28 日	平均 5%，最低 4%	1998 年 1 月 2 日	18%
1998 年 6 月 22 日	卢比 3.75%，外国 5%	1998 年 6 月 22 日	15%
1998 年 9 月 5 日	平均 5%，最低 4%	1999 年 5 月 19 日	13%
1999 年 5 月 19 日	平均 3.5%，最低 2.5%	1999 年 7 月 12 日	15%
1999 年 7 月 12 日	平均 5%，最低 4%	2006 年 7 月 22 日	18%
2000 年 10 月 7 日	平均 7%，最低 6%	2008 年 5 月 24 日	19%
2000 年 12 月 16 日	平均 5%，最低 4%	2008 年 10 月 18 日	19%
2000 年 12 月 30 日	平均 5%，最低 3%	同上	19%
2006 年 1 月 5 日	平均 5%，最低 4%	同上	19%
2006 年 7 月 22 日	活期债务平均 7%，最低 4%；定期平均 3%，最低 1%	同上	19%
2007 年 1 月 19 日	活期债务平均 7%，最低 6%；定期平均 3%，最低 2%	同上	19%
2007 年 8 月 4 日	活期债务平均 7%，最低 6%；定期 0%	同上	19%
2008 年 2 月 2 日	活期债务平均 8%，最低 7%；定期 0%	同上	19%
2008 年 5 月 24 日	活期债务平均 9%，最低 8%；定期 0%	同上	19%
2008 年 10 月 11 日	活期债务平均 8%，最低 7%；定期 0%	同上	19%
2008 年 10 月 18 日	活期债务平均 6%，最低 5%；定期 0%	同上	19%
2008 年 11 月 1 日	活期债务平均 5%，最低 4%；定期 0%	同上	19%
2012 年 10 月 12 日	活期债务平均 5%，最低 3%；定期 0%	同上	19%

资料来源：巴基斯坦中央银行，http://www.sbp.org.pk。

三、货币市场监管

（一）货币市场的监管部门

1. 巴基斯坦国家银行

巴基斯坦国家银行（State bank of Pakistan），即巴基斯坦中央银行，成立于1948年，于1974年1月1日国有化，其职责范围由巴基斯坦国家银行法确定，是巴基斯坦货币市场监管的主体。

2. 监管职责

巴基斯坦国家银行的职责包括：负责巴基斯坦的银行业监管、小额信贷、中小型企业贷款、银行的最低资本要求、企业管治手册、风险管理指引、商业票据指引等。

除以上职责外，巴基斯坦国家银行还对银行的信用活动开展指令性控制，主要包括对各商业银行、行业和公营企业年度放款限额进行规定，并分配强迫性农贷指标。这些都由国家银行进行周期性的检查和监控。

（二）货币市场的监管法规

关于巴基斯坦货币市场的监管法规主要有《巴基斯坦货币法》（1906）、《巴基斯坦国家银行法》（1956年）、《银行公司条例》（1962年）、《银行（国有化）法》（1974年）等。

1.《巴基斯坦货币法》（1906年）

《巴基斯坦货币法》是一部关于铸币和造币的法律。该法案规定了联邦政府拥有建立和废除造币厂的权力；硬币的面额、尺寸、图案和组成；硬币的标准重量和补救措施；硬币作为法定货币；召回硬币的权力等。

此外，联邦政府有权制定相关规则以实现该法案的目标。特别是在不影响上述权力的普遍性的情况下，这些规则可以：根据有关规定，为被授权切割或破坏硬币的人提供指导。

2.《巴基斯坦国家银行法》（1956年）

1956年，巴基斯坦建国后，为了尽快摆脱英国殖民时期被控制的色彩，它开始建立政府主导的国有银行体系，颁布《巴基斯坦国家银行法》，对银行业实施严格的管制。

《巴基斯坦国家银行法》规定了国家银行有权颁布银行业相关的法规，并且规定银行业务活动由"总理事会"负责，它由联邦政府指定的总裁、副总裁和七名理事组成。同时，该法还规定了国家银行的主要职能，包括：①执行联邦政府和省政府的银行的职能。它接受政府存款，办理政府部门同其他银行的资金结算，并向政府提供资金；管理和代销政府国库券和其他有价证券；委托国有化银行办理政府业务。②向联邦政府和省政府发放短期信贷，短期信贷无须担保品，但期限不得超过3个月；向省政府发放以联邦政府债券作为担保的中长期贷款。③发行本国货币。④通过"银行检查监督系统"来保证银行体系的稳定。⑤实施外汇管理和维护合理汇率水平。⑥防范和化解系统性金融风险，维护国家金融稳定等。

3.《银行公司条例》(1962 年)

《银行公司条例》授予巴基斯坦国家银行监管、检查和控制银行和其他金融机构的权利。

该条例列举了银行公司的相关规定，包括银行公司可能参与的业务形式、使用"银行"或其任何衍生品的规定、禁止的交易、非银行资产处理、禁止雇用的管理机构和限制某些形式的雇佣、关于删除记录和文件的限制、最低实收资本和准备金要求、对实收资本、认购资本、授权资本和股东表决权的规定、选举新董事、对股票的佣金、经纪折扣等的限制、禁止对非付费资本收取费用、公司非法买卖银行业务等。

该条例还列举了暂停业务和结束银行业务的相关规定，包括银行与债权人之间的妥协或安排的限制、国有银行向联邦政府申请暂停银行业务的权力并准备重建或合并的方案、银行合并程序、法院清算人、国家银行作为官方清算人、公司法对清算人的规定等。

4.《银行（国有化）法》(1974 年)

1974 年，巴基斯坦政府开始控制金融机构并对金融机构实施国有化。为了促进巴基斯坦银行业的国有化，政府颁布了适用于巴基斯坦全境，并于 1974 年 1 月 1 日生效的《银行（国有化）法》。

《银行（国有化）法》规定了银行的转让和所有权的特别保护权等权利、银行股份所有权转让的赔偿、赔偿的评估、撤销管理、巴基斯坦银行委员会的解散、基金的转让和运用、关于银行管理的总条款、尽职和保密规定等。

(三) 货币市场未来监管重心

在其发布的《银行业十年改革战略 (2008.7—2018.6) 》的基础上，巴基斯坦国家银行（SBP）2016 年采取了一系列措施：

1. 加强法律法规建设，增强金融监管

巴基斯坦国家银行（SBP）2016 年制定了以下几项措施：为了减少违约，促进贷款回收，SBP 对《金融机构条例》(2001)（FIRO）中第 15 节进行修正，于 2016 年 8 月 13 日实施；与 FIRO 相对应，一部新的法律《企业重组公司法案》(2016) 于 2016 年 6 月颁布，主要为企业重组提供法律法规支持。2016 年 3 月 17 日，国民大会上通过了《公司存款保护法案》，并于 6 月 17 日由参议院进一步修订；为了增强银行业资本充足率、加强系统风险控制，SBP 于 2013 年在巴基斯坦接受了《巴塞尔协议Ⅲ》，2016 年接受了由巴塞尔银行监管委员会提出的两个流动性标准"流动性覆盖率"（LCR）和"净稳定资金比率"（NSFR）；出于进一步加强银行公司治理能力，加快公司战略推进从而能进一步满足董事会的业绩要求，SBP 针对方式会绩效评价发布指南。

2. 扩大金融网络兼容性

扩大金融网络兼容性主要包括实施国家金融兼容性战略；修订法律框架，移除任何阻碍因素例如废除禁止担保租借；支持和促进多渠道提供金融服务以满足消费者的需求；支持和推动伊斯兰银行；实施金融扫盲，宣传金融知识。

3. 加强金融市场基础设施建设

当前主要任务是加快支付和结算基础设施建设，特别是手机支付等。这不仅仅是单纯的满足政府、企业和消费者的经济需求，也是进一步保持金融稳定性，推动经济增长的重要部分。2016—2017 年，巴基斯坦大额和零售支付系统得到了比较明显的发展，SBP 也随之推出相应的法规作为指引，目的是在增加交易双方可操控性的同时，向社会提供更多支付方式。

4. 规范银行行为，保护金融消费者

SBP 采取了一系列措施，例如：消费者投诉处理机制（CGHM）、行为评估框架（CAF）、加强银行业能力建设、增强行为监管。

第四节　资本市场

作为金融市场三个组成部分之一，资本市场（Capital Market），亦称"长期金融市场""长期资金市场"，是政府、企业、个人筹措长期资金的市场，主要交易对象是一年以上的长期证券。资本市场是反映国家经济增长的核心主体，两者的关系符合所有经济理论和经济发展模型。资本发展的积累和流转很大程度上依赖于国内储备和外汇资本的流入。因此，资本市场中资源的流转很大程度上就反映了国家经济发展的现状。

巴基斯坦资本市场是以股票交易作为主要组成部分，其他业务则由信托、共同基金、公司和政府债券构成。由于英国传统商业文化的影响，巴基斯坦金融市场以股票市场为主，其债券市场和外汇市场并不发达。

一、股票市场

（一）发展背景

巴基斯坦金融业与其他英联邦国家特征相似，金融系统较为完善，管理也比较规范，因此其股票市场相对于东南亚各国而言，起步较早，大体可以分为四个阶段。

1. 发展初期（1947—1987 年）

该阶段各类证券机构不断成立，其中最具代表性的就是卡拉奇证券交易所的成立（1947）。紧接着，拉合尔证券交易所于 1970 年成立，初步规范了股票市场。

2. 封闭发展期（1988—2002 年）

在此期间，由于政治环境的影响，巴基斯坦经济发展缓慢，其自由化进程和金融市场发展受到了西方发达国家的压制。

3. 上升和快速发展期（2002—2015 年）

从 2002 年开始，受到阿富汗战争的影响，西方发达国家为了进一步加强"反恐"势力和能力，放松了对巴基斯坦的经济压制，开始对其进行经济援助，对其债务进行重组。在此帮助下，巴基斯坦政府大力保护国外投资者，以经济自由化为原则，整体经济得到了飞速发展。虽然在 2007—2008 年，受石油价格冲击和全球金融危机的影响，该国

股票市场出现了下跌趋势，但在 2010 年后半段，又开始稳步上升。

4. 稳定发展期（2016 年至今）

巴基斯坦的证券市场原有三个，分别是卡拉奇证券交易所（KSE）、拉合尔证券交易所（LSE）和伊斯兰堡证券交易所（ISE），交易量分别占全国交易量的 78%、18% 和 4%。这三个证券交易所已于 2016 年 1 月合并，组成巴基斯坦证券交易所（PSE）。

表 6.14　　　　　　　　　巴基斯坦证券交易所发展概况

发展指标	2012—2013 年	2013—2014 年	2014—2015 年	2015—2016 年	2016—2017 年（截至 2017 年 3 月）
上市公司总数	569	557	560	560	560
新增上市公司数	4	5	9	6	4
调动资金（亿卢比）	295	476	796	1 112	219
总上市资产（亿卢比）	11 160	11 003.4	11 895.2	12 890.8	12 971.5
总市值（亿卢比）	51 543.7	66 552.9	74 210.3	75 884.7	95 948
总股票数（亿）	543.2	565.8	646.1	554.3	705.1
平均每日股票数（百万）	221.0	229.1	261.0	220.8	379.1

资料来源：巴基斯坦证券交易所

（二）发展现状

2016 年年底，根据彭博数据，巴基斯坦证券交易所被评为亚洲最好的证券交易所，全世界排名第五位，市场回报率为 46%。并且，46% 的回报率也使得巴基斯坦证券交易所成为摩根士丹利国际资本指数中表现最好的一个。相比较下，过去十年中，PSX 的回报率均值为 20% 左右（如表 6.15 所示），过去二十年，回报率均值为 24%，巴基斯坦证券交易所有了很大的发展和变化。

表 6.15　　全球股票指数对比（2016 年 7 月 1 日至 2017 年 3 月 31 日）

国家	股指名称	时间		变化情况	
		2016.6.30	2017.3.31	点数	%
巴基斯坦	PSX-100	37 783.54	48 155.93	10 372.39	27.5
日本	NIKKEI 225	15 575.92	18 909.26	3 333.34	21.4
香港	Hang Seng	20 794.37	24 111.59	3 317.22	16.0
土耳其	Bursa Istanbul ISE 100	76 817.19	88 947.40	12 130.21	15.8
美国	S&P 500	2 098.86	2 362.72	263.86	15.4
新兴市场（EM）	MSCI EM MKT	834.10	958.37	124.27	14.9
越南	VN	632.26	722.31	90.05	14.2
英国	FTSE	6 504.30	7 322.90	818.60	12.6
新加坡	Strait Times	2840.93	3175.11	334.18	11.8

表6.15(续)

国家	股指名称	时间		变化情况	
		2016. 6. 30	2017. 3. 31	点数	%
印度尼西亚	Jakarta Composite	5 016. 65	5 568. 11	551. 46	11. 0
中国	Shanghai Comp.	2 929. 61	3 222. 51	292. 9	10. 0
前沿市场（FM）	MSCI Frontier	489. 11	537. 11	48. 0	9. 8
印度	BSE-30	26 999. 72	29 620. 52	2 620. 78	9. 7
曼谷	Set 50	910. 56	966. 44	85. 88	9. 4
菲律宾	PSEi	7 796. 25	7 311. 72	-484. 53	-6. 2

资料来源：巴基斯坦财政部2016—2017年度经济报告。

2016年6月14日，摩根士丹利国际资本（Morgan Stanley Capital International）发布公告，将巴基斯坦从前沿市场（FM）转为新兴市场（EM）。这一重要改变，有助于巴基斯坦吸引外国投资者的投资，对中国而言，也是很好的投资机会。从2016年7月1日到2017年5月8日，巴基斯坦股票市场呈现出一种乐观、上升的趋势。巴基斯坦证券交易所PSX-100指数从2016年6月30日的37 783.54上升到了2017年5月8日的50 935.91，增长了34.8%。同期市场资本量（Market Capitalization）从75 884.7亿卢比增长到了100 440.7亿卢比，增幅达到了32.4%。

表6.16　　　　　巴基斯坦证券交易所主要股票市场指数 PSX-100

月份	2015—2016			2016—2017		
	卡拉奇指数（KSE）截至月底	市场资本量（亿卢比）	股票周转（亿）	卡拉奇指数（KSE）截至月底	市场资本量（亿卢比）	股票周转率（亿）
7 月	35 741. 52	77 017. 1	99	39 528. 82	78 872. 5	40
8 月	34 726. 51	75 358. 4	71	39 809. 58	80 113. 6	71
9 月	32 287. 41	69 528. 5	45	40 541. 81	82 235. 3	121
10 月	34 261. 60	72 842. 4	45	39 893. 84	80 825. 2	101
11 月	32 255. 20	68 679. 8	43	42 622. 37	86 965. 1	126
12 月	32 816. 31	69 473. 6	40	47 806. 97	96 285. 1	91
1 月	31 298. 60	66 991. 1	38	48 757. 67	97 237. 3	116
2 月	31 369. 51	65 873. 8	34	48 534. 23	96 198. 4	88
3 月	33 139. 00	69 156. 8	42	48 155. 93	95 948. 1	70
4 月	34 719. 29	72 059. 6	61	49 300. 90	98 354. 3	60
5 月	36 061. 56	73 575. 9	75	50 935. 91	100 440. 7	—
6 月	37 783. 54	75 884. 7	55	—	—	—

*统计日期截至2017年5月8日。

资料来源：巴基斯坦证券交易所。

2017 年 1 月 20 日，由中国金融期货交易所、上海证券交易所、深圳证券交易所、中巴投资有限责任公司、巴基斯坦哈比银行组成的联合体与巴基斯坦证券交易所完成股权收购协议，协议中明确联合体持有巴基斯坦证券交易所 40% 的股权，其中中国三家交易所合计持股 30%。[①]

联合体中的外国投资者希望通过提供多样化的产品、自主发达的生产技术、管理经验和交叉上市的机会，从中受益。而巴基斯坦国内金融机构则希望通过他们广泛的分支网络、卓越的企业治理和对于本国相关法律法规及市场的熟悉程度，从中获益。

（三）股票市场未来发展分析

1. 优势分析

（1）对进入市场的外汇、外国投资者的管制放松，允许巴基斯坦居民在国内银行开设外汇户头，可以在国外自由转账，并且免收入税和财产税；

（2）外国投资者在巴基斯坦股票市场进行交易不受限制，并和本国投资者享受同等的税收优惠等权利，且资金的汇出亦不受限制；

（3）市场的审批程序被简化，且一律采取标准化的管理；

（4）外国投资者的投资收益在 20% 左右，投资回报率较高；

（5）外国投资者在工业特区享有十年免税期；

（6）2002 年西方七国取消了对巴基斯坦的经济制裁、与国际财政机构的关系改善；

（7）国内整体宏观经济相对稳定，主要经济指标标明整体经济状况良好；

（8）出口量大幅增加，出口业务增多；

（9）巴基斯坦汇率保持稳定，给予外国投资者大量的信心。

2. 存在的问题

（1）由于巴基斯坦政府允许国际资金直接投资，导致了其股票市场受国际资金的影响较大，波动性较强，换手率和市盈率偏高，整体风险水平比较高；

（2）信息披露不规范；

（3）信息不对称；

（4）不完全竞争；

（5）由于股票市场调整较为频繁，稳定性比较差。

（四）上市公司整体情况

根据 2015 年新修订的《证券法》，凡是符合《公司法》要求成立的公司，只要其实收资本不低于 2 亿卢比即可满足上市要求，申请上市。从巴基斯坦证券交易所公布的资料和数据来看（如表 6.17 所示），上市公司主要集中在制造业、能源及矿石、轻工业和金融业。

---

① 资料来源：https://baike.baidu.com/item/巴基斯坦证券交易所。

表 6.17　　　　　巴基斯坦证券交易所市盈率前十五家企业情况

公司名称	税后净利润(亿卢比)	市值(亿卢比)	市盈率
巴基斯坦石油天然气发展公司	599.7	6 378.7	10.64
巴基斯坦石油公司	172.4	3 054.4	17.71
MCB 银行	218.9	3 531.0	11.56
Habib 银行	318.2	3 954.8	12.43
联邦银行	277.3	2 786.6	10.05
Fauji 化肥公司	117.8	1 318.0	11.19
巴基斯坦雀巢公司	118.5	4 124.5	34.82
巴基斯坦国家银行	227.5	1 588.6	6.98
Lucky 水泥公司	129.4	2 707.9	20.92
Engro 化肥公司	618.6	1 927.6	3.12
巴基斯坦烟草公司	103.6	3 869.7	37.35
Hub 电力公司	115.8	1 516.6	13.10
Mari 石油公司	60.5	1 676.3	27.70
Beatway 水泥公司	118.8	1 670.2	14.06
巴基斯坦 Philip Morris 公司	5.8	1 670.4	290.42

＊统计日期截至 2017 年 3 月。

资料来源：巴基斯坦证券交易所。

二、债券市场

(一) 定义

债券市场是发行和买卖债券的场所，是金融市场一个重要组成部分。一个成熟、统一的债券市场可以为投资者和筹资者提供低风险的投融资工具，具有融资、资金流动导向和宏观调控等功能。巴基斯坦债券市场并不发达，2005 年，为了增加经济投入，弥补财政赤字，偿还债务，首次发行了 450 亿卢比伊斯兰债券。

(二) 伊斯兰债券

伊斯兰债券（Sukuk）代表的是对特定资产或资产收益权的所有权，对所有权主张权利而非现金流。大多以实物资产为主，一般波动性较小，债券投资损失的可能性不大。

按照伊斯兰宗教教规，伊斯兰债券以信托凭证或参与凭证的形式发行，其持有者能分享的并不是利息而是收益。

(三) 债券市场发展现状

伊斯兰债券按借款人分为政府债券和公司债券两种。

1. 政府债券（Sovereign）

根据巴基斯坦央行2012年《修正法案》（SBP Amendment Act 2012）的要求，政府向央行借贷在每个季度末余额净值为0，所以巴基斯坦央行目前只能对政府进行短期的流动性支持，政府的国内负债主要依靠发行债券，主要包括MTB债券、PIBs债券、GOP Ijara Sukuk债券。巴基斯坦政府类债券发行情况如图6.1所示。

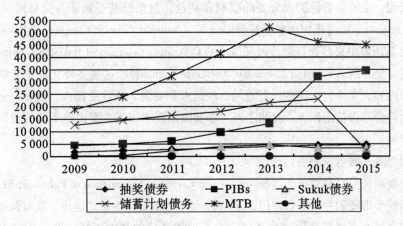

图6.1　巴基斯坦政府类债券发行情况（单位：亿卢比）

资料来源：巴基斯坦国家银行。

2. 公司债券（Corporate）

公司债券主要包括上市公司债（Listed Term Financial Certificates）、非上市公司债（Privately Placed Term Financial Certificates）、Sukuk债券、所有权抵押债券（Participation Term Certificates）、商务票据。如表6.18所示，截至2016年6月30日，巴基斯坦有88个公司债券总额达到6 012.3亿卢比。

表6.18　　　　　　　　　　巴基斯坦公司类债券发行情况

序号	债券名称	发行笔数	发行额度（亿卢比）
1	上市公司债	14	211
2	非上市公司债	36	1 303.9
3	Sukuk债券	36	4 482.2
4	商业票据	1	8.0
5	所有权抵押债券	1	7.16
	总计	88	6 012.3

资料来源：巴基斯坦国家银行。

三、资本市场监管

（一）主要监管机构及其职责

巴基斯坦证券交易委员会（The Securities and Exchange Commission of Pakistan）是巴基斯坦资本市场的最高监管机构。在它的指导下，资本市场产生了一些自律性监管机构和中介机构，主要负责保护投资者的权利和利益，包括巴基斯坦证券交易所（Pakistan Stock Exchange）、巴基斯坦国家结算有限公司（National Clearing Company of Pakistan Limited）、巴基斯坦中央存管有限公司（Central Depository Company of Pakistan Limited）和巴基斯坦商品交易所（Pakistan Mercantile Exchange Limited）。这些多样化的中介机构的职责和工作内容，大体包括证券投资顾问、经纪人和经理、债券受托人、股份登记员、为企业和保险公司做信用评级。除此之外，巴基斯坦资本市场主要由以下监管机构负责日常监督管理。

1. 巴基斯坦证券交易委员会

巴基斯坦证券交易委员会（Securities and Exchange Commission of Pakistan，SECP）是巴基斯坦证券市场的主要监管部门，于1999年1月1日开始正式运作，具有调查和执法权，以健全资本市场监管原则为基础，建立现代高效的资本市场，进一步推动经济增长，促进社会和谐。

巴基斯坦证券交易委员会的主要职责包括制定公司部门和资本市场的监管法规；监督和制定保险行业的法规；制定与私人养老计划和非银行类金融机构相关的法规，并进行监管；对公司和金融部门的外部服务提供者进行监督，例如特许会计师、信用评级机构、公司秘书、测量师、证券经纪人等。

2. 巴基斯坦商务部

巴基斯坦商务部（Ministry of Commerce）是巴基斯坦贸易主管部门，旨在通过贸易自由化和便利化，进一步提高出口竞争力，降低国内经营成本，吸引更好的商品进入国内现有市场，最终提高人民整体生活质量。

巴基斯坦商务部的主要职责包括国内外贸易管理和政策制定；出口促进；公平贸易；商业协会的组织和监管；保险行业监管；收集商业情报，统计商业数据；反倾销税、反补贴税的制定等。

3. 巴基斯坦财政部

巴基斯坦财政部（Ministry of Finance）是巴基斯坦财税主管部门，下属联邦税收委员会负责关税制定、征收、海关监管等。

4. 巴基斯坦投资部

巴基斯坦投资部（Board of Investment）是联邦政府负责投资事务的主管部门。主要职责除了国内外贸易管理相关政策制定和多双边贸易协议谈判外，还在投资商与政府部门之间发挥桥梁作用，建立与投资相关的数据库，即可向外部潜在投资商提供信息咨询服务。

（二）监管法规

巴基斯坦证券交易委员会作为证券市场的主管部门，其指定的相关法律主要包括《公司法》（2017）、《巴基斯坦证券交易法》（1997）、《有限责任合伙法》（2017）、《证券法》（2015）、《证券交易（修订法案）》（2015）、《期货市场法》（2016）等；法规主要包括《公司条例》（1984）、《保险条例》（2000）和《证券交易条例》（1969）等。

（三）未来监管方向

作为本国最高的金融监管机构，巴基斯坦证券委员会的核心任务就是要加快和推动金融改革，其中最主要的改革议程就是加强对于投资者的资产保全建设，进一步增强投资者的信心。因此，巴基斯坦证券委员会于 2015 年发布了《资本市场发展规划（2016—2018）》，指明了未来几年本国资本市场的发展方向，并与相关利益群体进行充分的沟通，进一步完善细节。

发展规划中针对 2016—2018 年提出了几点主要目标：

（1）推动法律和监管改革；

（2）对自律性监管机构（PSX、CDC、NCCPL、PMEX）进行结构性调整并制定新的发展规划；

（3）对资本市场中的中介机构进行统一改革；

（4）完善金融产品和金融市场；

（5）对资本市场中的发行者进行改革；

（6）简化流程，对投资者的准入、推广和保护机制进行改革；

（7）按照国际化标准进一步完善市场，加强市场形象。

第五节　特殊金融模式

一、伊斯兰金融

（一）概述

伊斯兰金融是指符合古兰经等伊斯兰教义的，并于传统金融形式相区别而存在的一种独特的金融形态，包括服务于伊斯兰国家经济和社会发展的银行、证券等金融制度，符合伊斯兰教义规定运行的金融机构、金融工具。

作为全球第二大伊斯兰国家，巴基斯坦金融深受伊斯兰宗教文化的影响，由此产生特殊的伊斯兰金融体系。伊斯兰国家的融资结构中，间接融资以银行为主导，而直接融资则以伊斯兰投资基金和债券为主。

1. 伊斯兰银行

伊斯兰银行（al-Bank al-Islami）是现代部分阿拉伯、伊斯兰国家依据《古兰经》禁止利息的原则在国内建立的金融信贷机构的统称，亦称"伊斯兰银行运动"。它是第三世界的伊斯兰国家为在国际社会中获得经济上、金融上的独立自主，调动国内的经济力量，促进民族金融业的成长，为发展民族经济和文化教育事业而建立的新的金融体制。

2. 伊斯兰金融产品

1999 年 12 月 23 日，巴基斯坦国家银行根据最高法院对 Riba 的判决设立金融系统转型委员会。金融系统转型委员会核准了成本加利润销售合约（Murabaha）、利润分享合约（Mudaraba）、股本参与合约（Musharaka）、租赁合约（Ijarah）、预付款递延交货合约（Salam）和制造加利润许可合约（Istisna）六种融资模式，并批准了这些伊斯兰融资模式的基本要素，建议将其分发给在巴基斯坦开展伊斯兰银行业务的银行。

（1）成本加利润销售合约型（Murabaha）。

成本加利润销售合约（Murabaha）是指一种销售方有义务向购货方披露出售货物的成本及利润率的合约安排。同时，货物必须是实物，但不一定是有形货物，信用证不能作为货物。另外，付款方式可以是现金支付或延期支付。

例如，合作方与银行交涉所购买的物品，在实际购买完成之后，按照双方所签订的协议利润比例，同意以后向银行偿还货款，在整个过程中，顾客不承担任何法定义务，因此风险由银行承担，直到合作方履行自己"再次购买"商品的承诺，且直到银行分享到协议所定下的利润为止。

（2）利润分享合约型（Mudaraba）。

利润分享合约（Mudaraba）是指一个人以货币出资、其他人以劳务出资，并按合同约定的比例分配利润的合约安排。以劳务出资的可以是个人、团体、组织。

例如，银行提供所有资金并获取事先说定的实际利润份额，按照股本参与和利润分享的规定，参与双方根据项目运营的实际情况来获取利润。在这种方式下，假设由于经营不善，出现了财政损失，参与者由于不提供资本，只提供了劳力或进行管理，故不会损失其他任何东西，所有的财政损失都由银行承担。

（3）股本参与合约型（Musharaka）。

股本参与合约（Musharaka）是指买卖双方共同商定、共同承担或分享企业所发生的亏损或实现的利润的合同关系。投资来自所有合伙人（股东），并且利润按合同约定的比例分配。

例如，银行和客户都参与短期运营，参与双方根据实际情况，向运营项目提供资金，并同意按照事先说定的份额来分配纯利润，收益分配则没有固定方案，是依据双方成员的实际功劳进行。

（4）租赁合约型（Ijarah）。

租赁合约（Ijarah）是指出租人拥有租赁资产的所有权，将资产的使用权让渡给承租人，并向承租人收取租金的合约安排。

例如，银行可以事先购买运输工具、工业设备、建筑楼等，并将它们以定期或分期付款的方式租借给使用人。产权过户后，租赁合约失效。这种产品的优势在于非常灵活，可以满足多方需求，并且为银行提供了一种可以将股本转化为流动现金的方式。

（5）预付款递延交货合约（Salam）。

预付款递延交货合约（Salam）是指购货方全额支付预付款，销货方承诺在未来确定的日期向买方提供特定货物的一种销售安排。对于现场交付的货物，不适用于预付款递延交货合约。

（6）制造加利润许可合约（Istisna）。

制造加利润许可合约（Istisna）是指一种特殊的销售模式，销货方按照约定的价格制造购买方规定的商品的合约安排。付款方式可以是一次性付款或分期付款，且买方不需提供制造商品所需的材料。

3. 伊斯兰基金

伊斯兰基金是将穆斯林手中多余的钱集中起来，根据伊斯兰教法进行投资、获取利润的一种经营方式。这种经营方式的特点在于：一是基金的认购者是根据基金所投资业务的经营情况按照约定比率分享利润，而不是获得固定回报；二是基金所投项目必须符合教义的规定，主要表现在基金只能用于投资股票，且只能投资于符合伊斯兰道德原则、不涉及投机与利息相关行业的股票。

目前巴基斯坦伊斯兰基金则以共同基金为主。

（二）发展历程

巴基斯坦早在 1999 年就引入了伊斯兰金融产品，由国内获批进行伊斯兰业务的普通银行负责对外提供融资业务。直至 2002 年，巴基斯坦央行对 MEEZAN 投资银行发放了首张伊斯兰银行牌照，国内正式成立第一家伊斯兰银行；巴基斯坦第二家全面的伊斯兰商业银行（BankIslami）于 2004 年 10 月 18 日注册成立；迪拜伊斯兰银行巴基斯坦有限公司（DIBPL）于 2005 年 5 月 27 日根据"公司条例"（1984 年）在巴基斯坦成立为非上市公共有限责任公司，根据伊斯兰教法原则开展伊斯兰商业银行业务，并于 2006 年 3 月 28 日开始运营；巴拉圭银行（巴基斯坦）有限公司（ABPL）是巴拉圭伊斯兰银行巴基斯坦银行（AIBP）和巴拉伊巴林和阿联酋全球伊斯兰银行巴基斯坦分行的合并，并于 2010 年 11 月 1 日开始运营；MCB 伊斯兰银行成立于 2015 年 9 月 14 日。

（三）现状

1. 伊斯兰银行现状

截至 2017 年，共有 21 家伊斯兰银行机构（IBIs）（包括 5 家独立的伊斯兰银行和 16 家能够在全国 112 个地区共 2 322 个分支机构）提供符合沙利亚教义的伊斯兰金融产品，覆盖率超过巴基斯坦央行战略规划（2014—2018）中所指定的 2 000 家分支机构的目标。

如表 6.19 所示，2016 年，伊斯兰银行业的资产基础从 2015 年的 1.6 万亿卢比上升到 1.85 万亿卢比，增幅达到 15.1%。同期存款总额业从 1.4 万亿卢比增加到 1.57 万亿卢比，增加了 14.4%。因此，伊斯兰银行业总资产在全国银行业的比率从 2011 年的 7.8% 上升到了 2016 年的 11.7%。存款比率也由 8.4% 提高到了 13.3%。

由此可以看出，正是由于伊斯兰金融的特殊性，其银行业在巴基斯坦的发展速度很快。SBP 关于伊斯兰银行的 5 年战略规划（2014—2018 年）中，预计其市场份额将会增加到整个银行业的 15%。

表 6.19 巴基斯坦伊斯兰银行业概况

项目 \ 年份	2011	2012	2013	2014	2015	2016
伊斯兰银行总资产（亿卢比）	6 410	8 370	10 140	12 590	16 100	18 530
伊斯兰银行总存款（亿卢比）	5 210	7 060	8 680	10 700	13 750	15 730
资产占国内所有银行比重	7.8%	8.6%	9.6%	10.4%	11.4%	11.7%
存款占国内所有银行比重	8.4%	9.7%	10.4%	11.6%	13.2%	13.3%

资料来源：巴基斯坦国家银行。

2. 伊斯兰金融产品交易现状

如表 6.20 所示，目前，在融资模式方面，股本参与递减合约（DM）占比为 34.7%，在融资模式中占据主导地位，表明伊斯兰银行倾向于为较长期项目融资。从融资模式的发展看，成本加利润销售合约（Murabaha）逐年下降，从 2013 年的 40.6% 下降至 2016 年的 15.8%；而股本参与合约（Musharaka）逐年增加，从 2013 年的 6.7% 增加到 2016 年的 15.6%；而预付款递延交货合约（Salam）、制造加利润许可合约（Istisna）、租赁合约（Ijarah）的占比变化不大；其他模式从 2013 年的 4.39% 增加到了 2016 年的 14.23%。

表 6.20 伊斯兰金融产品占全部伊斯兰银行金融产品比重（%）

（2011—2016 年）

产品名称	2011	2012	2013	2014	2015	2016
成本加利润销售合约	43.8	39.7	40.6	30.1	24.5	15.8
租赁合约	10.4	9.2	7.7	7.7	6.6	6.8
股本参与合约	2.4	0.8	6.7	11	14	15.6
利润分享合约	0.1	0.2	0.2	0.1	0	0
股本参与递减合约	32	35.7	30.8	32.6	31.7	34.7
预付款递延交货合约	2.4	3	4	4.5	5.3	4.4
制造加利润许可合约	4.4	7.2	5.6	8.3	8.6	8.4
其他	4.4	4.3	4.39	5.6	9.2	14.3

资料来源：巴基斯坦国家银行。

现在几乎所有的伊斯兰国家都建立了较为完善的伊斯兰金融体系，一些非伊斯兰国家或地区也相继设立了伊斯兰金融机构，如英国。2009 年 12 月，宁夏银行也作为中国的首家伊斯兰金融试点机构，开拓了伊斯兰金融业务。

3. 伊斯兰基金发展现状

目前巴基斯坦国内伊斯兰共同基金（Islamic mutual funds）数量增长较快（如图 6.2

所示），其净资产占比也在逐年增加。截止到2017年7月31日，伊斯兰共同基金净资产占全国共同基金净资产规模的38%。[①]

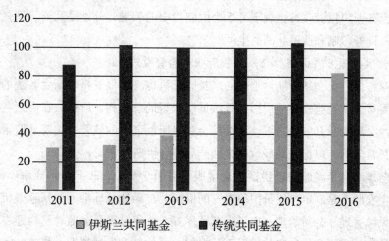

图6.2 巴基斯坦伊斯兰共同基金与传统共同基金数量比较（2011—2016年）
资料来源：巴基斯坦共同基金协会网站。

（四）伊斯兰金融特殊监管体系

巴基斯坦作为伊斯兰世界重要组成国家之一，其金融体系监管深受伊斯兰教义影响，结合本国经济发展情况，形成了特殊的伊斯兰金融监管体系。

1. 伊斯兰金融必须遵循以下六个基本原则

（1）禁止收取利息（Riba禁令）。

Riba，在伊斯兰教中指的是"利息"，按照字面意思是"剩余额"。只要与本金偿还和数额有关的任何正向的、固定的、事先确定的利息都被认为是Riba。相对的，伊斯兰教鼓励赚取利润，因为这是"事后"确认的。

（2）货币作为"潜在"的资本，不具备时间价值。

穆斯林认为货币只有用到实际经济活动中，才能产生实际生产力，才属于实际资本，在此之前，均属于"潜在"资本。

（3）共担风险，共享利益。

伊斯兰教认为在创造财富的过程中，双方应当是经济共同体而不是借贷双方，贷款者应与借款者一起承担风险，分享收益。

（4）严格履行合同规定的权利和义务。

伊斯兰宗教文化认为诚信是一项神圣的职责。这就要求，合同双方在合同的执行过程中，保证信息披露的充分性和完整性，降低由于信息不对称所引起的风险。

（5）禁止投机行为。

伊斯兰教义明确规定，交易双方所得必须与付出对等，这就禁止在金融交易中出现投机行为。例如禁止赌博、期货、期权等投机交易，不允许发行金融衍生工具。

---

① 资料来源：http://mufap.com.pk/巴基斯坦共同基金协会。

（6）所有投资活动都必须符合《古兰经》和《圣训》。

这就明确了外国企业不得在当地从事夜总会、歌舞厅、电影院、按摩、洗浴等娱乐休闲业。巴基斯坦投资政策也规定了 5 个限制投资的领域，分别是武器、高强炸药、放射性物质、证券印制和造币、酒类生产。

2. 宗教（沙里亚咨询委员会）和政府双重监管模式

沙里亚咨询委员会是伊斯兰金融的宗教监管机构。沙里亚是伊斯兰教法的总称，沙里亚咨询委员会就是监督各项伊斯兰教法贯彻执行的总机构，所以，在伊斯兰教义约束下的伊斯兰金融也在其监管之下。该委员会对伊斯兰金融的监管，主要是监督伊斯兰金融机构的日常经营，以保证其经营的金融产品符合伊斯兰教义。

巴基斯坦政府金融监管以伊斯兰金融服务委员会（Islamic Financial Services Board）为主，其主要职责是制定各成员国须遵守的伊斯兰金融体系标准，包括金融机构的资本金要求、风险管理、公司治理、市场运营秩序等。各成员国金融监管机构还有自己的宗教指导委员会，在不产生冲突的情况下，根据本国的经济发展情况，修改相关的金融监管法则。

3. 银行类和非银行类金融机构分业监管

在伊斯兰金融服务委员会的指导下，巴基斯坦对伊斯兰金融行业实行分业监管，由巴基斯坦国家银行（中央银行）监管银行类金融机构，非银行类金融机构则由巴基斯坦证券交易委员会负责监管，并未单独制定相关的法律法规。当金融机构与沙里亚咨询委员会的意见出现分歧的时候，则需提交联邦伊斯兰法院裁决，联邦伊斯兰法院是伊斯兰金融的最高管辖部门。

二、微型金融

（一）定义及背景

微型金融（Microfinance）是属于非正规金融体系的一种金融方式。巴基斯坦微型金融在其发展初期，主要是为了扶贫及提高妇女地位，其资金主要源于慈善机构等公益组织的捐款或政府拨款和补贴，其特点是规模小、覆盖面窄。

（二）发展历程

1. 起步阶段

巴基斯坦微型金融起步于 20 世纪 60 年代，主要为农户提供贷款服务。20 世纪 70 年代，巴基斯坦进行银行国有化改革，大部分农户贷款改由国有银行发放。1997 年，巴基斯坦微型金融网络成为小额信贷从业者交流的非正式平台，到了 2001 年，巴基斯坦微型金融网络（PMN）通过注册成为独立的法人主体，其最主要的关注点包括机构经营透明度、业绩、能力以及其行业发展等。

2. 可持续发展阶段

2001 年以后，巴基斯坦强调微型金融机构在履行社会责任的同时应坚持可持续发展，并对微型金融机构进行分类管理，按商业化原则运作。巴基斯坦央行颁布《微型金融机构条例》（2001），允许成立银行类微型金融机构即小额信贷银行，并将其纳入央行对银行体系的监管体系。2007 年设立微型金融发展部，同年颁布微型金融发展战略，提出了发展目标及重点措施。2008 年，推出金融普惠计划，目的是为穷人和弱势群体提供更多融资机会。

3. 战略发展阶段

2011 年 1 月，颁布微型金融战略框架，在 2007 年金融发展战略的基础上，提出：通过促进包容性金融服务和扩大信贷业务来加快经济增长；通过创新促进规模化，降低运营成本；通过有效的专业管理促进组织的发展；通过实施消费者保护政策、金融扫盲计划、小额信贷机构的监管框架提高行业纪律。2014 年，推出了国家金融包容性战略（NFIS），并推出了非银行金融机构的监管规定。2015 年，制定了实现普惠金融的路线图。

（三）微型金融发展现状

从 20 世纪 60 年代至今，巴基斯坦微型金融通过不断的发展和壮大，其金融体系得到了进一步的完善，从业人员数量、覆盖范围、资产规模均在不断壮大和增加，在促进扶贫、提高妇女社会地位及减少童工等社会福利的发展上，提供了巨大的帮助，经营绩效呈上升趋势，可持续发展能力逐步增强。

1. 微型金融组织体系比较完善

第一，完善了监管组织体系。2001 年以前，巴基斯坦证券交易委员会负责对微型金融机构进行登记注册及监督管理。2001 年后巴基斯坦中央银行允许成立小额信贷银行，并将其纳入银行体系监管。

第二，成立了类型多样的微型金融机构。巴基斯坦微型金融机构分为四类，即村镇银行（MFB）、专业性微型金融机构（MFI）、农村支持计划及其他机构。巴基斯坦央行对小额信贷银行根据层级有不同的设置要求：全国性的小额信贷银行最低实收资本为 10 亿卢比，省级小额信贷银行的最低实收资本为 5 亿卢比；资本充足率都不能低于 15%。

第三，建立了微型金融中介服务体系。巴基斯坦微型金融网（PMN）于 2001 年正式成立，其会员包括全国 20 多个微型金融机构，占全国市场份额的 95%。

第四，建立了小额信贷银行征信机构。征信机构与所有微型金融机构合作，包括银行、非政府组织、农村支持计划，建立基于借款人信用的中央信息池，提高客户经营状况的透明度，通过审慎监管提高小额信贷银行经营的透明度。

2. 微型金融总体规模不断扩大

截至 2016 年 12 月，共有 51 家金融机构提供小额信贷产品，其中包括 11 家提供存储的微型金融银行（MFBs），其他均为非银行类微型金融机构（NB-MFIs）。微型金融的小额贷款投资总额增长了 47.3%，从 929 9 亿卢比增加到 1 369 亿卢比，借款人数量增加了 21.7%，达到了 460 万人（如图 6.3 所示）。

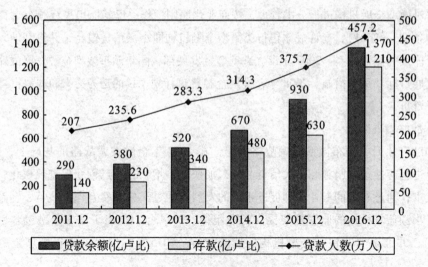

图 6.3　微型金融行业发展情况

资料来源：巴基斯坦微型金融网。

如图 6.4 所示，其中，小额信贷银行（MFBs）的总资产从 979.8 亿卢比增加到 1 701.3 亿卢比，增幅达到了 73.65%；总负债增加了 667.3 亿卢比（84.60%）；总股东权益增加了 54.2 亿卢比（28.40%）；税前和税后利润分别增加了 38.95% 和 19.84%。

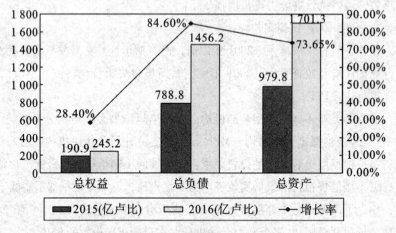

图 6.4　小额信贷银行总权益财务报表比较（2015—2016 年）

资料来源：巴基斯坦微型金融网。

3. 可持续发展能力逐步增强

如图 6.5 所示，从 2011 年到 2015 年，巴基斯坦微型金融机构税前利润从 7.81 亿卢比增长到 63.88 亿卢比，增长了 718%，年均增长 73.5%。营业利润率均为负值。除 2011 年外，资产回报率、权益回报率均为正值，基本上呈现逐年上涨的趋势，巴基斯坦微型金融经营业绩好转。另外，违约一个月以上贷款占总贷款比重由 2011 年 3.2% 的下降到 2015 年的 1.5%，整体呈现下滑趋势；违约三个月以上贷款占总贷款比重同样也从 2011 年的 2.1% 的下降到 2015 年的 0.9%。贷款损失准备从 2011 年的 6.24 亿卢比增加到 2015 年的 14.88 亿卢比。风险覆盖率 2015 年达到 110.7%。可持续发展能力逐步增强，经营自足率从 2011 年的 108.4% 逐步提高到 2015 年的 124.1%；财务自足率从 2011 年的 100.5% 提高到 2015 年的 121%，基本能维持自身生存和发展需要。

表 6.21　　　　　巴基斯坦微型金融经营绩效（2011—2015 年）

项目 \ 年份	2011 年	2012 年	2013 年	2014 年	2015 年
税前利润（亿卢比）	7.81	10.85	26.58	40.39	63.88
营业利润率	−110 182.46%	−736.04%	−262.78%	−334.83%	−316.97%
资产回报率	−0.10%	1.20%	3.30%	3.50%	3.60%
权益回报率	−0.70%	5.80%	16.10%	16.00%	16.60%
违约超过 30 天贷款资产（亿卢比）	7.94	12.33	11.57	6.59	13.45
违约超过 90 天贷款资产（亿卢比）	5.17	10.20	9.32	3.80	7.93
违约超过 30 天贷款占总贷款比重	3.20%	3.60%	2.50%	1.00%	1.50%
违约超过 90 天贷款占总贷款比重	2.10%	3.00%	2.00%	0.60%	0.90%
调整后的贷款损失准备（亿卢比）	6.24	7.60	7.08	11.90	14.88
当年核销的不良贷款（亿卢比）	5.92	6.76	6.15	12.22	9.44
风险覆盖率	78.60%	61.60%	61.20%	180.40%	110.70%
经营自足率	108.40%	109.40%	118.10%	119.90%	124.10%
财务自足率	100.50%	107.00%	116.50%	117.70%	121.00%

资料来源：巴基斯坦微型金融网。

4. 未来仍存在发展空间

虽然从微型金融中受益的人数从 2012 年的 80 万人上升到了 2016 年的 190 万人，但是，与全国成年人口（约 12 600 万人）相比，渗透率仅为 1.5%，仍然很低。根据巴基斯坦小额信贷网络预测，潜在的小额信贷市场规模为 2 050 万人，这意味着该市场的覆盖率还不到 10%。尽管最近几年微型金融已经大幅增长，但微型金融的进一步发展将有助于贫困人口获得融资、减少贫困，同时帮助现有的小型企业发展和促进就业。因此，微型金融在未来仍然存在巨大的发展空间。

（四）微型金融监管

巴基斯坦是亚洲第一个为村镇银行全面引入法律监管框架的国家。巴基斯坦央行颁布《微型金融机构条例》（2001），批准村镇银行从事微型金融业务，并将其归入银行监管体系。《微型金融贷款担保制度》（2008）、《机构强化基金条例》（2008）、《金融服务改善基金条例》（2008）的发布，则进一步缓解微型金融流动性约束。2011 年巴基斯坦央行制定了 2011—2015 年微型金融战略框架（Microfinance Strategic Framework 2011 - 2015），旨在促进巴基斯坦微型金融的可持续发展。

第六节　启示

一、对中资企业在巴基斯坦投资并购的启示

（一）对并购对象的选择

并购对象的选择决定并购的成功及并购后的生存和发展，是并购案最关键的一步，不可不察。除了一般意义上的考察内容外，还要特别考察以下内容：一是要考察其经营范围是否属巴基斯坦政府鼓励项目，如，有无不符合伊斯兰教教义的项目；二是考察其融资渠道是否清白，是否有通过哈瓦拉渠道的融资（可能涉及洗钱等），是否有与恐怖组织有关的融资，如果有则需要重新评估；三是考察其是否国际社会制裁或曾经制裁或与遭受制裁企业有关联的企业。

（二）对开户银行的选择

开户银行影响企业资金安全，特别是在异国他乡，文化差异性大、政局不稳的地方，安全性问题更是重中之重。一是要考察其是否伊斯兰银行，因为伊斯兰银行的特殊性有可能限制企业的生产经营，而且伊斯兰银行不计利息，虽然企业可以参与其分红，但分红至少要在一个财务年度终了之后才会发放；但是，为了拉近与地方的关系，可以适当安排一些小额的、次要的资金。二是要考察其外汇经营情况和资金汇出情况，虽然巴基斯坦对外汇出入境没有限制，但各银行因为实力和经营的原因，在处理相同业务时还是有所区别，风险高低也就不同。三是要考察其在历次政局动荡中的表现，评估其抗风险能力。四是考察其是否国际社会制裁或曾经制裁或与遭受制裁企业有关联的银行。五是考察其是否经营或投资哈瓦拉网络。

（三）对投资金融业的选择

由于伊斯兰金融在伊斯兰国家和地区具有广泛的社会基础和无可取代的地位，所以中资企业在进行投资并购巴基斯坦金融企业的时候，应该把伊斯兰金融作为一个重要选项。

（四）对投资外汇市场的选择

巴基斯坦外汇市场虽然发展迅速，但规模仍然很小，而且汇率波动大、储备波动大、交易币种少。这对于投资者来说，是机会与风险并存。但是，目前人民币还不是巴基斯坦外汇市场的主要币种，随着人民币国际化的快速推进，人民币必然会成为主要交易币种，所以，目前投资巴基斯坦外汇市场的人民币业务，正当其时。而且，巴基斯坦对外汇的进出没有限制，只要缴纳规定的税款，资金都可以自由出入，这对在巴基斯坦并购的企业来说有了一个相对安全的退出机会，当觉得局势对自己不利时，可以迅速安排资金的撤回而且没有限制。

二、对中资企业在巴基斯坦融资的启示

（一）通过股票市场融资

良好的股票市场发展势头为企业在当地融资提供了方便。作为亚洲的一个新兴股票市场，巴基斯坦这几年的发展可以说是让人惊喜的，这对于准备"走出去"在巴基斯坦实施并购的企业来说是一个很好的消息。一个欣欣向荣的股票市场，对于股票发行人来说意味着可以得到比较高的发行市盈率，得到比较多的筹资额，对其未来的资金需求提供了一个很好的渠道。

（二）通过债券市场融资

较高的发债成本限制企业对杠杆的使用。由于政治局势不稳定和恐怖袭击等原因，尽管巴基斯坦的股票市场表现活跃，但是投资者对其未来的看法还是不乐观。这点在债券市场上反映得比较明显，具体表现为短期债券比较容易发行，成本相对不高；长期债券较难发行，成本相对较高。这对于海外并购企业来说不是一个好消息，一个优秀的企业都会有一个对自己来说比较安全和合理的财务杠杆，而当地发债成本偏高会导致企业减少负债，从而影响企业的盈利能力。

（三）通过金融机构融资

通过金融机构贷款是通常的融资手段，任何一个经济实体都需要且希望得到金融机构的贷款甚至投资，但在巴基斯坦，由于伊斯兰金融的存在，又有了不同的选择。因为在伊斯兰银行贷款，不是一般意义上的贷款，而是类似于投资入股的形式，银行是根据企业的盈利情况分红或分担亏损，是一种利益共享、风险共担的关系。所以，中资企业进入后，应该积极争取与伊斯兰银行合作，双方结成利益共同体，更有利于企业在伊斯兰国家和地区的生存和发展。当然，哈瓦拉、小额信贷等也是选项之一，但其灵活快捷之下也蕴含高风险，需要慎重对待。

下篇　实践篇

第七章 中国企业在巴基斯坦的 商业并购案例介绍

第一节 上海电力收购巴基斯坦卡拉奇电力公司[①]

一、交易各方情况

（一）上海电力股份有限公司

上海电力股份有限公司（简称"上海电力"）于 1998 年 6 月 4 日设立，2003 年 10 月 29 日在上交所挂牌交易。截至 2016 年 9 月 30 日，公司总股本为 213 973.93 万股，均为无限售条件的流通股，控股股东为国家电力投资集团公司（以下简称"国家电投"），实际控制人为国务院国有资产监督管理委员会。上海电力的控股关系如图 7.1 所示：

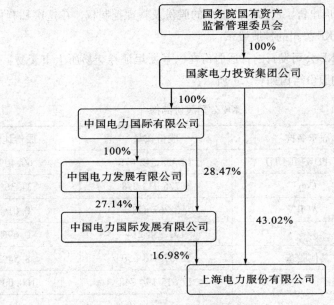

图 7.1 上海电力控股关系

---

① 本节内容根据上海电力股份有限公司在上海证券交易所网站所发布的与本次交易相关的公告进行整理。

上海电力的主营业务包括发电、供热、电力服务等领域。其中，发电业务是公司的核心业务，在加快煤电低碳高效发展的基础上，公司大力发展风电、太阳能发电等可再生新能源产业。

（二）交易对方情况

本次交易的交易对方为 KES 能源公司（KES POWER LTD.）。KES 能源公司系在开曼群岛注册的有限责任公司，注册于 2005 年。KES 能源公司的股东为 IGCF SPV 21 Limited、Al Jomaih Power Limited 及 Denham Investment Limited，其中控股股东为 IGCF SPV 21 Limited，实际控制人为 Abraaj 投资管理公司。KES 能源公司股权架构如图 7.2 所示：

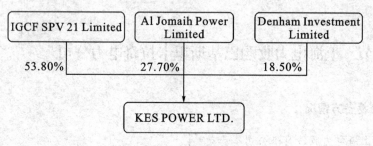

图 7.2　KES 能源公司股权架构

（三）交易标的公司情况

本次并购交易的标的公司为巴基斯坦的卡拉奇电力公司（K-Electric Limited，以下简称"KE 公司"）。KE 公司设立于 1913 年，主营业务为发电及输配电业务。2006 年 11 月，巴基斯坦政府出售了所持有的 73% 的股份及管理控制权，在这次私有化完成后，KES 能源公司成为 KE 公司的控股股东。

2008 年 1 月，KE 公司发行的普通股份在巴基斯坦证券交易所上市交易。截至 2016 年 6 月，KE 公司的股份结构如表 7.1 所示：

表 7.1　　　　　　　　　　　　　　KE 公司股份结构

序号	股东名称	股份数量	股份比例
1	KES POWER LTD.	18 335 542 678	66.40%
2	Gop	6 726 912 278	24.36%
3	ADB	3 767 428	0.01%
4	IFC	191 358 214	0.69%
5	其他股东	2 357 613 650	8.54%
	合计	27 615 194 248	100.00%

其中，GoP 为 Government of Pakistan，即巴基斯坦政府。ADB 为 Asian Development Bank，即亚洲开发银行。IFC 为 International Finance Corporation，即国际金融公司。

根据上述股份结构，在上海电力实施收购之前，KE 公司的股权结构如图 7.3 所示：

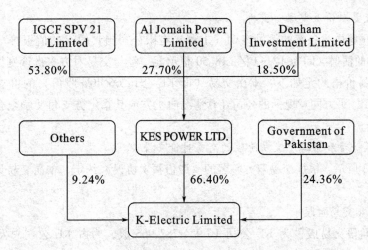

图 7.3　上海电力实施收购前 KE 公司的股权结构

KE 公司是卡拉奇地区具有战略重要性的电力公司，是从事发、输、配售电业务的垂直一体化上市公司，拥有卡拉奇市及其毗邻地区的发电、输电及配电业务许可。KE 公司的盈利模式为通过发电、售电盈利，盈利水平与电价收入高度相关。电价收入主要以向工业、商业、居民用户及其他客户供电并收取电费为主，同时包括政府电价补贴等。

（四）标的公司相关财务指标对上海电力的占比情况

根据上海电力和标的公司 2015 财年经审计的财务数据，标的公司资产总额、净资产、营业收入占上海电力的相应比例情况如表 7.2 所示：

表 7.2　　　　　　　　KE 公司相关财务指标对上海电力的占比情况　　　　　　单位：亿元

项目	标的公司 2015 财年 （2015 年 6 月 30 日）	上海电力 2015 年度 （2015 年 12 月 31 日）	占比
资产总额及交易额孰高	220.65	519.91	42.44%
营业收入	116.46	170.06	68.48%
资产净额及交易额孰高	110.94	157.51	70.43%

二、本次交易的具体方案

根据上海电力与 KES 能源公司签署的《股份买卖协议》，上海电力将以现金方式收购 KES 能源公司持有的巴基斯坦 KE 公司 18 335 542 678 股，即 66.40% 股份。具体方案如下：

（一）定价方式

本次交易价格以经国家电力投资集团公司（以下简称"国家电投"）备案的标的资产估值报告的估值结果为基础，由交易双方按照市场化原则协商确定。

（二）交易对价及奖励金安排

根据经国家电投备案的德勤咨询（上海）有限公司出具的《估值报告》，KE 公司 66.40%股份的估值区间为 17.43 亿~18.50 亿美元。经与交易对方多次谈判协商，双方同意本次交易价格约定如下：本次交易（即 KE 公司 66.40%股份）的可支付对价为 17.70 亿美元，买方同意视标的公司经营情况向卖方或其指定方支付奖励金合计不超过 0.27 亿美元。

（三）第一步和第二步交易阶段的交易对价安排

如表 7.3 所示，根据交易双方签署的《股份买卖协议》约定，本次交易具体分两步完成。

1. 第一步交易阶段

第一步阶段交易股份为 KE 公司 16 954 782 966 股，约占 KE 公司总发行股本的 61.40%股份，支付对价为 16.62 亿美元。

支付对价的计算方式为：支付对价 = ［可支付对价+奖励金（按照双方约定的最大金额支付）］÷股份数量×第一步交易的股份数；若第二笔奖励金未支付，则第一步交易对价相应调整为 16.51 亿美元。

2. 第二步交易阶段

第二步阶段交易股份为 KE 公司 1 380 759 712 股，约占 KE 公司总发行股本 5.00%股份。

支付对价的计算方式为：第一步交易阶段的第十七个月份的最后一个营业日前的 12 个月的 EBITDA 乘以 a 倍，减去截至该阶段的净负债后除以 20。

其中，a=9.43（在第一步交割日时不支付第二笔奖励金）或 9.48（在第一步交割日时支付第二笔奖励金）；EBITDA 是指扣除财务费用以及折旧和摊销之前的利润（扣除财务费用之前的利润根据标的公司的财务报告确定）；净负债是指低于 1 300 000 000 美元或者标的公司的全部借款总额之较低者。

表 7.3   上海电力收购 KE 公司具体交易方案

交易阶段	标的资产	可支付对价/支付对价
本次交易	KES 能源公司持有的 KE 公司 66.40%股份	可支付对价 17.70 亿美元，以及不超过 0.27 亿美元的奖励金
第一步交易阶段	KES 能源公司持有的 KE 公司 61.40%股份	1. 若未支付第二笔奖励金：16.51 亿美元 2. 若支付第二笔奖励金：16.62 亿美元
第二步交易阶段	KES 能源公司持有的 KE 公司 5.00%股份	第一步交易阶段的第十七个月份的最后一个营业日前的 12 个月的 EBITDA 乘以 a 倍，减去截至该阶段的净负债后除以 20 确定。其中，a=9.43（在第一步交割日时不支付第二笔奖励金）或 9.48（在第一步交割日时支付第二笔奖励金）

（四）国际金融公司和亚洲开发银行的随售权

本次重大资产购买将触发国际金融公司（IFC）和亚洲开发银行（ADB）持有的 KE 公司股份的随售权。上海电力因此需分别向 IFC 和 ADB 发出随售权的收购要约，额外收购 IFC 持有的 KE 公司 0.69% 的股份以及 ADB 持有的 KE 公司 0.01% 的股份。但是是否向上海电力出售其持有的该等股份，由 IFC 与 ADB 自行决定。

（五）强制要约收购

由于 KE 公司系巴基斯坦证券交易所上市公司，根据巴基斯坦相关法律，本次重大资产购买将触发强制要约收购义务。根据《股份买卖协议》，上海电力和 KES 能源公司将争取从巴基斯坦证交会处获得通知，不要求上海电力进行强制要约收购，并且其将不会适用收购法律的相关规定。

如果上海电力被要求进行强制要约收购，则上海电力需在发布收购标的资产的意向公告发布之日起的 180 天内发布强制收购要约公告，额外收购 KE 公司其他股东分别持有的至少 50% 的 KE 公司股份，但最终的股份比例将根据强制要约收购结果确定。

（六）交易对价融资安排

本次交易的对价支付方式为现金。本次交易的资金来源为上市公司自有资金及银行贷款。截至 2016 年 6 月 30 日，上海电力合并财务报表的货币资金为 44.72 亿元，上市公司已就本次交易融资与多家中外资银行达成融资意向。

三、本次交易的进展情况

2016 年 8 月 2 日，国家发改委出具本次交易项目信息报告确认函。8 月 9 日，上海电力 2016 年第八次临时董事会审议通过本次交易约束性报价相关议案。9 月 5 日，国家电投同意上海电力收购 KE 公司股权方案。10 月 16 日，国家电投对本次交易涉及的估值报告予以备案。

2016 年 10 月 28 日，KES 能源公司董事会批准本次交易相关事项，上海电力 2016 年第十一次临时董事会会议和第四次临时监事会会议也分别审议通过本次交易相关议案。当天，上海电力与 KES 能源公司签署《关于 KESPOWER LTD. 持有 K-ELECTRIC LIMITED 的股份买卖协议》。

2016 年 12 月 16 日，上海电力召开 2016 年第一次临时股东大会，审议通过本次交易相关议案。

2016 年 12 月，上海电力收到巴基斯坦竞争委员会通知，公司收购 KE 公司控股股权事宜已获得巴基斯坦竞争委员会批准。

2017 年 1 月，商务部出具了《企业境外投资证书》，上海电力收购 KE 公司控股股权获得商务部批准。

2017 年 2 月，国家发展和改革委员会出具了《国家发展改革委关于上海电力股份有限公司收购巴基斯坦卡拉奇电力公司部分股权第一阶段交易项目核准的批复》，同意上海电力收购 KE 公司控股股权第一阶段交易项目（包含收购 KE 公司 61.4% 股权和强制要约收购）。

2017 年 10 月，巴基斯坦国家电力监管局（NEPRA）公布 KE 公司新多年期电价机制（MYT）的复议结果，复议结果仍未能达到预期。经 KES 能源公司回复确认，巴基斯坦政府相关主管部门已就 KE 公司的新 MYT 电价复议结果正式致函 NEPRA，要求其对电价复议结果进行重新考虑。在 NEPRA 做出新的决定并告知巴基斯坦联邦政府之前，电价暂不生效。KES 能源公司同时表示，KES 能源公司和 KE 公司已聘请经验丰富的顾问团队，若巴基斯坦政府协调的结果不尽如人意，将根据当地法律法规，寻求其他解决方式。2017 年 12 月 5 日，NEPRA 召开了新 MYT 电价重新考虑听证会，但截至 2018 年 6 月仍未宣布最终结果。在最终结果出来之前，仍存在因电价发生变化而影响标的公司盈利能力的可能，或将导致本次交易终止的风险。

截至 2018 年 6 月，本次交易尚未完成交割。

第二节　中国移动并购巴基斯坦 Paktel 公司

一、中国移动的情况

中国移动通信集团（简称"中国移动"），于 2000 年 4 月 20 日成立，注册资本为 51.8 亿人民币，资产规模超过 4 000 亿元。中国移动通信集团公司全资拥有中国移动（香港）有限公司。2006 年中国移动税前盈利 968 亿元，同比增长 23%，运营收入 2 853 亿元，同比增长 21%，其总用户人数超过 3 亿。2016 年 12 月 31 日，中国移动现金及现金等价物净额为 711.67 亿人民币。

二、巴基斯坦 Paktel 公司的情况

巴基斯坦 Paktel 公司的原控股公司是 Millicom 公司，总部位于卢森堡，是一家在纳斯达克上市的国际移动通信运营商。该公司主要在新兴市场开展业务，于 2000 年取得 Paktel 公司的控制权。

Paktel 公司在 1991 年就获得了第一张移动通信经营许可证，但是 Paktel 公司的主营业务一直是 AMPS 网络，到了 2004 年 10 月公司才开始向用户提供 GSM 网络服务，其 GSM 网络有 669 个基站，覆盖巴基斯坦 27% 的人口。尽管拥有 AMPS 和 GSM 两张移动通信牌照，可是 Paktel 公司涉足 GSM 网络等主流通信网络的时间并不长，导致其在与其他运营商的竞争中不能占据优势。截至 2006 年 10 月，Paktel 公司共有约 156 万移动用户，相比 2005 年第猛增了 69 万，市场份额约为 3.5%，在巴基斯坦当地 6 家移动运营商中排名第 5。但是，Paktel 公司的用户流失明显，到 2006 年年底，公司用户下降到 133 万户。

三、并购历程

2006 年 11 月，Millicom 公司鉴于自身在巴基斯坦市场缺乏竞争力，决定出售旗下的

Paktel 公司，退出巴基斯坦市场。

在本次交易中，Milicom 公司将 Paktel 公司 88.6%的股份出售给中国移动，也就是说交易后的 Milicom 公司仍持有 Paktel 公司约 10%的股份。

2007 年 1 月 22 日，中国移动通信集团对外宣布，其已与 Millicom 公司签订协议，收购后者所持有的 Paktel 公司 88.6%的股份。这笔交易对 Paktel 公司的估值为 4.6 亿美元，包括偿还债务在内，中国移动将付出 2.84 亿美元。

2007 年 2 月 14 日中国移动宣布，已经成功收购 Millicom 公司所持有的 Paktel 公司的股份，至此，中国移动对 Paktel 公司的并购案正式完成。

第八章 中国企业在巴基斯坦的商业并购案例分析

案例分析一 市场特征、行业态势与中国企业海外并购绩效研究
——以上海电力并购 KE 公司为例①

一、引言

目前我国企业对"一带一路"沿线国家的投资越来越多，海外并购已经成为扩大企业规模、优化资源配置、突破贸易堡垒、提升市场竞争力的主要手段。作为区域电力龙头的上海电力股份有限公司（以下简称"上海电力"）是上海最主要的电力能源企业，也加紧进行海外资产布局，成为"一带一路"倡议下高端装备产能结合的先行者。2016年上海电力以现金方式支付对价为 17.70 亿美元收购 KES 能源公司持有的巴基斯坦 K-Electric 公司（以下简称 KE 公司）股票，占 KE 公司总发行股本的 66.40%，并在合约中明确表示视 KE 公司经营情况给予其或其指定方奖励金合计不超过 0.27 亿美元。此次并购是有史以来中国企业在巴基斯坦最大规模的并购投资，通过对本案例的研究可以分析这次大规模并购的短期绩效表现，并对比不同的市场特征和行业态势对并购绩效的影响，对电力行业海外并购投资活动以及中国企业海外并购都具有借鉴意义。

二、问题提出

近几年来，随着世界并购浪潮的不断升温，有关并购绩效的研究成为国内外学者研究的热点。由于中国企业积极实施"走出去"战略，海外并购自然而然成了中国企业获取全球资源、提高产业规模、开拓国际市场的有效途径。然而关于中国企业海外并购是否给企业股东带来了显著的财富效应，获得的并购绩效是否显著提升，研究者们的结论大相径庭。主要的观点有：①海外并购会给主并公司带来正面效应。Vermeulen 和 Barkema（2001）认为，虽然海外并购伴随着较高的初始成本的支出，但就长期而言，

---

① 作者：池昭梅、陈绪婷

并购成功以后所带来的影响有利于企业整体发展。田海峰、黄祎、孙广生（2015）的研究表明，无论企业规模大小、性质和背景，海外并购都比较有可能实现预期的商业价值，带来较好的并购绩效。路丽（2016）认为我国企业可以通过海外并购满足企业自身对于资源、技术、品牌和市场的需求，这对于提高企业的经营业绩和基础能力是非常有利的。②海外并购会给主并公司带来负面影响。美国学者 Bruner（2002）从大量的并购行为中分析发现，目标公司基本都能取得较高的超常收益率而主并公司却只有负值的股票收益。李梅（2010）研究发现，目前我国大量的海外并购活动绩效整体上呈现弱势。韩坚和钱濛（2012）认为我国的民营上市企业在并购活动发生当年绩效显著下降，企业盈利能力的持续性明显不足。倪中新等（2014）研究结果表明影响并购绩效的因素有很多，但是我国上市公司海外并购的绩效表现都不尽如人意。③海外并购对主并公司绩效而言影响甚微。贾昌杰（2003）研究结果表明，并购经验丰富的企业对短期并购绩效有着良好的促进作用，但长期看来影响却不显著。

海外并购中，被并购方市场特征可能对并购绩效产生影响。Wells（1977）的小规模技术理论认为，发展中国家或地区的市场需求没有被完全开发，较小的市场容量使得这些国家以及地区的海外企业具备了为小容量市场提供小规模技术服务的能力，培育了这些跨国公司的小规模生产技术优势、基于本土化投入的优势、低成本营销策略优势。Kim 和 Finkelstein（2009）研究表明，并购活动当中双方企业战略的互补性对主并公司的短期并购绩效有明显的促进作用，但双方企业的市场互补性不利于提升主并公司的并购绩效。李善民、朱滔（2006）认为，我国资本市场起步较晚，我国上市公司多为传统行业，传统行业面临的行业竞争过度和产业升级的压力会促使上市公司过早寻求并购以及其他多元化发展战略，长期而言并不利于股东财富最大化的财务目标。李进龙、吕巍、郭冰（2012）认为大量的中国企业在新兴市场进行海外并购绩效可以更好，因为其复杂的制度环境和竞争更为激烈的市场环境对并购绩效有明显的正面效应。吴津钰和罗立（2016）研究发现，在国电的海外投资活动中，发展较为成熟的发达市场通常倾向于直接入股目标企业，而发展中的新兴市场更加倾向于海外并购。王昶、胡明华、周文辉（2017）认为：发展中国家或地区的新兴市场中的企业通常更愿意尝试通过海外并购的手段去借助国外先进科学技术和先进管理理念以提高自身经营绩效，但是由于企业自身技术基础比较薄弱，创新能力不强，同时又缺乏前瞻性的资源储备和国际化经验，这些企业通常会面临着合作机制、沟通机制和控制机制设置等诸多问题，这些问题会直接影响并购预期目标的顺利实现。

市场经济天然有着自动优化配置相关的社会资源的功能，所以社会资源通常会由那些投资回报率不够理想的行业流向投资回报率相对更高的行业。就目前我国行业整体的并购发展现状来看，我国企业的并购行为大部分是以加强行业集中度和市场份额为目标的横向并购，并没有呈现出较为明显的产业倾向。在行业相似性方面，Matsusaka J G（1993）通过计算同行业并购和跨行业并购的累计超额收益率，发现跨行业并购行为获得的累计超额收益更大，因为跨行业并购带来的多元化经营可以克服外部资本市场的非完全性，并购企业可以通过内部资源配置达到最大程度降低交易成本的目标。相反，另外一部分学者如 Gregory（1997）研究结果发现跨行业并购在公告日后 2 年内平均累积超常收益显著为负，而相关行业并购在公告日后 2 年内的平均累积超常收益略微为正。Rajan R 等（2000）研究结果发现一般进行多元化生产的企业都存在内部体制复杂、代理问题比较突出等情况，所以与相关行业并购比较，非相关行业之间的并购活动对主并公司有明显的负面效应。此外，也有学者认为并购双方的行业相似程度与企业并购绩效并无太大关系。徐晓慧（2015）的研究指出，国企进行不同行业的并购可以有效提高并购绩效，而民营企业进行相关行业的并购更有利于提高超额收益率。除此以外，并购双方的行业相关程度与并购成功率显著正相关，但是对主并公司的短期绩效影响不大。

电力行业是我国国民经济最重要的基础行业，随着电力体制改革的逐步深化，电力行业的垄断性与特殊性使电力行业并购成为理论界与实务界广泛关注的话题。电力企业在实施海外并购时投资于新兴市场或成熟市场，其并购绩效是否有所不同？而并购双方在行业发展态势方面的差异，是否影响主并公司的并购绩效？我们以上海电力并购 KE公司事件为背景，引入对比案例——上海电力并购马耳他能源事件进行比较分析，以期对影响我国能源型企业海外并购的因素进行分析。

三、案例研究

（一）研究设计

并购事件的发生往往会引起公司股票价格和相关财务指标不同程度的波动和变化，评价并购绩效的方法通常有两种：一是会计研究法，即通过分析对比并购前后的相关财务报表的财务指标变动来判断并购绩效的好坏；二是事件研究法，即通过研究股票价格变动程度来判断其对并购公司带来的经济影响好坏程度。前者通常适用于分析长期并购绩效，后者适用于分析短期并购绩效。由于本文选取的案例发生时间较短，在 2016 年12 月 31 日，并购公司还没有完成相关的财务报表合并，因此本文采用事件研究法对案例进行分析研究，通过计算并购事件日前后股票的实际收益与其沪深指数收益之间的差额即超额收益来衡量并购事件对上市公司的股票价格的影响程度，从而评价并购给主并公司价值带来的影响。

不同的海外市场特征会对企业短期并购绩效产生不同的影响，李进龙（2012）等研究表明，中国企业在新兴市场进行海外并购绩效相对更好，因为其复杂的制度环境和广阔的市场容量对并购绩效有明显的正面效应。新兴市场通常是指处于发展中国家、地区或类似的经济体的市场，其资源比较丰富，市场空间较为广阔，但发展相对滞后，市场规模普遍偏小，市场体系有待完善，产品品质服务达不到消费者要求，且供需不平衡；而成熟市场则完全相反，通常处于发达国家、地区或者某一经济体，其相关的金融市场、技术市场、资源市场以及配套的服务市场都比较有序且稳定，供需基本平衡，甚至供略微过于求，产品的品质和服务已经趋于完善，市场较饱和，竞争较激烈。两种截然不同的市场特征会对并购绩效产生不同的经济后果。

基于以上思考，本文引入上海电力 2014 年并购马耳他能源项目这一事件作为对比案例进行分析。巴基斯坦属于典型的发展中国家，是新兴市场的代表，处于巴基斯坦发达地区的 KE 公司电力发展水平已经与中国上海电力相当；马耳他属于欧盟发达国家，是成熟市场的代表，且其电力发展水平远超中国。本文通过分析上海电力并购巴基斯坦 KE 公司案例，研究新兴市场、行业发展水平差距较小情景下的并购对上海电力短期并购绩效的影响；通过分析并购马耳他能源公司案例，研究成熟市场、行业发展水平差距较大情景下对上海电力短期并购绩效的影响，从而为中国企业海外并购市场及行业选择提供经验数据。

（二）企业概况

1. 中国上海电力股份有限公司

上海电力是国家电力投资集团公司最主要的上市公司之一，也是上海最主要的电力能源企业之一，主要从事火力发电、风力发电及光伏发电，在保持火电主营业务可持续发展基础上，始终致力于新能源、清洁能源、现代电力服务业以及循环经济等领域的发展。公司已成为集高参数、大容量的燃煤火力发电、燃气发电和风电、太阳能发电及分布式功能等新能源为一体的现代能源企业，产业布局遍及华东地区，并逐步向海外开拓。公司重点布局六大经济走廊，拓展"一带一路"沿线重要国家电力市场，于 2016 年 10 月 28 日以 17.7 亿美元的对价收购迪拜阿布拉吉集团下 KES 能源公司持有的巴基斯坦 K-Electric 公司 66.40% 的股权。

截至 2016 年 12 月 31 日，该公司各股东持股比例如表 8.1 所示：

表 8.1　　　　　　　　　　　上海电力各股东持股比例表

序号	股东	持股比例
1	国家电力投资集团公司	43.02%
2	中国电力国际发展有限公司	16.98%
3	中国长江电力股份有限公司	5.67%
4	社会公众股东	34.33%

2. 巴基斯坦 K-Electric 公司

KE 公司是于 1913 年 9 月 3 日在孟买设立的有限责任公司，设立时的公司名称为 Karachi Electric Supply Corporation Limited。KE 公司是卡拉奇市及其毗邻地区的主要电力供应商，也是巴基斯坦电力行业中，唯一一家实现业务纵向一体化的公司，即集发电、输电、配电、售电于一体。该公司主要为燃油及燃气发电，装机容量占巴基斯坦总装机容量的 10%。

截至 2016 年 12 月 31 日，KE 公司各股东持股情况如图 8.1 和图 8.2 所示：

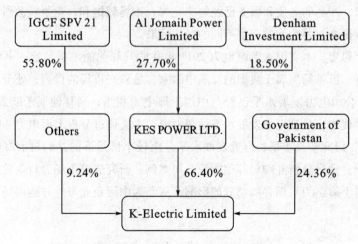

图 8.1 本次并购交易前 KE 公司各股东持股比例图

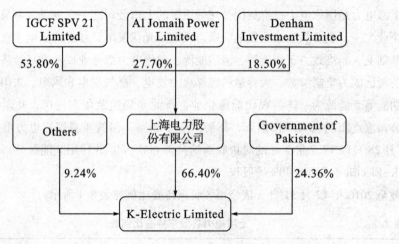

图 8.2 本次并购交易后 KE 公司各股东持股比例图

（三）上海电力与 KE 公司并购的动因分析

1. 促进中巴经济走廊建设，推动"一带一路"健康发展

中国与巴基斯坦是山水相依的友好邻邦，1951 年 5 月 21 日建交以来，两国交往十分密切。2014 年 11 月，中巴两国政府共同签订了《中巴经济走廊能源项目合作的协议》，明确了 14 个优先实施项目及一系列积极推进项目。中巴经济走廊北起新疆喀什，南至巴基斯坦境内的印度洋出海口瓜达尔港，计划建设公路、铁路、油气和光缆通道。随着"一带一路"倡议的提出，作为"一带一路"沿线重要国家的巴基斯坦与中国之间的贸易关系更加密切，在如此有利的条件下进行并购，有利于为"一带一路"的顺利推进夯实基础。

2. 巴基斯坦电力需求持续强劲，未来市场空间非常广阔

电力紧缺一直是制约巴基斯坦经济社会发展的突出问题，所以对于中国能源企业而言，巴基斯坦拥有着巨大的市场空间。巴基斯坦电力供需矛盾明显，虽然巴基斯坦从

2003 年就开始进口电力，但仍不能解决供需矛盾。巴基斯坦国家输配电有限公司辖区实际电力需求为 1 800 万~2 000 万千瓦，但其实际发电能力为 1 200 万~1 400 万千瓦，用电缺口高达 600 万千瓦；到了夏季的用电高峰期，城市里每日平均停电时间可以达到 12 个小时，农村里每日停电时间甚至高达 16 个小时。根据世界银行统计数据，2013 年巴基斯坦人均用电量尚不足世界平均水平的六分之一，未来电力需求增长潜力巨大。

3. 完善海外产业布局，促进海外发展战略

"十二五"期间，上海电力结合自身特点，充分发挥地域优势，制定了"立足上海、面向华东、拓展海外"的战略布局，主张大力"引进来"，主动"走出去"。目前，公司产业涉及火力发电、水力发电、煤炭发电和新能源发电等，海外业务涉及资源开发、电力服务及其相关的海外投资，海外布局遍及日本、澳大利亚、坦桑尼亚、伊拉克、印度尼西亚、土耳其等国家。"十三五"期间，公司制定的海外发展计划着眼于完善在孟中印缅、中国—中亚—西亚、中巴等六大经济走廊的市场布局，拓展"一带一路"沿线重要国家市场，力争在"十三五"期间完成再造一个"上海电力"的战略计划。

（四）上海电力与 KE 公司并购绩效分析

1. 上海电力并购巴基斯坦 KE 公司绩效分析

基于信息效率的市场理论，我们假设目前的资本市场是有效市场，股票价格变化可以反映大多数公开的企业信息，研究并购样本公司的市场反应，就是检验股价对并购事件的市场反应。因此，本文采用事件研究法，对上海电力并购 KE 公司期间的股价变化、超额收益率、累计超额收益率来评价本次并购带来的经济后果，判断并购事件对公司未来的实际影响。

事件研究法可以很有效地反应并购事件对公司股价的短期影响。研究表明，并购消息通常会在事前泄露给投资者，如果投资者认为本次并购或将为企业带来较大的正面效应，就会大量购进该公司股票，其购进行为则会拉高股票价格；如果投资者不看好本次并购，就会大量抛售股票，造成股价下跌。以并购发生前后股价变化为基础数据，通过分析计算上海电力股票日收益率和上证的指数收益率，进而通过指数回归算出超常收益率和累计超常收益率，可以反映并购事件对企业短时间内的经济影响，进而评价并购行为的短期绩效。

第一步，确定事件日和事件窗口期。

由于上海电力在签订购买协议之前都没有对收购行为进行正式公告，虽然在 2016 年 8 月 24 日因重大事件调整宣告停牌，但并没有透露具体停牌原因；直到 2016 年 10 月 28 日，交易双方达成协议签订了《股份买卖协议》前后才陆续披露相关信息。因此，可以把 10 月 28 日作为事件基准日，以此为 0；为了捕捉并购交易公告的滞后效应，同时考虑到信息可能会提前泄露，所以选择事件日的前后五天定为窗口期观察事件带来的股价变化比较合适，即 [-5, +5]。剔除 2016 年 8 月 24 日至 2016 年 12 月 11 日的停牌期，最后的研究窗口期为 2016-08-17—2016-08-23 和 2016-12-12—2016-12-19。

第二步，计算预期正常收益率。

预期正常收益率的估计方法主要有：均值调整模型、市场调整模型、市场模型、因

子模型、CAPM模型以及APT模型，其中，市场模型应用最为广泛且合理。所以本文采用市场模型进行估计。

在选定正常收益率的估计模型后，就需要选取事件发生前的一段时期内的样本来估计模型中的参数，通常称为估计期。本文选取事件发生前100天作为估计期，为了不影响正常收益模型的参数估计，估计期一般不与窗口期重叠，所以最后确定估计期为2016-03-31—2016-08-10，即$[-100, -10]$。

那么上海电力股票i的预期正常股票收益率为R_{it}：

$$R_{it} = \alpha_i + \beta_i \cdot R_{mt} + \varepsilon_{it}$$

其中，ε_{it}为回归残差项，α_i和β_i是待估参数，表示股票的系统风险。R_{it}和R_{mt}分别表示上海电力股票i在第t天的日回报率和证券市场在第t天的日回报率。$R_{it} = (P_{it} - P_{it-1})/P_{it-1}$，$P_{it}$为上海电力股票$i$在第$t$天的日收盘价；$R_{mt} = (Q_{mt} - Q_{mt-1})/Q_{mt-1}$，$Q_{mt}$为第$t$天的市场指数。由于研究对象为沪市公司，所以采用上证指数计算市场日收益率。

通过对估计期2016年3月31日至2016年8月10日之间的数据进行回归分析计算得出，$\alpha = -0.0003$，$\beta = 1.2117$，假设α和β在事件窗口期也保持不变，那么可以计算出上海电力股票i在第t天的预期正常收益率是：

$$\hat{R}_{it} = 1.2117 R_{mt} - 0.0003$$

第三步，计算超额收益率。

股票超额收益率AR_{it}是指股票i在第t天的实际报酬率R_{it}减去股票的预期正常收益率$\hat{R}_{it}$的差额，具体计算公式为：

$$AR_{it} = R_{it} - \hat{R}_{it} = R_{it} - (\alpha_i + \beta_i \cdot R_{mt})$$

第四步，计算累计超额收益率。

根据AR_{it}可以计算累计超额收益率CAR为：

$$CAR = \sum_{t=-5}^{5} AR_t$$

最后，通过一系列运算可以求出上海电力并购KE公司的事件窗口期的各项结果，如表8.2和图8.3所示：

表8.2　　　　上海电力并购巴基斯坦KE公司累计超额收益率计算表

序号	日期	股票当日收盘价	上证综指	股票实际收益率（R_{it}）	市场收益率（R_{mt}）	预期正常收益率（$\hat{R}_{it}$）	超额收益率（AR）	累计超额收益率（CAR）
-5	2016.08.17	11.09	3 109.56	-0.45%	-0.02%	-0.05%	-0.40%	-0.40%
-4	2016.08.18	11.01	3 104.11	-0.72%	-0.18%	-0.24%	-0.48%	-0.88%
-3	2016.08.19	11.03	3 108.10	0.18%	0.13%	0.13%	0.06%	-0.82%
-2	2016.08.22	11.20	3 084.81	1.54%	-0.75%	-0.94%	2.48%	1.66%

表8.2(续)

序号	日期	股票当日收盘价	上证综指	股票实际收益率（R_{it}）	市场收益率（R_{mt}）	预期正常收益率（$\hat{R}_{it}$）	超额收益率（AR）	累计超额收益率（CAR）
-1	2016.08.23	11.55	3 089.71	3.13%	0.16%	0.16%	2.96%	4.62%
0	2016.12.12	12.72	3 152.97	10.13%	2.05%	2.45%	7.68%	12.30%
1	2016.12.13	13.62	3 155.04	7.08%	0.07%	0.05%	7.03%	19.32%
2	2016.12.14	12.99	3 140.53	-4.63%	-0.46%	-0.59%	-4.04%	15.29%
3	2016.12.15	12.72	3 117.68	-2.08%	-0.73%	-0.91%	-1.17%	14.12%
4	2016.12.16	12.47	3 122.98	-1.97%	0.17%	0.18%	-2.14%	11.98%
5	2016.12.19	12.58	3 118.08	0.88%	-0.16%	-0.22%	1.10%	13.08%

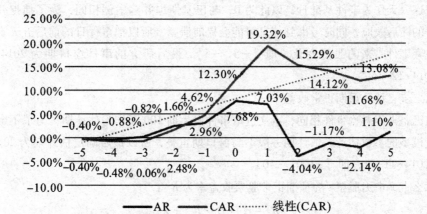

图8.3　上海电力并购巴基斯坦 KE 公司 AR/CAR 走势图

从表8.2、图8.3可见，超额收益率在并购日前是缓慢增长的，且几乎都在0值上方，这说明上海电力在并购之前本身的经营绩效还是比较良好的。并购发生后，在并购日当天，超额收益率达到最高值7.68%，说明投资者是比较看好本次并购的。并购后第2到第4个窗口期，超额收益率下跌至负值，对这一现象的解释可能是并购公司对于并购事件披露的信息水平没有达到投资者预期，并购相关事宜的变动引起了相关投资者的担心；在此之后超额收益率就回归到0值以上，这也许是投资者根据实际情况调低了预期所致。但从整个事件窗口期而言，并购公司还是获得了额外收益。

根据图8.3，我们发现，上海电力累计超额收益率一直不断增长，在并购后第1个窗口期达到最高值19.32%，说明投资者广泛看好本次并购对于主并公司的正面经济影响；随后累计超额收益率虽然有所下降，并随着超额收益率走势上下浮动。不同的是，累计超额收益率整体趋势是以波动态势上升的，并且均在0值以上，这表明市场对于上海电力公司并购 KE 公司表现出了正面反映，市场绩效良好，在短期之内增加了股东财富，上海电力实现了正的短期并购绩效。

2. 上海电力并购马耳他能源公司绩效分析

为积极响应国家"走出去"战略，充分利用"两个市场，两种资源"，2014年12月，上海电力公司发布公告投资马耳他能源项目。上海电力由其全资子公司上海电力能源发展（香港）有限公司在马耳他另设一个中间控股公司——上海电力马耳他控股有限公司直接投资马耳他项目，以1.5亿欧元对价增资控股 Delimara 3 电厂，持有其90%股权。投资马耳他项目是上海电力公司积极响应国家战略的举措，有利于增进中马两国友好互利关系，发展清洁能源，带动国内新能源设备和劳务的输出。此外，通过在马耳他开展能源合作项目，为公司布局欧盟市场跨出了第一步，同时也为公司开拓欧盟电力市场积累投资经验。

下面采用事件研究法分析本次并购事件短期绩效。

第一步，确定事件日和事件窗口期。

2014年12月6日，上海电力官方网站首次正式发布并购马耳他能源公司的公告，因此把这一天作为事件基准日，以此为0；与巴基斯坦并购案例相同，为了捕捉并购交易公告的滞后效应，同时考虑到信息可能会提前泄露，所以把事件日的前后五天定为窗口期观察事件带来的股价变化，即［-5，+5］。最后研究的事件窗口期为2014-11-28—2014-12-15。

第二步，计算预期正常收益率。

与巴基斯坦并购事件相同，本文选取事件发生前100天作为估计期，为了不影响正常收益模型的参数估计，估计期一般不与窗口期重叠，所以最后确定估计期为2014-07-10—2014-11-21，即［-100，-10］。

那么上海电力股票 i 的预期正常股票收益率为 R_{it}：

$$R_{it} = \alpha_i + \beta_i \cdot R_{mt} + \varepsilon_{it}$$

通过回归分析计算得出，$\alpha = 0.004\,2$，$\beta = 1.296\,7$，假设 α 和 β 在事件窗口期也保持不变，那么可以计算股票 i 在第 t 天的预期正常收益率为：

$$\hat{R}_{it} = 1.296\,7R_{mt} + 0.004\,2$$

第三步，计算超额收益率。

第四步，计算累计超额收益率。

最后，通过一系列运算可以求出上海电力并购马耳他能源公司的事件窗口期的各项结果，如表8.3和图8.4所示所示：

表 8.3　　　　　上海电力并购马耳他能源公司累计超额收益率计算表

序号	日期	股票当日收盘价	上证综指	股票实际收益率（R_{it}）	市场收益率（R_{mt}）	预期正常收益率（$\hat{R}_{it}$）	超额收益率（AR）	累计超额收益率（CAR）
-5	2014.11.28	6.53	2 682.84	-0.76%	1.99%	3.00%	-3.76%	-3.76%
-4	2014.12.01	6.18	2 680.16	-5.36%	-0.10%	0.29%	-5.65%	-9.41%

表8.3(续)

序号	日期	股票当日收盘价	上证综指	股票实际收益率（R_{it}）	市场收益率（R_{mt}）	预期正常收益率（$\hat{R}_{it}$）	超额收益率（AR）	累计超额收益率（CAR）
-3	2014.12.02	6.25	2 763.55	1.13%	3.11%	4.45%	-3.32%	-12.73%
-2	2014.12.03	6.32	2 779.53	1.12%	0.58%	1.17%	-0.05%	-12.78%
-1	2014.12.05	6.42	2 937.65	1.58%	5.69%	7.80%	-6.21%	-19.00%
0	2014.12.08	6.72	3 020.26	4.67%	2.81%	4.07%	0.61%	-18.39%
1	2014.12.09	6.81	2 856.27	1.34%	-5.43%	-6.62%	7.96%	-10.43%
2	2014.12.10	7.11	2 940.01	4.41%	2.93%	4.22%	0.18%	-10.25%
3	2014.12.11	7.18	2 925.74	0.98%	-0.49%	-0.21%	1.19%	-9.05%
4	2014.12.12	6.99	2 938.17	-2.65%	0.42%	0.97%	-3.62%	-12.67%
5	2014.12.15	7.02	2 953.42	0.43%	0.52%	1.09%	-0.66%	-13.33%

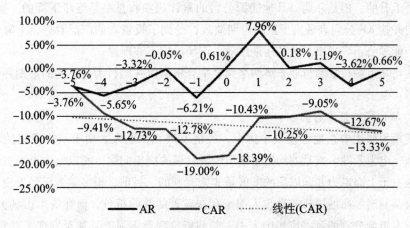

图4　上海电力并购马耳他能源公司 AR/CAR 走势图

从表8.3、图8.4可见，在整个事件窗口期内，公司超额收益率均在0值上下波动，且在0值下方居多，并购前1个窗口期，超额收益率达到最低值-6.21%。并购发生后，超额收益率在2个交易日内迅速增长至7.96%，随后回归0值上下波动状态，说明少量投资者认为本次事件有益于股东财富增加，但大量投资者对本次并购持观望态度，市场反应程度较低。

从图8.4可见，公司累计超额收益率波动下滑，在事件日前1天达到最低值-19.00%，并购发生后小幅回升，但在并购后第三天开始很快又回归波动下滑状态，在最后一个窗口期，累计超额收益率低至-13.33%，而累计超额收益率线性趋势虚线也表明了本次并购事件的累计超额收益率是逐渐下滑的。这说明，上海电力并购马耳他能源公司事件的短期绩效不理想，市场反应程度低，暂时性损害了股东利益。

3. 两次并购事件短期绩效对比分析

上海电力两次并购 CAR 走势对比图如图 8.5 所示。

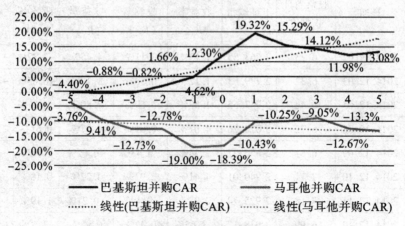

图 8.5 上海电力两次并购 CAR 走势对比图

由图 8.5 可见，在事件窗口期内，上海电力并购巴基斯坦 KE 公司的累计超额收益率是显著上升的，但是并购马耳他能源公司的累计超额收益率是逐步下降的。换言之，上海电力并购 KE 公司表现出了正的短期绩效，受到了投资者的广泛看好；上海电力并购马耳他能源公司表现出了负的短期绩效，市场反应不够理想。

本文将从市场特征和行业态势两个角度来分析两次并购行为其不同的短期并购绩效形成原因：

（1）从市场特征来看。

巴基斯坦属于中东地区发展中国家，经济发展相对受限，属于亟待开拓的新兴市场；此外，电力紧缺一直是制约巴基斯坦经济发展的突出问题，所以电力市场空间非常广阔，这对于上海电力并购以后的发展是非常有利的。目前，很多学者已经发现，资本市场完善、与国际高度接轨的高收入国家存在显著的并购折价，而在资本市场欠发达、与国际资本市场分割的新兴市场国家中，并购折价现象不显著，甚至发现了并购溢价；巴基斯坦这个新兴市场国家经济增长较快、电力需求大，迫切需要增加电力能源领域的投资。这兴许就是新兴市场国家较为广阔的市场空间为并购交易带来的显著效应。

而位于地中海中部的马耳他，是高度发达的资本主义国家，人均 GDP 在欧盟 28 个成员国中排名第 14 位，其电力市场属于传统的成熟市场。欧美国家成熟的商业市场早已形成以制度来约束行为的更加完善的企业管理机制，而不是需要依靠庞大的政府支持和企业强大的魄力和影响来管理企业。马耳他强劲增长的国家经济、健康的产业机构与成熟的金融体系等使得当地电力发展已经非常成熟且稳定，电力行业供过于求，市场可发展空间有限，市场竞争愈发激烈，这对上海电力在东道国的市场开拓会形成不同程度的阻力，也使得电力行业的并购整合难度增加以及并购风险加大。

（2）从行业态势来看。

KE 公司属于传统的燃煤燃气发电行业，有着非常成熟的传统发电系统和管理机制，其业务在巴基斯坦经济较发达的卡拉奇地区举足轻重，在当地拥有着绝对的领导地位，占据了较大的市场份额，上中下游产业链都已经发展得非常完善，这与上海电力在沪杭一带的龙头地位是一样的。社会文化距离、制度距离、科技发展能力距离等较为接近的两家企业实行并购可以减少因为经济文化差距过大，层次不等导致的理解和沟通上的偏差。

而马耳他能源公司项目，主要依靠风能、太阳能、生物能源等清洁能源发电，上海电力虽然也涉足新能源发电，并且新能源发电将是个不可逆转的趋势。但不可否认的是，在现阶段，上海电力的技术能力和设备水平远远不够成熟，这或将会影响上海电力并购之后的生产经营能力。

此外，电力行业属于国民经济中具有垄断价值的能源行业，从行业态势分析，这类行业往往具有强大的国有性质背景。由于政治体制原因，能源垄断性行业一般都由政府主导，以致许多国家都会担心自己国家的能源企业被并购以后导致本国的能源和经济命脉受到钳制，为避免这类现象的发生，被并购国家往往会设置诸多障碍影响并购。所以经济发展较为超前的马耳他对本次交易的迫切性远远不及被电荒限制经济发展的巴基斯坦，这就可以解释为什么上海电力并购 KE 公司这一事件更受投资者青睐，其短期绩效表现也更加良好。

三、研究结论与启示

（一）研究结论

本文以 2016 年上海电力并购 KE 公司为案例，对比 2014 年上海电力并购马耳他能源公司事件，分析在不同的市场特征和行业态势下短期并购绩效表现。结论如下：

（1）上海电力并购 KE 公司的超额收益率为 1.10%，累计超额收益率为 13.08%，短期绩效表现良好；上海电力并购马耳他能源公司超额收益率为 -0.66%，累计超额收益率为 -13.33%，短期绩效显著下降。

（2）新兴市场、行业发展水平差距较小有利于企业短期并购绩效的提升。新兴市场的市场需求没有被完全开发，市场空间广阔，竞争压力更小，这对并购企业顺利进入市场起到促进作用，而且较为接近的行业发展水平可以有效减少并购后的资源整合障碍，所以短期绩效表现良好。

（3）成熟市场、行业发展水平差距较大不利于实现并购预期目标，短期绩效表现欠佳。成熟市场面临着较为激烈的市场竞争以及较为饱和的市场容量，并购企业难以在短期内扩大自己的市场份额，而且行业发展水平差距较大使得技术基础比较薄弱的主并公司难以实现充分的资源整合，达到理想的并购协同效应，所以短期绩效表现不如人意。

（二）研究启示

并购绩效是评价预期并购目标是否得以实现的重要依据，也是反映并购水平的一个重要标志。本研究表明，相对于行业发展水平差距较大的成熟市场的并购而言，上海电力在行业发展水平差距比较接近的新兴市场实施并购行为更能为企业带来利润，增加股东财富，短期绩效表现更良好。为更好地指导我国企业海外并购行为，提高并购企业的绩效，我们认为应从以下两方面着手。

第一，准确定位并购市场，寻找价值投资洼地。以往我国企业海外并购多侧重于欧美成熟市场，并购的目的主要是市场份额、核心技术及管理水平等。但成熟市场准入条件较高，市场竞争十分激烈，企业要想获得理想的并购绩效绝非易事。而新兴市场如同一个未开发的价值洼地，市场处于不饱和的状态，市场规模亟须扩大。因此，企业并购时准确定位市场投向，在合理评估并购风险的前提下，充分利用新兴市场国家在引进投资方面的优惠政策，可以获得比投资成熟市场更为可观的绩效。

第二，把握行业发展态势，选择合适的并购对象。并购对象的选择一般为强强联合、强弱联合两种方式。对于主并公司而言，并购对象的选择要服从于并购的目的，或为着力于提升并购企业的管理水平，或为获取被并购方的核心技术，或为了保证主并公司的原料供应等。不管是基于何种目的的并购，主并公司都需要获得良好的绩效以保证公司的可持续发展。因此，主并公司在选择并购对象时，必须充分把握自身的行业发展态势，选择优质资产进行并购，才能实现并购的协同效应。

案例分析二　中国电力企业在巴基斯坦并购中的风险控制与防范
——以上海电力并购 KE 公司为例[①]

一、引言

随着中国"21 世纪海上丝绸之路"发展战略的推进，我国积极发展与"一带一路"沿线国家的经济联动关系。其中，2013 年 5 月提出的"中巴经济走廊"是此项目中的重点工程之一。建设该"走廊"的目的是加强中国与巴基斯坦之间在海洋、能源、交通等领域的合作和交流，促进两国经济互联，推进中巴经济共同发展。

鉴于中巴两国的友好经济合作关系，巴基斯坦对我国投资者开放了一系列税收、财政优惠政策，再加上巴基斯坦庞大的电力缺口急需外商投资，促使我国大型电力企业纷纷向巴基斯坦的电力市场进军，展开了一系列的投资活动。但是，根据国家发改委国际合作中心在 2005—2014 年的统计数据显示，我国对外直接投资失败金额最多的行业是电力企业和能源企业，投资金额达到 893 亿美元，远超其他行业。大量的并购失败案例提醒我们，在我国企业积极地进行跨国并购的过程中尤其要注意对各种不确定因素的防范，而且这些不确定因素往往是隐性的，可能出现在并购前、并购中，也可能出现在并购后的整合中。而电力企业由于其涉及各国经济命脉，东道国政府极其重视，加上这方面并购一般交易金额较大，一旦失败，对企业很可能造成致命性的打击，因此电力企业对跨国并购中的风险进行防范与控制尤为重要。

上海电力正是顺应了国家倡议，积极参与"一带一路"沿线电力项目建设，于 2016

　①　作者：邓越

年 10 月 30 日与迪拜阿布拉吉集团签署了关于收购巴基斯坦卡拉奇电力公司的股份买卖协议，这无疑给本研究提供了很好的契机。本文以上海电力并购巴基斯坦卡拉奇电力公司为例，针对上海电力在并购过程中涉及的风险控制与防范进行研究，旨在给我国其他电力企业走出国门到巴基斯坦投资，落实"一带一路"倡议提供一定的经验和借鉴。

二、中国电力企业跨国并购现状及特点分析

（一）中国电力企业跨国并购现状

随着全球第三次并购浪潮的兴起，在中国"一带一路"倡议的大背景下，中国电力行业积极活跃于国际并购市场，跨国并购成为中国电力企业进入成熟市场的一种重要途径。主要体现在以下三个方面：

1. "一带一路"倡议推动

基于中国建设"一带一路"倡议的推进，中国电力企业开展跨国并购得到中国与沿线国家双方的鼓励和支持，加大了中国企业进入国际市场的信心。中国与"一带一路"沿线国家的合作内容主要涉及房屋建筑、通信工程、电力工程等领域，合作国家主要包括巴基斯坦、老挝和俄罗斯等。例如，哈萨克斯坦埃基巴斯图兹至河南南阳的 1 100 千伏高压直流工程的前期规划工作已于 2015 年展开，电力合作内容涉及方方面面，从传统的能源勘探开发到新能源的研发以及先进技术设备的引入都要做到位。

2. 传统电力行业积极"走出去"

近几年，我国电力行业对外投资趋势愈演愈烈，将国产水电、火电设备和先进技术作为投资重点。比如，在巴西公司和国家电网的联营企业 2014 年中标"巴西美丽山水电站一期项目"后，国家电网又在 2015 年成功中标"巴西美丽山水电站二期项目"，这些项目都意味着我国特高压输电技术、装备和工程总承包一体化正式"走出去"。而我国火电行业在环保、经营成本、监管审查、设计标准等压力下，不断改进和调整其战略方针，制定相应的解决对策，积极向上游煤矿产业扩张。例如，华能集团、中电投、大唐、国电等发电集团涉及的境外火电市场已遍及土耳其、印度等新兴国家。

3. 绿地投资项目呈现放量趋势

中国具有代表性的大型水电企业看中海外具有潜力的电力市场后，也相继启动了各自的新能源海外扩张计划，包括三峡集团、大唐集团和国电集团等二十多家中国企业。中国龙源电力集团股份有限公司于 2014 年 11 月顺利建成投产中国电力企业在海外投资的第一个风力发电项目——加拿大德芙琳风电项目。该项目预计能达到年上网电量 3 亿度的目标，满足当地 3 万个家庭的日常用电。这对我国电力企业积极开展海外绿地投资具有里程碑式的意义。

（二）中国电力企业跨国并购特点

与发达国家相比，我国电力企业海外跨国并购起步较晚，不过近几年发展势头较猛，主要表现为以下特点：

1. 以国有企业为主

近几年中国企业活跃于海外市场，电力企业也不例外，跨国并购已成为我国电力企

业对外直接投资的主要形式。由于电力行业本身的特殊性，其对外直接投资都具有投资基数大、投资期长、过程复杂、回收期长等特点，这就需要电力企业拥有雄厚资金、管理、人才、技术的国有背景作为支撑，比如中国两大电网集团和五大发电集团。而且在跨国并购中，国有背景更易得到政府在政策和资金方面的支持。现阶段，国家电网、中水电、中电投等在国外都有较大型的并购项目。

2. 并购规模和资金需求量大

由于电力企业的持续经营需要巨额资金，在跨国并购过程中，投资规模一般都以亿美元计。且现金支付是中国企业跨国并购的主要支付方式，所以电力行业跨国并购涉及规模和资金都较大，并购的资金多来源于银行贷款、债券融资等，会给企业带来较大的财务负担。

3. 多以横向并购为主

横向并购是指发生在同行业两家竞争企业之间的并购。电力企业具有电量难以储存的特点，通过横向跨国并购，能更有效地处理我国的富余电量，提高生产规模效益和在东道国的市场占有率，节约成本费用，实现企业价值最大化。同时，横向并购方式的后期整合风险较低，是我国电力企业跨国并购的首选方式。

4. 并购方式趋于多元化

根据并购后企业对目标资产的控制程度来分，中国电力企业跨国并购方式分为全资、控股、参股三种。由于一国的电力资源通常被认为涉及国家军事、安全等问题，东道国通常对电力企业跨国并购比较严格，有些国家甚至会以维护本国战略安全为由给并购企业设置重重障碍。故东道国政府的态度能直接影响电力企业跨国并购的成败，目前我国电力企业跨国并购以参股方式为主。

5. 电力企业跨国并购成功率较低

中国企业跨国并购起点较晚，在跨国并购的各个阶段都缺乏经验，而电力企业的跨国并购又受到东道国的政府、法律等方面的制约，故与发达国家相比，中国电力企业跨国并购的成功率较低。国家发改委国际合作中心在 2005—2014 年的统计数据显示，我国对外直接投资失败金额最多的行业是电力企业和能源企业，投资金额达到 893 亿美元左右，远超其他行业，占同期全部失败项目金额的 36.3%。

三、中国电力企业跨国并购主要风险分析

本部分将针对中国企业跨国并购的基本业务流程，分析中国电力企业在跨国并购的关键环节的主要风险并结合中国电力企业自身特点分析其可能存在的特殊风险。

（一）中国电力企业跨国并购关键环节风险分析

在跨国并购中，会面临各种各样的风险，此处仅针对中国企业在进行跨国并购项目时，并购前、并购中和并购后的各关键流程环节的主要风险进行分析，电力企业通过控制这些主要风险，可以降低跨国并购的整体风险。

1. 并购对象选择风险

企业跨国并购是一项风险很大的活动，如何正确选择目标公司显得尤为重要，而这

又与公司的战略目标息息相关。从我国电力企业近几年跨国并购的情况来看，跨国并购一般有四种意图：第一，开发国外优质资源。国内相关资源有限，通过开发国外自然资源，弥补本国企业资源缺口。第二，获取市场。国内有些电力企业产能过剩，通过扩张海外市场，能扩大规模效益，提升企业盈利能力。比如上海电力并购卡拉奇电力公司。第三，从国外发展较好的企业获取核心技术、知名品牌等优势生产力要素，短时间内迅速提升企业竞争力。第四，输出先进的管理和技术。横向并购的企业用本国先进的技术和经验整合目标企业难度相对较小。比如国家电网在巴西、菲律宾等新兴市场的并购项目。除了以上四种原因，每个企业也会因为战略目标的不同，对并购目标有不同的要求。基于电力企业的特点，我国电力企业的跨国并购一般与集团的长期战略有关，并购的营运期长，有些输电特许权甚至涉及与东道国上百年的合作。在电力企业选择并购对象时，东道国的各种社会因素都应充分考虑，根据自身发展战略，权衡好利弊，选择符合要求的并购对象。

2. 并购前定价估值风险

并购前准备阶段的关键就是在选中目标企业后，按照持续经营来合理估计目标企业价值，而对目标企业的价值估计的准确性直接影响着并购定价的合理性，在估价过程中主要有三个原因影响对目标企业定价的合理性。首先，信息不对称性。对目标企业的估值定价依赖于获得的财务信息的质量，通常只能通过目标企业对外公布的财务信息作为直接依据，但因为信息的不对称性，并购方难以掌握最真实、可靠的财务信息。无论是高估还是低估目标企业的价值，都有可能影响到企业的战略扩张。其次，价值评估体系不健全性。目前，国内外对企业并购的财务风险评估体系还不够完善，大部分还只是停留在表面，未能全面考虑到目标企业的方方面面。目前我国主要使用的价值评估方法有市场法、成本法和收益法，基于评估方法本身的缺陷，若没有一套健全的价值评估体系将会影响电力企业定价的准确性。最后，财务报表的局限性。企业并购前定价的直接信息来源只有被并购企业的财务报表，但其反映的都是企业过去发生的事项和交易，是历史信息，不具有预测性和前瞻性，同时现行的财务报表只能反映能够货币化的财务信息，而企业的商誉、市场竞争力、员工凝聚力、高层管理水平等无法货币化却能增加企业价值的因素无法在财务报表中体现。

3. 并购中融资支付风险

一些规模较大的跨国并购项目，经常需要动用数亿、数十亿美元的资金投入，尤其是电力企业，通常涉及的金额都比较大，而大部分中国企业资金实力有限，此时就只能通过融资解决资金需求。按资金来源渠道不同，融资可以分为外部融资和内源融资两种融资方式。虽然内源融资具有减少筹资成本的特点，但企业内部积累有限，而且如果过度使用内源融资可能使企业流动资金不足，影响企业资金周转，从而给企业带来财务风险，故主要还是依靠外部融资。企业的盈利能力、市场价值、竞争力以及偿债能力等都会影响到企业的外部融资能力。同时，企业融资结构中长期债务和短期债务的分配、债务资本和股权资本的比例等各种融资组合也会影响到企业的融资结构，而融资结构是否合理将直接影响到企业财务风险的大小。

企业管理层应该在充分考虑了双方资本结构和交易动机后对支付方式有一个合理的选择，这关系到企业能否顺利完成并购以及并购完成后能否实现协同效应和整合。据统计，中国跨国并购大多会选择现金支付方式，而电力企业也不例外，都是以现金支付为主。现金支付固然简单迅速，但其弊端也不可忽视：电力企业跨国并购资金需求大，现金支付对现金融资能力和自由现金流要求较高，很可能使企业因为无法筹到足够的现金而错失并购良机；即使能筹到足够的现金，其付出的资金成本也相对较大，给企业后期造成巨大的财务压力，也不利于后期的整合；与国际惯例不符，大部分国际上的跨国并购都会尽量减少现金支付的可能，我国电力企业若经常选择现金支付，也可能错失并购机会。管理层应充分考虑内外部环境变化，做足准备，选择最优的支付方式。综上，由于我国资本市场欠发达、支付方式单一、管理层决策简单化以及前期调研工作不充足等原因，导致我国电力企业在海外并购中产生较大的支付风险。

4. 税务风险

税务风险贯穿于跨国并购的整个过程中，包括并购前、并购中和并购后的整合，如果企业对东道国税收政策的变化没有充分理解和掌握，导致构建的财务评价体系不够准确，就会增加企业的税务负担，给企业带来税务风险。这些风险主要包括：①税收政策变化风险。东道国调高税率、取消优惠政策等都会使企业的税负增加。②税收筹划风险。并购的融资结构、建设和运营模式的设计和安排，都应该建立在充分考虑税收筹划的基础上来降低税务风险。③税收政策风险。主要是指日常涉税业务中因对政策的改变理解不到位而发生的错报、漏报等风险。

5. 并购后整合风险

国际上有一种形容并购成功率的定律叫"七七定律"，是指"在跨国并购中，有70%的并购不能实现预期的商业价值，而其中又有70%失败来自并购后的文化整合失败"。并购后的整合风险主要表现为以下三个方面：①文化整合困难。跨国并购能实现对全球资源的合理、有效配置，但在实际操作中，很多企业因为没有给予并购后文化整合充分的重视，使企业不能健康、持续发展，形成财务整合风险。②人力资源整合困难。并购交易完成后就需要立即解决董事会和管理层调整、是否并如何招聘新员工等问题。如何规范和引导个人向组织目标靠近，在企业竞争中也具有不可置疑的重要作用，对并购后企业的发展和生产经营方向影响重大。③并购后财务整合不成体系。并购后高效的财务整合才能给企业带来高效的财务管理，降低成本、提升经营效率、降低财务风险。

（二）中国电力企业跨国并购特殊风险分析

结合电力企业的行业特点，本部分从政治风险、电价变动风险、拖欠电费风险和外汇风险四个方面分析中国电力企业在跨国并购中的特殊风险。

1. 政治风险

我国大型电力企业大部分属于国有控股企业，"国"字号背景使得东道国政府赋予并购活动更多的政治关注，东道国政府常常因为国际上舆论的压力和国家安全问题对我国电力企业跨国并购活动施加压力。又由于能源生产对于一个国家的经济安全和军事安全都至关重要，故我国电力企业的跨国并购可能会被认为具有某种政治意图，经常遭到东道国政府的法律、政策的干预。另外，我国经济的快速崛起，"中国威胁论"的观点在国际上甚嚣尘上，受"中国威胁论"的影响，许多东道国政府担心中国企业会在他们的国家通过并购获取大量资源后不断发展壮大最后威胁到本地的产业发展，冲击本国的产业安全，故中国电力企业在很多国家的发展都受到东道国政府和本地企业的消极甚至敌意阻挠，遏制中国企业的发展。比如，柬埔寨新政府在 2015 年 2 月推翻中国水利水电在旧政府时期通过的水电项目，宣布暂停。

2. 电价变动风险

一般东道国电力市场运行机制与国内都会有较大差异，而且东道国政策调整等导致的电价波动也会给并购项目的营利性带来较大的不确定性。以巴基斯坦的 KE 公司为例，根据巴基斯坦当地法规，KE 公司的电费定价及日常经营受巴基斯坦电力监管局（NE-PRA）监管。但是，KE 公司 2009 年获批的电价调整机制已于 2016 年 6 月 30 日到期。根据巴基斯坦国家电力监管局（NEPRA）在其网站上公布的信息，KE 公司申请的新电价机制（MYT）暂不生效，直至新 MYT 发布前，原 MYT 将一直适用。如果新的电价调整机制对标的公司盈利水平的约定发生了变化，则该事项将对标的公司盈利能力产生一定影响，达不到并购方的预期，甚至有导致交易终止的风险。

3. 拖欠电费风险

国外电力企业一般通过收取电费来回收企业营运资金，但很多东南亚和非洲等不发达国家很有可能出现延迟或无法支付电费的情况，给企业正常运作带来风险。以巴基斯坦为例，巴基斯坦政府拖欠电力企业电费的现象已经陷入了"三角债"困局。由于巴基斯坦国内的各种原因，其政府无法正常支付电费，而电力企业因缺乏营运资金支付各种费用，只能勉强依靠银行贷款维持运营，维持不下去的时候就选择大量减少发电量，这又使得一部分企业几近停产无法创造价值和税收，政府更没钱支付电费，又加剧了这个恶性循环。截至 2014 年 10 月的统计数据，巴基斯坦电力三角债总额已超过 55.6 亿美元，占巴基斯坦 GDP 的 4%左右。由此可见，巴基斯坦的电费拖欠问题将在未来很长的一段时间继续存在，即使部分企业诉讼到最高法院，得到的赔偿也极低，还是会存在影响企业正常运营的风险。

4. 外汇风险

东道国的外汇不足或者在外汇管制的时候，可能使企业向国内股东分配利润时无法兑换成本国货币，给企业带来汇兑方面的损失，增加财务风险。比如，根据巴基斯坦2001 年《外汇账户（保护）法案》的内容，在巴基斯坦境内设立的含有外资成分的公司，可以在有外汇经营资格的银行开立、使用外汇账户，可以自由存取、汇入、汇出外汇，允许外国投资者将全部资本、资本所得、红利和利润汇出。但投资者需要注意，巴基斯坦外汇市场具有本币持续贬值、外汇储备低和外债高的特点，同时巴基斯坦出台的相关解决措施落实率低，美元储备有限，很可能因为供需悬殊而让企业承受更高的汇兑溢价，蒙受汇兑损失。

四、上海电力并购卡拉奇电力（KE）公司风险控制分析

（一）案例背景

巴基斯坦基础设施建设极为落后，公路密度低、铁路老化、海运能力薄弱。能源的短缺，特别是电力的缺口，是巴基斯坦经济发展的重大阻力。据统计，巴基斯坦电力缺口达 5 000 兆 ~8 000 兆瓦，造成的 GDP 损失达 2% 以上。巴基斯坦政府和民间一直对外商投资抱以积极的态度，与 52 个国家签署了避免双重征税协定，还对来自周边国家的外商投资开放了一系列税收、财政优惠政策。同时，恐怖袭击在巴基斯坦也时有发生，安全形势较为严峻。伊斯兰堡和拉合尔治安较好，卡拉奇形势较为复杂，经常发生宗教派别仇杀和恐怖袭击事件。

卡拉奇电力公司（简称 KE 公司）于 1913 年成立，拥有百年历史，属于巴基斯坦的上市公司，在上海电力对其完成收购前，实际控股人是迪拜的阿布拉吉集团。截止到 2015 年年末，KE 公司资产负债表显示其总资产约人民币 244 亿元。从财务数据上看，KE 公司的盈利情况可观，在 2015 年，利润表中销售收入折合人民币约 127.4 亿元，共实现净利润约人民币 19 亿元。

巴基斯坦的电力需求随着经济增长日趋扩大，但发电设备陈旧、技术落后等原因导致其发电量远不能满足其日益增长的电力需求。该国从 2003 年开始进口电力，但其效果微不足道，仍无法解决其电力供需矛盾。有数据显示，在夏季的用电高峰期，巴基斯坦农村每日停电可高达 16 小时，城市每日停电时间可高达 12 小时，其人均用电量不足世界平均水平的六分之一，故巴基斯坦未来用电需求潜力巨大。KE 公司负责供应卡拉奇市及其周边地区的电力，也是巴基斯坦唯一一家能集发电、输电、配电和售电于一体的实力雄厚的电力公司。

并购方上海电力股份有限公司（简称"上海电力"）隶属于我国国家电力投资集团，是上海最主要的电力上市企业之一。上海电力自 2013 年以来，正在将产业布局逐步向海外开拓，先后进行了马耳他合作项目、巴基斯坦 KE 公司、加拿大 Northland 公司等并购项目的前期工作。2014 年，上海电力完成了马耳他并购项目的整合并开始实现盈利，这是该企业在欧洲落地的第一个项目，马耳他也将成为上海电力进一步进军欧洲市场的重要平台。

（二）并购动因

1. 助力"一带一路"倡议，提升中国电力企业的国际影响力

电力行业是中国的战略性和基础性行业，对中国"一带一路"沿线国家的基础建设有着重要作用，其海外发展能促进国家经济发展、提高国家综合实力。同时，由于国内市场结构的不均衡和有限性，上海电力积极进行海外跨国并购，能使我国电力的供需在全球范围内融合，增加电力资源的供给弹性。上海电力还可以将国内发展比较先进的设备、技术和管理理念输入目标企业，参与国际竞争，在国外市场进行磨炼并积累经验，提升企业生存能力，实现上海电力在海外"再造一个上海电力"的战略目标，从而提升中国电力行业的国际影响力和话语权，推进我国电力企业的国际化进程。

2. 获取潜力极大的巴基斯坦电力市场资源

KE 公司作为巴基斯坦唯一一家能做到发电、输电、配电、售电一体化服务的电力企业，在当地经济发展中的地位尤其重要，并在巴基斯坦经济发达的港口城市卡拉奇地区拥有举足轻重的地位，同时，其设备和技术方面还有很大的优化发展空间。上海电力根据 KE 历史经营情况，预计在收购 KE 公司之后，KE 公司本身的利润就能够覆盖并购时的贷款利息成本，本次交易预计将使上海电力的整体经营业绩有所提升，增加上海电力的综合盈利能力。

3. 为开拓新的国际市场积累宝贵经验

我国企业跨国并购历史不长，尤其是对于电力企业，并购金额较大，且涉及各国的政治问题、文化问题等，成功率更低。上海电力此次若能成功进入巴基斯坦的电力市场，克服重重困难，实现跨民族、跨文化的双方企业整合，对上海电力的发展战略意义重大，也对我国"一带一路"沿线国家的基建工程建设涉及的相关企业的海外发展具有指导性意义。尤其是上海电力在日本、马耳他项目实现盈利，更是给我国电力企业的海外扩张注入了强心剂。而且上海电力在火力发电、燃气发电方面拥有领先的技术和设备，在国内市场的经验也使其在面对巴基斯坦的新兴市场时能提供一定的借鉴意义。

4. 落实"再造一个上海电力"的战略目标

截至 2016 年年末，上海电力海外项目总资产为 65.83 亿元，同比增长 104.09%；海外项目完成归属于母公司净利润 1.3 亿元。截至 2016 年年末已有多个海外项目落地，遍及 19 个国家，超过 40 个项目。此次对巴基斯坦 KE 公司的并购属于上海电力在"十三五"期间完成"再造一个上海电力"海外布局中重要的一步，也有利于上海电力将产能转移到海外，利用协同效应增加盈利水平，同时解决巴基斯坦的供电问题，达到双赢。

（三）并购过程

KE 公司的原控股股东阿布拉吉集团是一家财务投资公司，从 2008 年开始连续 7 年控制 KE 公司，于 2015 年开始寻找下家将股份变现退出。最后上海电力在国内外各种竞争者中成功夺得购买权。

上海电力拟作价 17.7 亿美元，分两个阶段以全现金的支付方式收购 KE 公司 66.40% 股份。第一阶段收购 KE 公司的约 169.55 亿股份，约占 KE 公司总发行股本的 61.4%，支付对价为 16.62 亿美元（折合人民币约 112.61 亿元）。第二阶段交易股份为 KE 公司的约 13.81 亿股，约占 KE 公司总发行股本的 5%，采取"earn-out"法，根据 KE 公司的 EBITDA 情况在第一阶段完成 17 个月后再收购 KE 公司剩下 5% 股权。

上海电力先后于 2016 年 10 月 30 日与迪拜阿布拉吉集团签署了关于收购巴基斯坦卡拉奇电力公司的股份买卖协议；于 2017 年 1 月获得商务部批准，2017 年 2 月国家发改委批准。截止到 2017 年 6 月 30 日，该收购交易尚未完成。

（四）并购中关键环节主要风险控制分析

1. 并购战略定位清晰，规避并购对象选择风险

上海电力对其战略定位清晰，将 KE 公司作为并购对象目的明确：首先是完善海外布局，积极参与"一带一路"沿线电力项目；其次是将企业做大做强，落实集团海外发

展战略；最后是看中巴基斯坦的市场容量和供应缺口，有助于上海电力的产能转移。上海电力提出到 2020 年在海外"再造一个上海电力"的战略目标，其近几年也活跃于国际市场，已经在土耳其、马耳他、坦桑尼亚以及日本等地进行战略布局，巴基斯坦的 KE 公司也是其并购战略中的一部分，有利于发挥产业联动效应。清晰的定位有助于上海电力做最优的并购对象选择，准备充足，准确把握并购时机，提高并购成功率。

2. 多渠道获取信息，降低定价估值风险

在并购前上海电力多次邀请专业人员对该并购项目进行可行性专题论证，并组织各类尽职调查团队远赴巴基斯坦，从多领域、多角度对 KE 公司进行详尽细致的调查，对可能面临的风险进行了全方位预判。充分掌握了巴基斯坦作为新兴经济体，在政策、法律等方面不确定的政治风险和中巴两国因企业文化差异、经营理念和经营环境等潜在的整合风险可能给并购带来的阻碍。基于中巴良好的战略合作关系、巴基斯坦本地巨大的电力市场以及上海电力本身先进的技术管理水平等因素为本次跨国并购提供的政策保障和整合发展保障，上海电力最终还是选择了 KE 公司，以很快的速度履行了企业的决策程序。广泛详尽的尽职调查，多渠道获取信息，使上海电力有效降低了定价估值风险。

3. 现金支付能力强，规避融资支付风险

上海电力作为上海最主要的能源电力企业之一，虽然此次收购金额庞大，但其交易的收购主要资金来源为自有资金及银行贷款，支付方式选择现金支付。上海电力在选择融资方案时，会考虑各种搭配组合的可行性，在确定选择的融资方案可行的前提下，再基于汇率风险及成本、综合融资成本和第三方增信的影响，考虑是否有降低融资风险和成本的空间。截至 2016 年第三季度末，上海电力合并财务报表的货币资金余额为 43.07 亿元，现金流量充足为上海电力扩张海外市场奠定了经济基础，为其降低了融资和支付风险。我国大型电力企业大都是国有企业，上海电力也不例外，尤其是并购 KE 公司有助于落实国家"一带一路"倡议的建设目标，能得到本国的政策扶持，向银行贷款压力相对较小，故采用现金支付方式不仅不会给企业带来沉重的财务负担，而且有效降低了在资本市场上融资所带来的风险，支付风险也相对较小。

4. 合理设计税务架构，降低税务风险

上海电力在进行跨境并购时，特别关注税务架构的设计，因为通过设计合理的税务架构可以达到税务最优化、提高投资收益。从融资方式、境内外控股结构、未来营运资金和投资资金的比例及使用安排等角度进行一系列考虑，以期达到并购前、并购中、并购后的综合税负最优。在本次并购中主要考虑以下几个因素：融资结构和支付方式、巴基斯坦与并购投资相关的政府和地方税收政策，包括巴基斯坦给予中国投资者的税收优惠政策、利润转回中国境内需补缴的税费差额成本等。通过合理设计税务架构，有利于上海电力降低此次并购的税务风险。

5. 积极沟通交流，降低整合风险

本文的研究案例因还未进入并购完成后的整合阶段，故此处尚无法进行案例经验总结，只能对该风险的防范和控制措施提出以下建议：①积极促进两国员工之间的沟通交流，推动被并购企业的员工认同并购方的管理理念和战略目标。②组织并购方管理团队熟悉当地管理环境、员工习惯及原有的管理模式。③重视双方文化整合。在不影响经营理念的前提下，尊重东道国的文化自由，也可以组织东道国员工代表到国内参观、交流，促进双方文化融合。④设计一套成体系的财务整合系统。并购后高效的财务整合才能给企业带来高效的财务管理，提升经营效率、降低财务风险。

（五）并购中特殊风险控制分析

1. 利用中巴良好合作关系，降低政治风险

东道国政权的稳定和政策的连续性会直接影响投资环境和投资收益。巴基斯坦历史上多次出现新一届政府上台后直接推翻上一届政府批准案例的情况。巴基斯坦自谢里夫总理执政以来，巴基斯坦国内政治整体保持稳定，但其新政的推行也面临着很多的挑战，比如联邦政府与地方政府的权利之争、军方与民选政府的矛盾等都会影响国家资源的分配。不过，上海电力最终还是选择向巴基斯坦的电力市场进军，就是充分利用中巴两国良好的政治关系，又随着"中巴经济走廊"大型合作项目的推进，并购中国家层面的政治风险进一步降低。

2. 多方积极协调，降低电价变动风险

NEPRA 将根据对 KE 公司盈利水平的约定测算出其电价收入，同时制定终端用户需支付的电价，终端用户支付的电价与 KE 公司电价收入差额部分由政府以补贴的形式进行补足。为了达到上海电力预期的新电价机制，KE 公司已经提交新电价机制申请，交易对方（KE 公司原控股股东）也承诺协助 KE 公司取得符合上海电力预期的新电价机制。经过三方的积极协调，交易对方声称有信心取得符合上海电力预期的新电价机制，降低电价变动风险。

3. 与当地政府协商，降低拖欠电费风险

截至 2016 年 3 月 31 日，KE 公司应收账款中有 57.83% 是当地政府及公用事业单位用电欠费所致。由于 KE 公司为卡拉奇地区的唯一电力销售企业，与当地政府及公用事业单位用电关系相对稳定。巴基斯坦政府致力于维护公用事业企业的经营稳定，采取多种措施协调各企业之间的供应关系及销售关系。鉴于此，上海电力与巴政府积极协商，通过一些基本的保证协议保障 KE 公司的基本运营，同时 KE 公司及交易对方也将协助上海电力解决上述"循环债"问题。

4. 利用全面的外汇监管措施降低外汇风险

上海电力公司在其《上海电力股份有限公司重大资产购买报告书（草案）（修订稿）》中提到，对于外汇风险将积极采取以下措施进行防范：①防范融资与投资币种错配风险：上海电力将在本次交易中考虑采用美元融资。将近年内获得的红利主要用于当地再投资，一定程度上与 KE 公司现金回流匹配。②防范红利汇出和歧视性兑换风险：对以后年度将要汇回的红利及退出款，根据巴基斯坦当地法规确认巴基斯坦对外商投资者未来的正常利润汇出的保护，落实对限制汇出和歧视性汇兑的保护措施。③防范巴基斯坦美元储备不足风险：持续跟踪巴基斯坦人民币外汇储备情况，目前巴基斯坦人民币外汇储备较少，将来随着中国与巴基斯坦合作关系的推进，密切跟踪巴基斯坦人民币外汇储备的情况，试图探寻将巴基斯坦卢比直接兑换成人民币的路径，以规避卢比对美元

汇率波动的影响。④防范巴基斯坦卢比兑美元大幅波动风险：持续跟踪巴基斯坦卢比兑美元汇率波动情况，在预期出现巴基斯坦卢比兑美元汇率重大波动时，对预计汇回的款项进行锁定。

五、结语

本文通过对中国电力企业跨国并购涉及的主要风险进行理论分析，再以上海电力并购巴基斯坦卡拉奇（KE）电力公司为例，结合该企业并购背景和并购动因，总结了上海电力在并购中控制相关主要风险的经验，旨在为我国有意向去巴基斯坦投资、助力"一带一路"沿线国家基础设施建设的电力企业在跨国并购实践中所涉及的并购风险的控制与防范提供一定的借鉴意义。

案例分析三　中国企业跨国并购财务风险与防范探讨
——以上海电力并购 KE 公司为例①

引言

随着中国经济的发展，我国企业参与国际市场竞争的实力与日俱增，中国已成为世界第一的外汇储备国，开展海外并购已成为一种必然趋势。依据《2017 年中国企业跨境并购特别报告》公布的数据分析表明，我国企业在 2016 年度的海外投资并购交易数量呈现爆发式增长，但也表明海外并购仍然是一种高风险并且投资回报成功率不高的领域。在这当中，自 2013 年在中巴经济走廊的建设下，中国对巴基斯坦投资额同比增加120%，已建成或在建的项目总投资额高达 185 亿美元。但由于跨国交易结构复杂、难度系数加大，都将直接导致并购风险的不断加剧。面对海外并购应保持审慎的态度，综合特定的海内外市场行情，国际政治法律变化趋势，将理论知识和实践活动的有效结合，以避免产生损失。因此，如何识别评估和应对海外并购的财务风险已经成为跨国经营企业首要解决的核心问题。

一、上海电力并购巴基斯坦 KE 公司简介

（一）中外并购双方公司情况

卡拉奇电力公司（以下简称 KE 公司）成立于 1913 年，是一家拥有百年历史的巴基斯坦上市公司。在中国上海电力公司对 KE 公司并购之前，KE 公司的原实际控制人是迪拜阿布拉吉集团（Abraji）。KE 公司是巴基斯坦卡拉奇市及其毗邻地区的主要电力供应商，也是巴基斯坦境内唯一一家从事发、输、配、售电及电力服务的纵向一体化业务的电力公司。该公司运营五座发电厂，总装机容量达到 224.3 万千瓦，约占巴基斯坦总装

---

① 作者：区聪

机容量的十分之一。此外，KE 公司还拥有 69 个输变电站和 21 817 座各类配电站。其服务的用户有 250 万户，覆盖面积达 6 500 平方千米，2015 年的最高供电负荷约 320 万千瓦。

上海市电力公司成立于 1882 年，是一家从事上海电力输、配、售的特大型企业，统一调度上海电网，参与制定、实施上海电力、电网发展规划和农村电气化等工作，为上海的经济社会发展提供安全、经济、清洁、可持续的电力供应和服务，并对全市的安全用电、节约用电进行监督和指导。其供电区域覆盖整个上海市，供电面积为 6 340.5 平方千米，是国内负荷密度最高的地区。2009 年年底，公司劳动组织综合改革取得阶段性成果，新成立了 9 家供电公司和 7 家专业公司。公司共有员工 14 948 人，拥有客户 799.80 万户，资产总额达 1 221 亿元。

（二）海外并购过程

此次并购除了上海电力公司有意参加收购外，还吸引了来自美国、欧盟、中东等国家的海外竞争者，以及中国境内的其他竞争者，在竞争中上海电力公司以投资者身份成功买下 KE 公司的股份。并购活动分为两个阶段，第一阶段 KE 公司向上海电力公司转让约 169.55 亿股份（约占其总发行股本的 61.4%）；第二阶段上海电力与 KE 公司转让约 13.81 亿股份，约占其总发行股本的 5%。

2016 年下半年，上海电力公司作为我国电投集团的重要上市一员，与迪拜阿布拉吉集团（Abraaj）经过协商共同签订了关于 KE 公司转让 66.4% 股权的交易协议。按照上海电力公司在 2016 年 10 月 30 日出具的报告显示，此番收购交易的可支付对价为 17.70 亿美元（约合人民币 117.45 亿元），并且参照被收购公司的实际经营状况将支付奖励金合计不超过 0.27 亿美元（约合人民币 1.79 亿元）。

2017 年 1 月，上海电力公司获得我国商务部颁发的《企业境外投资证书》，证明上海电力公司对 KE 公司进行的控股股权海外并购活动正式得到中国政府的批准。

2017 年 2 月，上海电力公司表明我国发改委针对该项海外并购活动出具了正式批复，批准上海电力公司并购 KE 公司控股股权的第一阶段海外并购交易项目，其主要涉及并购 KE 公司股权的 61.4% 与强制要约收购项目，剩余交割条件也正逐步积极落实。

（三）海外并购的必要性

为开拓新的国际市场积累经验，上海电力公司从 2012 年开始逐步致力于拓展其海外市场领域，并且大力推行实践国际化经营策略，目前上海电力公司名下的多项资产项目已经成功进入其他国家，如日本、土耳其和马耳他等国。此次通过完成对巴基斯坦 KE 公司进行的并购活动，为其实现 2020 年前在海外"再造一个上海电力"这一重要战略迈出了实质性的一大步。上海电力公司对外公布，此番并购巴基斯坦 KE 公司的目的不仅要做大做强自身电力主业，不断推行跨国开发策略；还要调整改善自身产业结构布局，大力开展实践"一带一路"倡议的海外电力项目。

上海电力公司一方面为发展新业务的上升空间，对包括巴基斯坦 KE 公司在内的一些国际电力市场领域非常重视，本次通过成功对巴基斯坦 KE 公司的海外并购交易完成后，判断上海电力公司财务报表的未来营业收入指标将会大幅度提高，该公司的经营业绩与盈利水平都将得到进一步的上升空间，并且意味着上海电力已经逐步向"国际化、综合化、清洁化、平台化"转型。另一方面，上海电力公司对巴基斯坦电力市场潜在的社会需求水平十分看好，其将来广阔的市场发展前景，成为上海电力公司此番海外并购的关键因素之一。对于上海电力而言，他们在本土市场上长期实践积累下来的宝贵经验，为未来发展新兴市场提供了坚实的基础，将积累下来的宝贵实践经验应用至新兴市场中，可以免去诸多麻烦。假定上海电力公司未来几年在巴基斯坦获得良好的经营业绩，便能为其后续开展新的海外并购交易项目发挥更有力的参考数据，将丰富的实践经验运用至新兴市场中，完成海外项目保值增值，这也是巴基斯坦 KE 公司成为上海电力公司海外并购目标的重要因素之一。

二、上海电力并购巴基斯坦 KE 公司的财务风险分析

（一）并购前的财务风险分析

1. 目标企业风险分析

上海电力并购的 KE 公司肩负着巴基斯坦卡拉奇市内以及附加区域的电力资源供给，同时具有国家颁发的独家电力运营许可资格，并且垄断了该区域电力市场。迪拜阿布拉吉集团（Abraaj）是巴基斯坦 KE 公司的原财务投资者，于 2008 年持有巴基斯坦 KE 公司的股份，持有至 2015 年后开始寻觅新股份购买者，想通过转让股份变现的方式退出。KE 公司在 Abraaj 集团的管理团队带领下，在 2009 财年亏损 1.97 亿美元（约合人民币 13.08 亿元），一直到了 2012 年才实现在经营长达十七年以来的第一次盈利，在 2015 年巴基斯坦 KE 公司的净利润达到 2.8 亿美元（约合人民币 18.89 亿元），经过三年时间将净利润率从 2% 增加到 15%。

目前，巴基斯坦国内的电力供给情况与我国电力供应过剩的情况恰恰相反，其电力供给需求关系显得十分紧张，在高峰时期电力需求量与发电容量间仍然有明显的差距。在电力需求量为 1 800 万至 2 000 万千瓦时，实际发电能力却只能向社会提供 1 200 万至 1 400 万千瓦时，出现严重短缺 600 万千瓦时。

上海电力公司在此次海外并购交易活动中面临的重大风险因素是目前巴基斯坦 KE 公司在发电、输电、配电设备等方面仍然处于相对落后的水平，其修理维护费用较大，在日益激烈的市场竞争环境下，如果没有足够的能力应对市场风险，将成为上海电力公司在此次海外并购活动中所遇见的最大难题。

2. 跨国文化整合风险分析

从海外经营管理长期积累的实践经验以及依据评级中介组织出具的风险分析报告，得出海外并购与被并购企业双方在传统文化与思维方式等层面所存在的固有差异，跨国双方文化差异和思维方式差异会导致产生并购失败的风险。

在一些实际的并购整合决策和并购整合执行过程中，因被并购企业职工拥有一定的专业技能而具有重要影响力，需要积极促进各方职工的共同参与才能够更加客观公正地评判并购企业与被并购企业所形成的新企业战略与新企业组织之间的关联性，制定出更加合适的职工业绩考核与激励性报酬政策尽力留住被收购企业的职工。

　　跨国文化整合的措施一般分为三个步骤，包括颠覆、复合和维护。文化整合意味着将建立一个全新的企业文化：在基于该企业自身文化的优势背景下，借鉴外来文化的先进成分，然后使其相融合成为新形式的企业文化体系。在这种情况下，主并企业需要加强对企业并购文化方面的评价和吸收，避免总是采用中国式思维的模式。文化整合并不是在并购完成之后，被并购企业就要全部摒弃自己独有的文化，武断地、强制性地植入中国企业的文化，这样不仅会引发被并购企业职工的不满，还有可能导致企业海外并购失败。

　　3. 财务整合风险分析

　　基于海外并购双方所处的经济环境不同，没有统一的财务制度，双方所设置的会计账户和编制的财务会计报表等都存在差异，极易出现实际收益和预期产生偏差，造成财务信息的不一致，导致财务整合过程不顺利。

　　同时，当金融活动超越国界时，主并企业对海外并购的目标企业熟悉程度要远低于国内企业，从而导致财务运营方面的控制管理问题变得愈加困难。基于海外并购的本质异常复杂，企业在收购过程中不仅要面临国际支付风险，还要面临国际融资风险、国际利率风险和国际汇率等风险。

　　因此，上海电力需要考虑诸多因素，譬如在设计融资方案时，要对债务资本的融资方式进行分析，考虑是以境内上海电力为融资主体，使用人民币贷款购汇出境；抑或利用上海电力设在自贸区的全资子公司为主体，以外币贷款出境等方式获取融资。同时，上海电力在进行并购交易时还应考虑对外汇管制风险的识别与事前控制和对汇率波动的管理预案及事后有效执行。

　　（二）并购中财务风险防范

　　1. 上海电力并购战略清晰、并购时机把握准确

　　上海电力公司致力于开发新产业和完善业务结构布局，将国际化的市场目标框定于拥有高速增长水平和人口规模庞大的亚非拉等优秀的潜在发展市场领域，其海外资产盈利能力显著，为积极推进做精上海、做优国内、做强海外的发展目标做好前期铺垫。巴基斯坦国家电力局曾在 2013 年表示，希望在 2017 年之前能够改善因电力严重短缺而产生的困境，并且预期从 2018 年开始逐步恢复并扭转电力行业从亏损到盈余的新局面。

　　上海电力公司作为我国电力投资集团中的关键成员，已经在火电、燃气发电和新能源发电等领域都取得了良好的业绩，这是其优势所在。上海电力公司今后便可将其先进的技术水平、设施与丰富的管理实践经验融入巴基斯坦 KE 公司，不断改善调整其经营管理水平，提升巴基斯坦 KE 公司的综合盈利能力。

　　2. 企业现金流量充足，支付能力极强

　　上海电力公司拥有较为充足的现金流，为其不断开拓海外市场领域提供了重要的物质基础，减轻了海外融资风险。上海电力公司截至 2016 年年底的海外资产总额达到77.59 亿元，同比增加 17.86%；海外营业收入达到 11.05 亿元，同比增加 47.1%；海外净利润为 3.02 亿元，约为上海电力公司整体净利润的 18.3%。跨国业务的净利率水平为 27.3%，资产回报率为 3.9%，与国内业务相比分别高约 11.1% 和 3.5%。

KE 公司是巴基斯坦集发、输、配、售一体化的电力公司，装机容量为 224.3 万千瓦，约占巴基斯坦总装机容量 10%，2016 年上半年 KE 公司净利润为 1.83 亿美元，预计全年可实现 3.6 亿美元。如果按照 7.0 的汇率计算，KE 公司 2016 年净利润约为 25.2 亿元，66.4% 的股权对应 16.7 亿元。扣除掉收购对价带来的财务费用，净收益为 10.5 亿元，是公司归属净利润的 115%。

3. 全面收集信息，认真调查

企业在外海并购活动中应先了解相关的法律事项，在跨国并购活动中，我国企业应提前收集与掌握海外产权的法律、反不正当竞争法的限制条例、反垄断法的条例与限制海外投资等相关政策，在不违反相关法律法规的前提下，对海外被并购企业制定合理恰当的并购策略和目标，避免因违反被并购企业所在国的相关法律制度而产生较大的亏损。这些措施包括遵循当地法规、进行全面尽职调查、制定相关定价和贸易条件以及为并购外国企业做准备。在监管监控层面，我国企业在海外并购活动中应重点关注被投资国管制和限制的行业领域，尤其像电信、证券、银行、广播等涉及国家安全的关键领域。值得关注的是，一个国家可以同时存在多家监管机构都有权力调查竞争的进展情况，因此必须严格遵守被并购企业所在国的有关规定，否则将受到严厉的处罚。

因巴基斯坦在其法律制度等层面还有较多空白和不稳定性，以及与我国企业的经营观念、企业文化建设等方面也存在较大差别，这些因素都将给该海外并购交易活动带来诸多阻碍。

上海电力公司针对该问题对外表示，上海电力已多次组织对该海外并购交易活动开展研究可行性专题论证，并且派出了各类调查队伍多次抵达巴基斯坦进行调研，以及与国际知名的美国摩根大通进行合作，积极从多种渠道获得具有帮助的信息数据和参考建议。通过从方方面面对巴基斯坦 KE 公司展开的充分调查研究，对将要面对的风险因素提前做好充分适当的预估。在并购前尽职调查，从多渠道获取信息，降低了信息不对称的风险。

4. 聘请法律顾问

在开展海外并购的进程中，需预先熟悉、掌握国际性惯例操作，这就要求主并企业必须掌握被并购目的企业所在国特有的文化特色，研究投资管理地方法制，聘请专业的法律顾问，规避可能产生的阻碍及风险。例如，并购企业应当聘请相关海外并购专业律师进行专门的法律法规、区域和行业调研，积极关注其他竞争对手的动态。

我国上海电力公司聘请美国摩根大通在此次并购活动中担任财务顾问。摩根大通是目前美国按资产计算最大的银行，是盈利能力最强的银行，也是公认最稳健的银行。摩根大通中国投资部向外界表示，此番上海电力公司对 KE 公司进行并购，已成为我国企业迄今为止对巴基斯坦开展的最大规模的一次海外并购活动。

5. 完善与被并购企业所在国政府的沟通方式

在法律层面上，有效选择各种途径与被并购目的企业所在国进行沟通。例如，根据我国企业的跨国投资数据显示，高达八成的国有企业和七成的非国有企业在面对跨国阻碍时会立即选择与驻外中国大使馆、海外业务机构以及中国相关部门等组织机构取得联系与帮助。为获得被并购目的企业所在国政府的支持和了解，并争取在就业发展层面满足被并购目的企业所在国政府的需要，与目标企业展开相互友好合作，促使当地政府从自身社会发展与经济发展角度出发，为海外并购企业提供相对宽松的政治环境。

在政府层面上，应加强与东道国政府合作协定的执行情况。在实施战略合作的进程当中，双方政府通过签订贸易合作协议，旨向外海并购企业传递友好交流、共同发展的愿景。但假设双方政府签署的合作协议仅停滞在签署阶段，将会导致企业依据协议引导投资决策失误，更会直接影响其投资成本。例如中国和巴基斯坦到目前为止共同签订了300多份协议与谅解备忘录，但将近一半的协议发展状况成效不佳，而另一半毫无实质性进展。中国现已与周边五十多个国家达成认识签订了税收协议，然而在投资经营的实践过程中仍然存在着许多企业处于双重征税的窘境。

（三）并购后财务风险分析

1. "Z-Score" 值判定模型分析评价

"Z-Score" 值判定模型主要以企业自身的资产规模、折现力、获利能力、财务结构、偿债能力及资产利用效率等方面综合反映企业的财务状况，进一步推动了财务指标预警的发展。上市公司 Z 值判断函数模型为：$Z = 0.717X_1 + 0.847X_2 + 3.107X_3 + 0.420X_4 + 0.988 8X_5$，其中 $X_1 =$ 营运资金÷总资产；$X_2 =$ 留存收益÷总资产；$X_3 =$ 息税前利润÷总资产；$X_4 =$ 股东权益账面价值总额÷总负债；$X_5 =$ 营业收入÷总资产。如果 Z 值越小，则表示企业发生破产以及面临严峻风险的概率越高，该企业遭受经营失败的可能性也就越高。表 8.5 为 2015—2017 年上海电力跨国收购的 "Z-Score" 值。

表 8.5　　　　　2015—2017 年上海电力跨国收购 Z-Score 值一览表

企业名称	2015 年	2016	2017 年
上海电力	1.311 057 481	1.311 057 481	0.054 966 662

资料来源：根据巨潮咨询网整理所得。

通过表 8.5 的数据显示可知，上海电力公司在并购完成后其 Z 值并没有提高或者与并购前期持平，这表明在此次海外并购中财务风险因素依然存在而且呈逐步增加的趋势。将来的海外并购交易活动中，中国企业不应盲目拓展经营规模，而应审慎地综合衡量考虑预期效益与其自身面临的各项财务风险因素。

2. 行业整体综合评价

KE 公司集中了巴基斯坦 47% 的工业、43% 的工业产品和 42% 的产业工人；国民生产总值占全国的 20% 以上，关税收入占全国的 65% 以上；主要国营工厂有巴基斯坦钢铁厂、卡拉奇造船厂、卡拉奇核发电站以及两个炼油厂。从财务数据上看，KE 公司的盈利情况良好。截至 2015 财年末，KE 公司的总资产约为 36 亿美元（约合人民币 243.94 亿元）。2015 财年，实现营业收入约 18.8 亿美元（约合人民币 127.38 亿元），净利润约 2.8 亿美元（约合人民币 18.97 亿元）。

此番上海电力并购 KE 公司顺利完成后，将进行电网升级改造和装机规模扩建，预计巴基斯坦 KE 公司的盈利能力水平将会持续提高。上海电力为巴基斯坦 KE 公司原财务投资者 Abraaj 集团的管理队伍准备提供 0.27 亿美元奖励款（约合人民币 1.79 亿元）。另外，上海电力将参照其他开展的国际项目，计划在巴基斯坦 KE 公司目前管理水平的前提下加强其煤耗、线损等各项经营效率指标。

上海电力在"一带一路"倡议下步入丰收期，集团加速混改值得期待，在不考虑收购和增发摊薄的情况下，行业预计 2017 至 2018 年上海电力将分别实现每股收益 0.93 元和 1.15 元。

3. 社会政治风险评价

基于中巴悠久的友好关系、紧密的贸易关系，以及近年来巴基斯坦快速发展的经济和电力市场的巨大开拓空间，虽然在跨国并购中面临着巴基斯坦政策政治、宗教文化冲突以及境外法律等风险，但是中国在巴基斯坦的高投资收益率还是有一定保障的，特别是 KE 公司所在的卡拉奇市早在 80 年代期间就与我国上海成为国际友好城市，两城市之间渊源颇深。

根据巴基斯坦 KE 公司在 2016 年实现的 1.83 亿美元（约合人民币 12.15 亿元）的良好发展前景，行业分析预测 KE 公司未来将实现 3.6 亿美元左右（约合人民币 23.9 亿元）的净利润。从市场空间来看，巴基斯坦国家政治形势总体稳定，整体实力和对外影响力增强，经济形势延续了向好趋势，但电力短缺成为制约其经济增长的主要原因之一。例如 KE 公司所处的卡拉奇市，电力负荷高峰期间出现需求短缺 6GW。目前，巴基斯坦卡拉奇城市的状况相当于九十年代上海的电力水平，预计将有十倍电力的增长需求空间。根据 2016 年 12 月初，上海电力为兼任巴基斯坦能源部和国防部部长赫瓦贾. 阿西夫的汇报，到 2030 年 KE 公司打算将平均每年投资 7 亿美元（约合人民币 46.47 亿元）用于卡拉奇电力设备建设。根据土耳其及国内其他煤电项目，上海电力作为 EPC 项目的承包商，其利润规模可达到每年 1.4 至 2.1 亿美元（约合人民币 10 亿～15 亿元），相当于又一个上海电力的利润水平。

三、结论与启示

目前巴基斯坦作为我国"一带一路"倡议中的关键环节，促使我国越来越多的企业对巴基斯坦的海外投资项目产生了浓厚的兴趣。并且我国上海电力公司与巴基斯坦 KE 公司的此番海外并购活动，完全遵循我国"一带一路"倡议的发展方向，为我国今后顺利建立起"中巴经济走廊"做出重大贡献。因为在企业海外并购中缺乏相关经验，对海外并购的风险因素的了解还不全面，所以在海外并购活动中仍然存在诸多阻碍，这将直接成为导致海外并购失败的致命原因，也为我国企业甚至对我国带来较大的经济损失。"一带一路"倡议作为中国与世界经济共同繁荣进步的方针政策，实行改革开放，共同分享中国经济发展红利。

为此，为了配合我国"一带一路"倡议需加快企业国际化的进程，本文基于海外并购风险因素产生的类型，并结合我国上海电力公司并购 KE 公司案例，提出了相应防范举措。加强通过政府途径和法律手段来降低政治因素和社会因素所产生的风险；关注企业文化在双方国家起到的关键作用，有效地降低了因双方文化整合而产生的风险。在并购前应进行信息收集与汇总，制定科学适当的战略目标；选择适宜的融资方式防范金融风险产生的压力；同时，特别关注品牌效应与人才等方面的影响，使我国企业品牌在海外做大做强。

案例分析四　中国电信业海外并购动因研究

——以中国移动并购 Paktel 为例[①]

随着全球经济的发展以及我国 2001 年加入 WTO 的契机，我国经济也向着全球化靠拢，这就要求我国企业在经济潮流中实现"走出去"。进入二十一世纪以来，我国各个领域的企业在机遇与挑战中寻求突破与发展，作为通信行业的巨头，国内市场早已不能满足中国移动的需求，因此中国移动也在积极探寻"走出去"的道路。后来，中国移动把目光投向了新兴市场，而中巴之间长久以来的深厚友谊使得中国移动确立了他的并购目标，在做了详尽的尽职调查之后，中国移动以 2.84 亿美元（包括偿还内部债务在内）收购了估值为 4.6 亿美元的 Paktel 公司 88.86% 的股份。在整合阶段中，中国移动充分考虑了当地的文化和企业内部管理，实现并购后的协同与发展。中国移动的成功并购标志着中国移动在跨国经营实现零的突破。在中国移动成功并购 Paktel 的背后存在着许多因素，中国移动的成功并购经验值得我国企业在进行海外并购时借鉴。

一、中国移动和 Paktel 的基本情况

中国移动通信集团公司（以下简称"中国移动"）成立于 2000 年 4 月 20 日，是根据国家关于电信体制改革的部署和要求，在原有的中国电信移动通信资产总体剥离的基础上组建的国有骨干企业。目前中国移动的注册资本达 3 000 亿元人民币，资产规模超过 1.72 万亿人民币，客户总数为 8.5 亿，基站总数超 300 万个，是中国最大的移动通信服务供应商，拥有全球最多的移动用户和全球最大规模的移动通信网络，是世界 500 强企业之一。中国移动全资拥有中国移动（香港）集团有限公司，由其控股的中国移动有限公司在国内 31 个省（自治区、直辖市）和香港特别行政区设立全资子公司，1999 年分别在香港和纽约上市，主要经营移动语音、数据、宽带、IP 电话和多媒体业务，并具有计算机互联网国际联网单位经营权和国际出入口经营权[②]。目前，中国移动（香港）有限公司是我国在境外上市公司中，市值最大的公司之一。

Paktel 是巴基斯坦第一家移动通信运营商，最早于 1989 年由英国运营商 C&W 公司

---

① 作者：黄维干、甘雨

② 资料来源：中国移动通信集团网站，http://www.10086.cn/aboutus/culture/intro/index/index_detail_1452.html? id=1452

投资成立，而在短短的两年后——1991 年，就已经取得了移动通信运营资格，并在当年推出了巴基斯坦第一个商用的 AMPS 网络。2000 年 11 月，C&W 公司将 Paktel 出售给了总部位于卢森堡的国际移动运营商 Millicom。当时 Millicom 在东南亚、南亚、非洲、南美洲、中美洲地区的 16 个新兴市场经营着 17 个移动网络，提供蜂窝移动通信服务，用户数达到 989 万。Paktel 是 Millicom 最小的子公司，2006 年在巴基斯坦 6 家移动通信运营商中排行第五。

二、并购的背景和驱动力

（一）"走出去"和"电信强国"战略的推动

2001 年，我国"十一五"发展规划的重要发展战略之一是"走出去"战略。2002 年，中国共产党第十六次全国代表大会报告在经济建设的经济体制改革的第七条中指出：坚持"走出去"战略方针和"引进来"相结合的战略方针，全面提高对外开放水平[①]。2004 年伊始，中国信息产业部门提出"电信强国"的战略，要实现这一战略目标，必须有一批国际化的通信企业作为基础。信息产业部多次对国内电信运营商、设备商的海外业务拓展进行部署和动员，鼓励中国企业"走出去"。在"走出去"和"电信强国"战略的指引下，中国通信企业逐渐走出国门，采取对外股权投资和跨国并购等方式来提高企业的竞争力和国际影响力。

（二）中国移动自身发展的需要

一方面，作为电信运营商，中国移动的国际化需求是由其自身的网络和服务的全球性决定的，以使得自己的产品和服务更加顺应国际的发展潮流；另一方面，依托本国经济的飞速发展，以及通过采取企业重组和上市等措施，中国移动已经初步建立了与国际资本市场接轨的公司治理结构，综合实力也得到不断加强。2006 年，中国移动集团的运营收入达到 2 853 亿元，用户数量则达到了 3.01 亿，用户规模位居全球移动市场第一。可以说，中国移动的竞争能力已不可小觑，开始具备成为跨国电信运营商和抗风险的能力。另外，在经历了数年激烈的市场竞争之后，国内电信市场日趋饱和，增长速度开始放缓。从长远来看，中国移动需要走出国门，开拓新兴移动通信市场和寻求新业务增长点，谋求更大的发展空间，以满足自身不断发展的需要。

（三）巴基斯坦电信市场的发展和开放提供了契机

巴基斯坦是人口大国，2006 年的人口规模达到 1.57 亿，位居全世界第六位。如表 8.6 所示，在 2000 年电信改革之后，巴基斯坦移动通信市场呈现了井喷式增长的状态，用户从 1999 年的 26.6 万户猛增到 2006 年的 4 830 万户，未来蕴藏着巨大的业务增长空间。

---

① 资料来源："中共十六大"报告内容，http://www.cs.com.cn/csnews/20021118/300508. asp，2002－11－08.

表 8.6   1999—2006 年巴基斯坦移动通信用户增长情况

年份	1999 年	2000 年	2001 年	2002 年	2003 年	2004 年	2005 年	2006 年
用户数	26.6 万	30.6 万	74.3 万	123.9 万	502.3 万	801 万	2 224 万	4 830 万
增长率	100%	115%	243%	167%	408%	159%	277%	217%

资料来源：根据中国驻巴基斯坦大使馆经济商务参赞处网站数据整理得出。

　　另一方面，从 20 世纪 90 年代开始，巴基斯坦就开始致力于包括电信业在内的私有化进程。2003 年，巴基斯坦政府正式通过了电信解除管制法案，全面开放电信业，政府实行牌照经营许可，鼓励私营企业和外国企业参与投资和竞争。巴基斯坦电信市场的开放和发展，为中国移动实施"走出去"战略提供了机会和可能。另外，在中国移动并购 Paktel 之前，电信设备、材料和基础设施的供应商和建设承包商如中兴、华为等中资企业，早已进入并活跃在巴基斯坦，这也为中国移动进军巴方市场奠定了良好的硬件基础。

三、并购的过程和结果

（一）并购过程回顾

　　中国移动曾于 2005 年竞购巴基斯坦电信，在 2006 年又以 53 亿美元的价格竞购 Paktel 的控股公司——总部位于卢森堡的电信运营商 Millicom，但这两次尝试均以失败告终。2006 年 6 月，Millicom 将 Paktel 的 10% 股权卖给了 Arfeen 集团，并于同年 11 月表示有意退出巴基斯坦市场，将出售 Paktel 的其余股权。2007 年 1 月 22，中国移动集团与 Millicom 签订协议，斥资 2.84 亿美元的价格收购 Millicom 所持有的 Paktel 公司 88.86% 的股份（包括偿还内部债务在内）。2 月 14 日，中国移动宣布已经完成对巴基斯坦 Paktel 公司的剩余股权的交割，Paktel 成为中国移动集团的全资子公司之一。同年 5 月 4 日，Paktel 公司正式更名为辛姆巴科有限公司（CMPak Limited），又称中国移动巴基斯坦公司。至此，中国移动收购巴基斯坦 Paktel 这一跨国并购案尘埃落定，标志着中国移动在跨国经营实现零的突破。并购后的中国移动集团组织结构如图 8.6 所示。

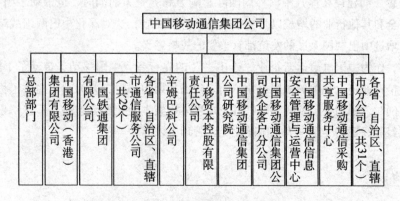

图 8.6　并购后的中国移动集团组织结构

（二）并购的结果

并购前的 Paktel 是一家弱势企业，其网络覆盖、业务发展和用户服务等都不理想。如表 8.7 所示，截至 2006 年 10 月底，Paktel 共有 156 万用户，仅相当于中国移动集团一个业绩普通的市级市场的用户数量，市场份额也仅占 3.5%。[①] 接管 Paktel 后，中国移动面对原公司遗留下来的种种困难和问题，迎难而上，急起直追，不断发展移动通信和数据传输业务。经过多年的努力，辛姆巴科公司在巴基斯坦已经站稳了脚跟，网络能力大幅提升，市场地位也显著增强，其全新创造的中国移动国际品牌 "ZONG" 已在巴基斯坦家喻户晓，成为巴基斯坦发展最快的通信企业。

表 8.7　　　　　　　　　　　辛姆巴科公司并购十年的变化

年份	2006 年	2016 年
用户规模	156 万	2 731 万，居行业第三位，其中 4G 用户达到 170 万户，居巴基斯坦第一位
市场份额	3.5%	20%
基站数目	1 007 个	2G 基站 9 074 个、3G 基站 6 951 个、4G 基站 5 223 个
员工人数	334 人	3 200 多人
年收入	22 亿卢比	33 亿多元人民币（约 526 亿卢比）

资料来源：根据国资委网站资料整理得出。

辛姆巴科公司在经营拓展的同时，积极履行社会责任形成了良好的口碑，并在 "巴基斯坦最佳雇主" 的评比中名列前茅。2011 年，为表彰中国移动辛姆巴科公司多年来对巴基斯坦社会、经济所做的贡献，巴基斯坦总统对辛姆巴科授予 "总统奖"。2012 年 8 月，公司荣获拉瓦尔品第工商协会年度 "最具进取精神电信企业奖"，是获奖企业中唯一的中国公司和唯一的通信运营商；2013 年 4 月，公司的 ZONG 品牌荣获巴基斯坦消费者协会 "值得信任品牌奖"。

2014 年 5 月，辛姆巴科公司竞拍成功，获得了 3G 牌照和巴基斯坦唯一的 4G 牌照，之后率先在巴基斯坦开通 4G 无线宽带服务，并以此为依托打造 "中巴信息走廊"。"中巴信息走廊" 的建设在提升中国移动国际影响力和竞争力的同时，也带动了当地银行、交通、安全和其他行业的增长以及整个国民经济的发展，这对深化中巴两国战略合作伙伴关系，增进中巴两国人民的友谊都有重要的战略意义。

此外，作为中国电信运营企业 "走出去" 的先行者，中国移动还带动了上海贝尔、亚信等通信产业链上相关的中国企业一同来到巴基斯坦拓展，并为它们提供了稳定的网络支撑。同时，中国移动依托辛姆巴科公司积极探索本地化经营道路，不仅积累了丰富的国际化经验，还培养了一大批国际化经营管理人才。

---

① 资料来源：新浪网，http://tech.sina.com.cn/t/2007-01-23/10091348622.shtml.

四、中国移动成功并购 Paktel 的因素分析

（一）明确的目标市场

中国移动在 2004 年完成整体上市后即着手进行国际化战略的研究，并将"走出去"的战略目标明确定位在亚洲、非洲、拉丁美洲等高增长潜力的新兴市场国家。在这一战略目标指引下，中国移动首先将目光投向了巴基斯坦。作为南亚经济大国，2005—2006财年巴基斯坦的 GDP 增长达到 6.6%，使过去四年平均增长速度达到 7%，成为亚洲经济发展最快的国家之一。巴基斯坦移动通信市场也是增长最快的新兴市场之一，发展潜力巨大，类似于十年前中国的状况，中国移动可将国内积累的经营经验移植到巴基斯坦市场，最大程度发挥自身的优势。加上巴基斯坦与中国是全天候的战略伙伴关系，经贸合作关系十分密切，我国企业在巴基斯坦经营业务普遍受到欢迎，这也有益于中国移动降低跨国并购的非经济风险。

（二）合理的并购对象

为了避免投资风险和国有资产流失，中国移动在挑选并购对象时非常慎重。2004年，中国移动集团成立了专门的对外投资办公室（以下简称"对外投资办"），负责收集国际电信市场上各种并购机会和项目信息。2006 年，Paktel 的控股公司 Millicom 被列入对外投资办的新兴市场收购清单。Millicom 公司的移动业务跨越东南亚、南亚、非洲、南美洲、中美洲地区等新兴市场，市场资源令人心动，但 53 亿美元的收购价让中国移动在此次并购中持谨慎态度。在签署并购协议前，中国移动派出了一个包含高级主管、银行家、律师、顾问组成的 15 人的专业顾问团队到 Millicom 公司拥有业务的各个国家市场做调查。最终考虑到 Millicom 公司业务分散、整合成本偏高、政治风险偏大等因素，中国移动面对虚高价格主动放弃收购。之后中国移动改变并购策略，以化整为零的方式并购 Millicom 的子公司 Paktel。由于 Paktel 公司拥有 AMPS 和 GSM 两张移动通信牌照，而巴基斯坦政府在 2006 年承诺 5 年内将不再发放新的牌照，中国移动可以借助此次并购以不高的代价获取巴基斯坦境内移动通信经营权，大步迈进这个世界上发展最快的通信市场之一。此外，Paktel 公司虽然规模小、业绩偏差，但在巴基斯坦已经经营多年，拥有成熟的运营体系和迅速增长的用户，在被中国移动并购前已经建成 1 007 座基站。因此，并购 Paktel 可以使得中国移动在进入巴方市场后迅速获得较好的销售渠道、用户群以及相应的通信服务和基础设施，一定程度上可以有效地降低整合成本和整合风险，从这个意义上说，Paktel 可以算是中国移动跨国并购的理想"猎物"。

（三）专业的顾问团队

考虑到国际收购项目的复杂性，为了保证此次并购交易的顺利进行，中国移动集团聘请了全球一流的投资顾问团队支持并购 Paktel，顾问团队的主要成员包括美林集团、中国国际金融有限公司和 KASB 集团。美林集团是全球最大的金融管理咨询公司之一，在 150 多个国家和地区为客户提供投资、融资、咨询、保险和相关的产品及服务，在跨国并购方面，美林也是全世界首屈一指的专业顾问公司。2015 年 11 月 9 日，中国国际金融有限公司（简称"中金公司"）在香港联交所主板上市，这是中国第一家中外合

资投资银行，主要从事证券发行、承销、交易、企业重组、兼并与收购、投资分析、风险投资、项目融资等业务。KASB 集团是巴基斯坦知名的企业集团，从事银行、证券、租赁等业务，对巴基斯坦当地业务非常熟悉。也正是因为有这样专业的团队，才使中国移动很顺利又很快的完成此次并购。

（四）充分的现场尽职调查，合理的交易价格

尽职调查是并购成功的前提和基础。2006 年，在现场尽职调查之后，中国移动最终放弃了并购 Millicom 的机会。通过深入的现场调查，中国移动了解到 Millicom 的实际风险比最初想象的要大，而且确定了 Millicom 市值仅为 34 亿美元左右，低于 53 亿美元的并购报价。此次并购虽以失败告终，但留下了大量翔实的考察资料，使中移动对海外市场情况有了全面认识，为后面的成功并购奠定了良好的基础。对于此次并购 Paktel 公司，中国移动事先也多次组织专业团队赴巴基斯坦开展详尽的现场尽职调查，通过与 Paktel 公司的管理层、公司员工的详细交谈，了解员工对公司并购的观点，熟悉有关企业的工作流程、核心技术等。详尽的尽职调查结果为确认 Paktel 公司的投资价值和投资风险以及后续整合提供了重要的参考依据。通过深入的尽职调查，最终确定 Paktel 的估值为 4.6 亿美元。中国移动为收购 Paktel 的 88.86% 股份，支付了 2.84 亿美元（包括偿还内部债务在内），远低于 Paktel 的评估价值。与 2007 年新加坡电信（Singtel）以 7.58 亿美元收购巴基斯坦第四大运营商 Warid 30% 的股份相比①，本次交易的价格并不昂贵。

（五）强大的支付能力

中国移动此次以 2.84 亿美元并购 Paktel，采用的是现金和承担债务的支付方式。使用承担债务的方式，是因为当时 Paktel 债务缠身，此次并购可以帮它摆脱财务困境。采用现金支付方式对被并方具备很大的吸引力，且使并购交易便于操作，使得谈判交易过程可以快速完成。中国移动强大的支付能力是此次并购交易得以顺利交割的基础。作为全球最大的移动运营商，2006 年中国移动集团的税前盈利达到了 968 亿元，营业收入达到 2 853 亿元，由此可见 2.84 亿美元的支付价格对于中国移动并不是沉重的财务负担。再者，集团公司多年来在运营移动通信业务时积攒下了大量现金流，并在将资产出售给上市公司时获得了巨额现金，这意味着中移动集团的现金储备异常雄厚②。充足的现金流让中国移动的跨国并购有了足够的"底气"，也避免了在资本市场上融资所带来的财务风险。

（六）有效的整合措施

1. 战略目标整合

并购后中国移动为新成立的 CMPak 公司确立了新的发展战略，并制定了详细的发展规划。首先，将辛姆巴科公司的发展战略目标定位为"以中国移动做世界一流企业的发展战略目标为导向，在综合实力、市场份额、网络质量及客户服务等指标上取得提

---

① 资料来源：中华人民共和国商务部网站，http://www.mofcom.gov.cn/aarticle/i/jyjl/j/201002/20100206780321.html

② 资料来源：金融界网，http://stock.jrj.com.cn/2007-01-20/000001936983.shtml

升，以卓越的品质成为巴基斯坦的一流通信企业"①；其次，把辛姆巴科公司作为中国移动全球化战略的试验田，为未来开拓国际市场积累经验。为此，中国移动做出了一系列具体的战略部署：2008年推出国际品牌 ZONG，正式进军巴基斯坦电信市场；2014年投入5.16亿美元取得巴基斯坦 3G 和 4G 移动通信频段牌照，抢先布局 3G、4G 网络，打造"中巴信息走廊"；为中方员工制定管理和培养计划，不断积累海外运营经验，为集团公司储备具有海外运营管理经验的人才，等等。

2. 人力资源整合

作为电信运营商，辛姆巴科公司需要为巴基斯坦当地百姓提供长期服务，而巴方员工有本地文化、语言和更熟悉当地客户的优势。因此中国移动集团为辛姆巴科公司确立了"以最终本地化管理为人力资源管理"的发展方向②。然而在收购初期，原公司管理人员和优秀人员流失严重（2006年离职的人数占员工总数的 42%，其中经理层级以上的优秀员工流失比率占比流失人员的 37%），许多部门兵微将寡，为了实现顺利接管和平滑过渡，也为了培养跨国收购的接管及运营人才，中国移动从总部和各省级分公司抽调十几名高管成员和长期员工以及 30 多名短期专家到巴基斯坦工作。初期派去巴基斯坦的员工语言能力都不太过关，加上对当地文化和社会规律的理解和认识不足，未能充分依靠和利用本地员工，各方沟通效果并不理想，大大降低了公司运营效率。2009年之后，中国移动陆续撤回了原有派驻人员，决定彻底本地化，充分发挥本地员工的重要作用。目前公司直接聘用的 3 200 多名员工中有 99.3% 是巴基斯坦当地的居民。公司为中巴方员工制定了管理和培养计划，如召开中方员工英语培训课和各种讲座，每年会选择一些辛姆巴科公司的中高层人才到中国来进行学习交流等。这些措施不但提高了中巴两方人员的工作能力，也为集团公司储备了具有海外运营管理经验的中方人才。

3. 财务整合

中国移动并购 Paktel 后，对辛姆巴科公司的会计核算体系、财务管理制度体系等方面进行了整合。首先，会计核算体系方面，由于中国移动集团遵循的是中国企业会计准则，与辛姆巴科公司遵循的巴基斯坦会计准则之间存在不少差异，每年年度终了，辛姆巴科公司应按中国企业会计准则调整会计报表，以便为集团公司编制合并报表提供准确及时的依据。其次，在财务管理方面，中国移动集团与辛姆巴科公司相配合，采取了各种措施，比如建立高效的财务制度体系，明确财务机构的各岗位职责；发挥全集团的协同效应，把辛姆巴科公司的设备采购纳入集团采购范畴，大大降低了辛姆巴科公司的设备购置成本；在辛姆巴科公司引入中国移动集团的绩效管理机制，根据公司的发展战略确定具体的经营目标，将公司经营目标进行层层分解，形成各部门和单位关键绩效指标，从而构建一个合理公正的业绩评价体系和奖励体系，使公司的经营战略能够在各个层面得到落实。

---

① 资料来源：慧聪网，http://info.tele.hc360.com/2007/06/22095292067.shtml

② 资料来源：通信世界网，http://zhuanti.cww.net.cn/cwwmag/html/2008/2/25/2008222167169537_2.htm

4. 文化整合

企业能否在并购后化解文化冲突，有效地进行文化整合是企业在并购活动取得成功的重要因素。尤其对于巴基斯坦这样宗教信仰特色鲜明的国家，并购更容易产生文化冲突。中国移动谨慎地为文化整合做了安排：

（1）尊重当地风俗和员工的宗教信仰。

巴基斯坦是伊斯兰国家，几乎全民信仰伊斯兰教，人们每天五次定点祈祷，每周去一次清真寺，在祈祷前还需要洗脸、洗脚。为了尊重巴方员工的宗教信仰，辛姆巴科公司专门设置了祈祷室，并在公司的卫生间提供洗脚地方。此外，对于外派的中方员工，公司要求每一位员工充分正视中巴文化差异，尊重当地风俗习惯。每一位中方员工都有巴基斯坦民族服装，一般在星期五或者是当地重大宗教节日，中方员工都会穿上当地的服装。

（2）加强跨文化交流与沟通，推动文化渗透。

公司会不定期组织中方员工进行东道国文化培训，由巴方管理人员介绍当地文化以及如何更有效地和巴方员工沟通等。其次，由中方的高层管理人员以及伊斯兰堡孔子学院的老师对巴方员工讲授中文语言课程，同时弘扬中国的传统文化和风俗习惯。与此同时，集团公司每年还会选择部分辛姆巴科公司的巴方中高层人才到中国学习交流，使他们更深入地了解中国文化和公司的运营战略。另外，辛姆巴科公司还通过开展丰富多彩的员工活动，例如举办巴基斯坦人民特别热衷的板球赛、中国人民擅长的乒乓球赛（冠军是巴方员工）、羽毛球赛以及中巴传统食物烹煮大赛等，增加中方员工和巴方员工交往沟通的渠道，增进了中巴方员工的友谊，打破了沟通障碍，加强了员工互动。

五、启示与建议

除了中国移动之外，愈来愈多的电信运营企业开始走出国门，它们可以借鉴中国移动并购 Paktel 的经验，从以下几个方面入手，降低跨国并购的风险，提高跨国并购的成功率。

（一）谨慎选择目标市场

运营商要"走出去"，应综合考虑各国的政治经济局势、电信竞争环境和电信管制政策等因素，同时应结合企业自身战略目标和业务优势来选择目标市场。随着"一带一路"倡议的进一步推进，国内电信运营企业逐渐把"走出去"的目标瞄准"一带一路"沿线的新兴市场国家。这些新兴市场国家人口规模庞大，大多处于经济快速发展阶段，通信市场发展潜力巨大。但是，由于"一带一路"国家多为发展中国家，政治风险较高，投资具有较大的不确定性。因此，电信运营企业"走出去"一定要对政治风险有所预判，谨慎选择与中国有着密切的经济往来及有良好外交关系、且国家时政局势相对稳定的国家作为并购的目标市场。

（二）做好并购前的尽职调查

为确保一项并购的成功，并购前就必须对目标企业进行详细的尽职调查，以便确定目标企业的价值，制定合适的并购与整合的策略。并购尽职调查的方式主要有收集书面资料、管理访谈、实地观察以及分析性程序等。其中，现场实地考察和分析是尽职调查的重要环节。调查的内容应当包含公司的背景与历史、公司所处的行业，公司的营销、制造方式、财务资料与财务制度、研究与发展规划等各种相关的问题。这其中，目标企业的运营情况、财务状况和法律环境是调查的重点。由于中国电信企业还处于国际化的初期发展阶段，缺乏国际并购经验，这样的调查工作应委托给具备跨国并购交易经验丰富的资产评估公司、财务咨询公司等专业机构进行。

（三）注重并购后的整合与改进

并购协议的签订只是实现了并购目标的第一步，真正的挑战才正式开始。并购后只有并购双方一起整合在战略目标、文化背景、生产业务、财务管理、经营理念等多方面的差异与冲突，使得被并购企业平稳过渡到正常生产经营活动当中，才有可能实现并购双方整体价值的最大化和一体化。而并购后的最大挑战是文化背景和管理模式差异造成的冲突。例如由于受英美文化的影响较大，巴基斯坦员工频繁地更换工作甚至是更换行业，把企业看成职业生涯不同阶段的平台，与中国国有企业员工"视企为家""以企为重"的主人翁责任感相比，他们更看重个人价值的实现。如果处理不好企业间的文化冲突，就很容易造成并购后经营不能顺利开展，因此我们在整合的过程中应当注意：

第一，尽早制定整合计划。在并购前的现场尽职调查阶段，并购方就应该开始为并购后的文化整合做打算。通过深入了解当地的宗教信仰、风俗习惯以及目标企业的战略规划、经营理念、工作态度和管理人员的素质等，了解双方潜在的文化差异和冲突，为并购后的整合提供准确、完整的信息依据。需要特别强调的是，在该阶段，并购方应聘请专业顾问来研究并购双方企业文化的差异，再根据并购目标确定并购后的整合计划。

第二，重视和利用本地员工，加强并购后的交流与沟通。在并购完成后，雇佣当地人员参与企业的管理，并为他们提供所需的资源。同时采取各种渠道和方法促进并购双方进行大量的沟通，以了解双方存在的文化差异，进行有效的磨合。如果双方存在分歧与矛盾，应快速寻找有效办法进行化解，以免累积和激化矛盾。同时，通过互相交流和学习，营造良好的企业文化，激励每一位员工都为实现公司的战略目标贡献力量，吸引当地优秀人才。

第三，积极承担社会责任，融入当地社会。一是尽量为当地居民提供就业机会，同时注重安全生产和经营，保护当地生态环境；二是积极与当地政府、社会组织、公众媒体等多方建立良好的关系，通过参加公益活动、支持当地教育事业等来提升企业在当地的声誉，赢得社会公众的好感，塑造良好的企业形象。

（四）加强国际化人才的培养

目前，中国电信企业在进行跨国并购时，最大的瓶颈是人才问题。因此，有必要探索跨国并购的人才缺口，有针对性地培养和储备具有国际化理念、熟悉具体运作模式和国际化规则的国际化并购运营人才，为并购输送充足的人才动力。

案例分析五 The Incentives of Chinese Investments in Pakistan: An Analysis From the Corridor Along the Belt and Road[①]

1. Introduction

Recently in Hong Kong, the Pakistani Prime Minister Nawaz Sharif presented Pakistan as a business destination "*no one can afford to miss*". Certainly, China and many other countries have cautioned this statement and multiplied their capital offshore in Pakistan.

In a span of three years, the increasing Chinese investments in Pakistan have stirred up diverse opinions on the real motives of such particular attention to Pakistan. Actually, many factors have motivated this strategic decision from the Chinese side. Besides the strong ties of friendship that bind up the two trade partners, China and Pakistan have established solid bilateral cooperation now fostered by the Belt and Road Initiative (B&R) introduced by the Chinese government in 2013. The implementation of the initiative's projects is highly regarded by the two parties especially through the construction of the China-Pakistan Economic Corridor (CPEC). Meanwhile, in order to be more attractive and to favor the successful progress of the CPEC related projects, Pakistan has set up a bunch of investment measures that offer excellent conditions for Chinese companies to offshore their capital over there.

The paper intends to understand the motives of the high flows of Chinese investments in Pakistan by using a historical analysis based on data collected from articles, official reports and literature since the beginning of the Belt and Road Initiative (B&R). Although limited, the paper brings some insights on the incentives behind this keen interest for Pakistan and suggests that the B&R, the CPEC associated with the current good investment environment have all surely motivated such important Chinese investment flows in Pakistan. Further studies could be conducted on the management of the risks associated with these investments both for China and Pakistan for the short and long term.

2. An overview of Chinese Investments in Pakistan

With the gradual liberalization of their international trade and business policies, Chinese overseas investments have increased worldwide. Hong Kong has long been among the favored destinations of Chinese foreign investments. Similarly, over the last few decades, Chinese investments have also increased in volume in other parts of the world such as Africa, Europe and America. China and Pakistan, though having great and strong friendly relationship, did not achieve impressive foreign investments exchange. Pakistan biggest investors have been the U. S., the UK,

---

① 作者: *Edna Gnomblerou*

Netherlands, the UAE, and Switzerland (Shahid Yusuf, 2013) while China's outward foreign direct investment (FDI) portion in Pakistan was quasi insignificant. However, considering the proximity of the two countries, the potentials for business and the benefits that they could gain from tightening their trade relationships, China and Pakistan have joined efforts to create better conditions to enlarge their business ties. Trade agreements have been reviewed and strengthened followed by a bunch of tax policies adjustments that have eased bilateral trade and boosted Chinese investments in Pakistan.

Prior to the 2013, Chinese investments in Pakistan, though not significant considering the Chinese total overseas FDI, were considerably important in the South Asian region. The United Nations Conference on Trade and Development (UNCTAD) FDI statistics report that Pakistan has always been among the preferred destinations of China FDI outflows and out-stocks from 2003 to 2012 in South Asia (As shown in Figure 8. 7 and 8. 8).

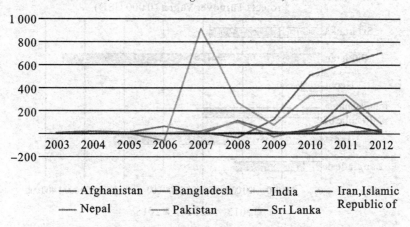

Figure 8. 7　China FDI Outflows in South Asia（Millions of US $ ）

（Source：UNCTAD FDI/TNC database）

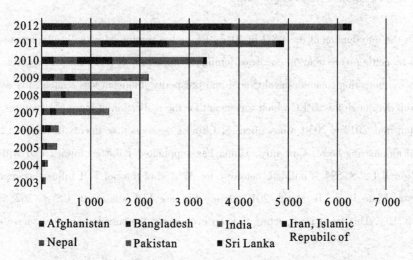

Figure 8. 8　China FDI Outstock in South Asia（Millions of US $ ）

（Source：UNCTAD FDI/TNC database）

China foreign investments in South Asia, whether measured in outflows or out-stock were mainly directed to Pakistan and Iran in the period prior the B&R and CPEC respectively introduced in 2013 and 2014.

After the introduction of the B&R and the settlement of the CPEC infrastructures projects, Chinese economic cooperation in Southern Asian countries remained tight with Pakistan and India. The Figure 8. 9 shows that in 2015, China has contracted projects worth more than 5 billion USD in Pakistan against some of 2 billion USD in India. This data witnesses the importance of Chinese cooperation with Pakistan in the region after the implementation of the B&R and CPEC.

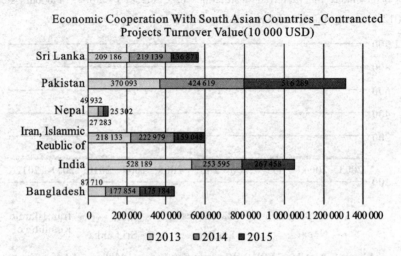

Figure 8. 9   China Economic Cooperation With South Asian Countries

(Source: China Statistical Yearbook 2014-2016)

With the introduction of the B&R in 2013, China has reinforced its will to be more open and go global by getting more than 60 countries joining its huge project that consists in a win-win cooperation by promoting common development and prosperity. Pakistan was strategically associated to this project through the CPEC which was meant for the realization of big infrastructures projects in Pakistan from 2014 to 2030. Consequently, Chinese overseas investments in Pakistan have experienced an amazing boost. Currently, China has supplanted Pakistan inward FDI with a total contribution of US $ 594. 8 million, counting for 37. 1% of the net FDI inflows as reported by the Pakistan State Bank. In March 2017 alone, Chinese FDI was worth US $ 262. 5 million (Figure 8. 10). This trend is expecting to keep evolving as the corridor's projects move on.

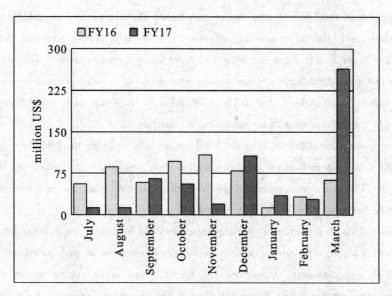

Figure 8. 10   China Net FDI Inflows in Pakistan 2016—2017

(Source: State Bank of Pakistan)

3. The new reasons of the Chinese investments in Pakistan

On the light of the analysis from the above section, it has been highlighted that before 2013, China has always had a preference to tie economic cooperation with Pakistan in South Asia from the past. However, as the level of this cooperation has reached a critical peak in the recent years, it was important to examine the new motives of this cooperation. Therefore, a number of motives has been identified to justify this keen interest of China to Pakistan. The paper suggests that the Belt and Road initiative, the establishment of the CPEC and the Pakistan increasing demand for new investments have played a crucial role in the increasing interest of Chinese firms in Pakistan.

a. The Belt and Road Initiative (B&R)

The Belt and Road Initiative (B&R) has been introduced in 2013 by the Chinese President Xi Jinping and is supported by top Chinese officials including the China's top economic planner, the National Development and Reform Commission and ministries of foreign affairs and commerce. The initiative is not only for Asian countries but welcomes all countries willing to join and seeking for common prosperity.

The objectives of the B&R are meant to embrace a common brighter future for all partakers. This is planned to be achieved through the enhancement of regional connectivity, the promotion of economic openness, free trade flow, the efficient allocation of resources, the promotion of maritime cooperation and the integration of markets.

Simply said, the B&R translates the Chinese government's will to be more open and implicated in the economic development of the region. The initiative can be seen as a multidimensional ambitious project of the Chinese government that bonds all existing and available mechanisms such as regional and bilateral cooperation agreements, trade agreements, economic treaties, and infrastructures to set up a stronger and unique channel for economic expansion. The initiative just makes best use of what exists already and creates what does not in order to enhance economic opportunities for all the partakers. The B&R is intended to be a win-win cooperation although China remains the main actor with an approximate participation of 26%.

However, the projects proposed by the B&R are not only seducing the Chinese neighborhood countries but also Western Balkans countries with a high demand for infrastructure. Though the concept of the B&R remains confusing for the Western, a sizeable economic gain over years is expected as side benefits of the B&R in these countries.

Though still not well pictured or at times misunderstood by many from its beginning, the initiative at current stage, offers investments opportunities to everyone in each partakers' respective countries. Policies, measures, incentives and facilities are being setting up in most B&R countries to stimulate the fluent implementation of the initiative's projects. From its primary stage, the initiative has received number of critics, however many partakers countries are already benefiting from huge infrastructure and industrial projects.

In 2014, an emphasis of the Chinese government was on fostering the development of the economic corridors established along the Belt and Road that are the Bangladesh-China-India-Myanmar (BCIM) Economic Corridor and the China-Pakistan Economic Corridor (CPEC). The establishment of these two corridors is closely related to the B&R, therefore their evolution is closely observed and appears to be imperative for the successful implementation of the B&R given the facilities that the corridors will offer once completed.

b. The China-Pakistan Economic Corridor (CPEC)

The China-Pakistan Economic Corridor (CPEC) created under the B&R initiative, is an important consensus taken by China and Pakistan to improve the promotion of economic integration in the region. It is officially designed as a long-term development project worth $ 62 billion for various sectors comprising of power plants and energy pipelines, 46 Special Economic Zones (SEZs), fiber optic network, and network of highways and railways linking western China's Kashgar to a deep-water Gwadar port on Pakistan's Arabian Sea coast, with expected impacts not only beneficiary for China and Pakistan but also for the region. Since its establishment, the corridor has boosted Chinese investments in Pakistan. A recent report by the State Bank of Pakistan (SBP) has released that the rapid growth of China's foreign direct investment in Pakistan has recorded the 1. 186 billion dollars during the financial year 2016-17 and greater investments are expected as the CPEC projects progress. This data is an illustration of the economic impact of the corridor for the two countries.

Initially budgeted at 46 billion dollars, the CPEC has increased to an estimated 55 billion dollars official budget, then finally reached 62 billion dollars. The said budget is financed by both parties but most investment capital is provided by the Chinese side. Since the beginning of the corridor, Chinese investment in Pakistan has unceasingly increased, more than a capital of 14 billion dollars has already been infused by Chinese companies in various power and transport infrastructure projects in Pakistan. Besides the CPEC related projects, private Chinese investors are also landing to Pakistan attracted by various investments schemes. Therefore, including the private Chinese sector, the volume of China's investment in Pakistan would then peak higher than $ 62 billion invested through the CPEC.

However, on the Pakistan side, in addition to their capital contribution, the costs appear under the various forms of more friendly and flexible investment measures that are tax incentives policies, gradual tariff liberalization, preferential treatment for Chinese enterprises on contracts bidding, and so on. Moreover, the increasing public concern in Pakistan over the CPEC creates a kind of burden for the Government. More transparency on the utilization of the corridor's funds is suggested by the general opinion in order to reduce the confusions on its hidden costs. For the Government, all decisions taken are considered as well thought and carefully taken. The Pakistani government claims to be conscious that the CPEC is not a free lunch offered by its long time Chinese partner and that it has to contribute to the project by playing an important role in the implementation of fiscal, security and administrative conditions that will ease the realization of the corridor's projects. Thus, at the current stage of the evolution, the primary results of the corridor's projects are satisfying and all is being done at various levels to ensure their completion and offer Pakistan an outstanding economic profile.

The CPEC is seen as a factor of equitable development and is expected by both parties to offer great economic and trade development opportunities. It is also considered as the fruitful friendship that comes to stimulate growth in the economies of the two countries. The CPEC will offer benefits to the two countries by opening markets, offering necessary infrastructures to ease trade, offering fiscal heavens in the established special economic zones and thus improving the welfare of the populations. Many in Pakistan consider the CPEC initiative as a game changer for the economic development and integration of the country and some others also view it as a potential to bring Pakistan into the global economic mainstream. Interviewed by a national radio station, some Pakistan economic experts expressed their opinions on the B&R and the CPEC taking the CPEC as a central piece of the B&R. They praised the B&R and stressed that the regional strategic position of Pakistan gives the country the impetus to play a critical role in the implementation of the B&R. They also reported that the B&R will offer Pakistan access to Central Asian and European markets, stressing that all countries joining the CPEC will have to connect with Pakistan which will in counterpart help Pakistan restoring the confidence of foreign investors. Finally, they identified the CPEC as a golden gate open for Pakistan to enhance its infrastructures, overcome energy and power challenges and boost industrial development.

According to Riaz A. and Mi H. (2017), China is endowing Pakistan with a massive new brand network of roads, highways, railways, and pipelines through the realization of the CPEC. The authors relate the capital importance of the project for Pakistan as a motor of economic and infrastructure development, poverty relief, peace and prosperity triggers. They also support that the CPEC will contribute in improving the tense relationships between Pakistan and India. However, some challenges are associated with the realization of the CPEC which are related to the international concerns of India and Bangladesh against the development of the corridor. Importantly, security and provincial issues along with high tax and power tariff in Pakistan were also considerable obstacles in the progress of the corridor.

c. Pakistan Demand for Investment

Beside the B&R and the CPEC, the increased willingness of Chinese firms to set up in Pakistan can be motivated by the demand for investments expressed by Pakistani authorities.

The call for investments in Pakistan in the last years has not only been pointed to Chinese investors but also to other regional countries. In fact, new investments were required in a various sectors such as infrastructure construction, energy infrastructure development, minerals exploration, oil and gas, pharmaceuticals, telecommunication, information technology, textile, agriculture and more to boost Pakistan economy. Figure 8. 11 shows the main sectors that have received higher foreign investments inflows from 2012 to 2017. We can observe that in the past five years, the sectors of power, telecommunications and Oil & Gas were very attractive to foreign investors. These sectors received more than US $ 2 400 million of foreign investments inflows. The inflows brought to these sectors came to quench Pakistan's thirst for investments, however some other sectors are remaining poor in foreign investments. This is the case of the textile sector which received a very low attraction for foreign investment in the past five years.

Pakistan FDI Inflows by Sector in US $ Million 2012-2017

Figure 8. 11 Pakistan FDI Inflows by Sectors from 2012—2017

(Source: State Bank of Pakistan)

The Pakistan demand for more investments has driven the tax policy makers of the country to create a favorable tax environment for the matter. Consequently, number of measures have been taken within the taxation system supported by the establishment of infrastructures to ease investors setting up in the country. These incentives expressly made up to ensure a friendly investment environment are intended to drag more investors' attention to Pakistan but more precisely Chinese investors who have been expecting better business conditions in order to outflow their capital.

4. Designed Incentives for Chinese Investments in Pakistan

Recently, Pakistan has been offering attractive conditions to both domestic and foreign investments by allowing new industrial undertakings to enjoy a 100% tax credit, or by allowing foreign investment to set up 100% equity investments, or by not requiring any FDI minimum investment amount or by allowing the full remittance of royalty, capital or dividends. All these policies made Pakistan an ideal destination for investment. Thus, in order to maintain the rising quantum of Chinese investments, Pakistan has created a friendly investment climate that is enticing more Chinese firms to relocate their investments.

a. Tight trade bonds

Since 1963, China is among the Most Favored Nation (MFN) of Pakistan through the signature of a bilateral trade agreement. Decades later in November 2002, the two countries strengthened their trade bonds and proceeded to the signature of a preferential trade agreement (PTA) in Beijing thus allowing tariff preference to a limited number of products. The PTA was then followed by the signature of a free trade agreement (FTA) in Islamabad in November 2006. The FTA established a progressive customs liberalization plan in order to eliminate gradually tariffs on 30% then on 90% of certain goods and products traded between the two countries.

To enhance the FTA, the General Agreement on Trade in Services (GATS) and the Early Harvest Program were included with the purposes to open market access and facilitate enterprises from both sides to benefit from the FTA.

All these bilateral efforts have contributed to establish a solid trade and investment framework between China and Pakistan. This framework is sustained by the progressive reduction and elimination of trade barriers as well as an interesting package of investments incentives that surely benefit both countries.

b. Tax concessions

The readiness of Pakistan to welcome worldwide investors has been expressed through the reduction of the cost of doing business and the creation of appropriate business conditions for investments. However, for Chinese projects in particular, a special set of fiscal incentives is offered including tax exemptions, tariff reductions, and other investment facilitation services.

● Flexible investment-led tax policy for all

The existing tax policy in Pakistan offers propitious facilities to worldwide investors through tax holidays, tax concessions, tax credits, special allowances for depreciation and capital expenditure, tax treaties and customs duties reduction. Tax holidays have been set up to promote specific industries, specific projects and specific areas all with the purpose of boosting private and foreign investments in the country.

At the corporate level, a progressive reduction of the income tax is observed every year bringing corporate income tax rate from 33% in 2015 to 30% in 2018.

About the incentives for specific industries projects, we can refer to the income tax exemptions available for power generation and coal mining companies. These companies can also benefit from the exemption of the minimum tax on turnover. Power generation companies are offered a reduced tax rate on dividends payment to shareholders for 7.5% against a regular rate of 15%. While coal mining projects are free from withholding tax on shareholders dividends for 30 years, they benefit from an input tax adjustment as well as an exemption from sales tax on the import of coal mining machinery and equipment.

There are special measures on tax credit allowing up to 100% tax credit for investments in new industrial undertakings, and tax credit between 10% and 20% for investments in existing industrial undertakings. For the promotion of employment, 11% tax credit is granted for every 50 new employed staff.

An industrial undertaking set up in specified rural and underdeveloped area can avail for a first-year allowance equal to 90% instead of 25% initial allowance. Likewise, alternate energy projects can enjoy an accelerated depreciation of 90% instead of 25% initial allowance.

A reduced corporate tax rate of 20% is applicable for all foreign direct investments set up with a minimum foreign equity of 50%. Foreign investment can also benefit from a withholding tax exemption for the purchase of immovable property.

- Special tax treatment for CPEC related projects

In special economic zones, which are currently being constructed for the purpose of the CPEC projects, zone developers and zone enterprises can benefit from 10 years tax holidays on income and customs duties for the import of plant, machinery and equipment. The management of these zones is regulated by the Special Economic Zones Act, 2012 which provisions' are seeking at the promotion of investments in manufacturing sector by providing attractive incentives to new investors in the country.

Specific projects such as Pioneer Industry projects can also benefit from 5 years income tax exemption, while 23 years income tax exemption is authorized for the Gwadar Port operations. Similarly, materials and equipment for construction and operations of the Gwadar Port free zone are exempt of sales tax and federal excise duty. Likewise, imported machinery and equipment for the construction of the Karachi-Peshawar motorway project and the KKH-Phase II project also benefit from income tax and sales tax exemptions. Meanwhile, many other Chinese companies - led projects in Pakistan benefit from special tax treatment. The Orange Line project as well allows the China Railway Corporation to enjoy exemptions from sales tax and federal excise tax for the import of machinery and equipment. The same case applies for the rail – based mass transit projects that are under advance income tax exemption regime for imports. Some financial corporations have benefited from special tax treatments offered by the Pakistani government. Thus, there is an exemption from income tax for interests and income derived by the Industrial and Commercial Bank of China (ICBC) from loans related to the CPEC energy projects.

c. Other incentives

At diverse occasions, Chinese authorities have expressed their desire to invest in host countries that would offer fairly attractive investments facilities. Pakistan has particularly been pressed by China to offer extra incentives to favor the establishment of Chinese firms in the primary and secondary industries. In response to that, Pakistan has fostered its investment climate to be suitable not only for its long–term economic partner but also for investors from the rest of the world. Thus, besides a designed flexible tax policy, Pakistan had combined some extra incentives necessary for a better investment climate. These extra incentives are:

● Cheaper labor and accessible raw materials

In its quest for foreign investment, Pakistan intends to sell hardworking labor force along with an easy access to raw materials to allow great profit margins for foreign investments. Such measure makes Pakistan quite competitive next to its neighbor countries which also offer competitive cheap labor force. As main inputs of production, cheaper labor and raw materials will offer a comparative advantage to Chinese and other foreign companies investing in Pakistan.

● Social and political security

Political instability will play against all other efforts made by a country in order to improve its economy and consists in a disincentive for international investment. Therefore, since the beginning of the CPEC, Pakistan has fostered its military security around the sites of the different projects in order to ensure peace and security throughout the implementation of the corridor. For Pakistan, this is crucial and all efforts are being converged with the indirect support of China to maintain stability in the country and along the corridor's projects in particular. These measures are quite motivating more Chinese firms to join Pakistan.

● Friendly working climate

Due to the considerable number of Chinese firms already installed in Pakistan, new Chinese people intending to work in Pakistan will not feel lonely. This makes Pakistan a friendly environment to Chinese people to be established in Pakistan. Beside, as the Chinese culture and language is being expanded in Pakistan, this is offering Chinese firms and individuals in Pakistan a more convenient working and living climate.

5. Conclusion

China and Pakistan are natural trading partners and their long term friendship based on many bonds has been strengthened over time especially since the introduction of the B&R and the CPEC. The CPEC initiated along with the B&R is being a real impetus for Chinese investments in Pakistan in the recent years. Additionally, Pakistan on its side, is also creating favorable conditions to be more attractive on the investment market through tax concessions and investments-led policies in order to boost its FDI and adjust its export deficit for the years to come.

From the analysis conducted in this paper, it was perceptible that the increased quantum of Chinese investments in Pakistan was the simple result of joined efforts from both sides triggered by the ongoing CPEC projects in Pakistan. As the corridor's projects are progressing, more investments and greater trade transactions are expected between the two countries. Although these investments are beneficial for the two parties, an analysis of the risks associated with will also need to be considered in future studies. For now, investing in Pakistan offers China a great market channel for its domestic production to foreign destinations, while Pakistan is developing a huge amount of infrastructure assets that will consist in a great advantage for future investments.

案例分析六　Chinese Overseas Corporate Mergers and Acquisitions in Pakistan: Case of China Mobile and Paktel[1]

1. Introduction

The overflowing number of Chinese investments around the world attracts more than one to be interested on the motives, resources and sustainability of such huge investments. The "Going Global" policy applied in the early 2000s and nowadays pushed by the One Belt and One Road initiative (B&R), has highly contributed to boost Chinese foreign investments efforts both toward inward and outward capital flows. The merger and acquisition (M&A) case of the Chinese company, China Mobile and its Pakistani counterpart, Paktel, was one of the first in the host country at the early stage of this policy. As we move on, it is important to signify that the acquisition of Paktel by China Mobile has happened before the introduction of the B&R initiative.

The relevance of examining this case stands behind the thrust to perform an analysis of the flow of Chinese foreign investments through takeover method in Pakistan during the early years of the twenty first century. China Mobile and Paktel case could have be an instrument to translate the eager interest of the Chinese authorities to spread the expertise of their national firms within the region, and especially in Pakistan.

On the year of the acquisition, in 2007, official trade statistics from the United Nations Conference on Trade and Development (UNCTAD) showed the highest of Chinese FDI outflows

---

① 作者：*Edna Gnomblerou*

in South Asia to be in Pakistan (UNCTAD FDI Statistics, 2007). As it is well known that foreign investments is the impetus for international mergers and acquisitions deals, therefore it is not surprising that China Mobile as a state-owned company, successfully entered Pakistan market in the same year after bidding for Paktel. Entering the Pakistani telecommunication market in this manner was a smart move for the top Chinese mobile service promoter after seeking so long for an opportunity of international expansion. Before the sale, Paktel was already well-known in Pakistan, yet it was dropping its market shares on a year basis and this was challenging for China Mobile. Starting from the scratch in a highly competitive market environment, China Mobile which become Zong later on, has ensured a steady growing performance over the years to be among the top in the host mobile market. By inheriting some telecommunication licenses and a very low market share from Paktel, China Mobile found the resources and the experience to build up a strong business edge, using best marketing practices to better conquer the local market.

2. Overview on Chinese overseas M&A and Pakistan M&A environment

2.1　On Chinese overseas M&A from the beginning of 2000

By observing Chinese overseas M&A from 1994 to 2009, Gu Lulu (2011) found that around 80% of Chinese overseas M&A had incurred after the "Go Global" policy taken in the earlier 2000s and most of these companies were state-owned enterprises. These findings show the thrust given by the "Going Global" strategy to Chinese companies to export themselves and they also present an implicit support of the Chinese government on Chinese overseas operations.

The early stage of the 2000s had witnessed an important number of policy-making and reforms to enhance the exportation of Chinese comparative advantage beyond national borders. In 2000, China has introduced the "Going Global" policy aiming at encouraging capital outflows and providing substantial support to Chinese companies to invest abroad. The policy has highly stimulated the flow of Chinese foreign investments as well as M&A transactions around the world in the last decade.

Figure 8.12 shows the growing spot of Chinese M&A deals performed overseas from 2000 to recent May 2017. During this period, Chinese overseas M&A have gradually increased and have been important both in terms of number and of value of transactions testifying of the huge transfer of capital deported on international markets especially in 2016, though a drop is observed in the first five months of 2017. Some FDI theories consider M&A as another medium of exporting domestic products outside, what means that throughout these M&A, China had spread its exportation without using the classical way of trade. The importance of the capital and number of transactions requires a certain level of financial ability of Chinese firms to maintain such overseas M&A.

Figure 8. 12   Chinese overseas M&A from 2000—2017

(Source: M&A Statistics)

It shall be recalled that after the introduction of the "Going Global" policy, a credit policy to assist cross-border investments was set up in 2003 by the National Development and Reform Commission (NDRC) and by China's export and import credit institution. The policy allowed a credit plan to support important outbound investments which included overseas manufacture and infrastructure projects as well as overseas merger and acquisition (M&A) projects that were able to enhance Chinese companies international competitiveness and favor the expansion of their markets on international horizons (Huang and Wilkes, 2011).

This sub-section can conclude that the implementation of policies accompanied with actions have been fruitful on the ground of international expansion of Chinese firms.

2. 2   Pakistan M&A legal framework

Similarly, in Pakistan, foreign investments were also welcome and incentives were put into place to increase capital inflows. Yet, regulations of mergers and acquisitions (M&A) in Pakistan were quite important with the purpose of maintaining proper ante-merger checks to ensure investors' protection and establish fair competition in local markets. In Pakistan, a merger and acquisition case requires the examination of a set of regulations: the Competition law illustrated by the Competition Ordinance of 2007, the Merger Control Regulations of 2007, the Company law illustrated by the Companies Ordinance of 1984, and the Takeover law which is the Listed Companies Ordinance of 2002.

As stated by the Competition law, a merger pattern that is not intended to raise any competition concerns can be approved at Phase I of the process by the Competition Commission of Pakistan (CCP). However, failure to prove that point will cause the CCP to proceed to Phase II where a further review of the merger proposition will be conducted in order to determine if the merger will lessen or not competition in the targeted market. Conditions that could lessen competition could be the concern raised by the combination of undertakings where the post-merger entity will hold a dominant position in the relevant market which could correspond to a market share exceeding forty percent. Nonetheless, such proposed merger can be approved if intended to contribute substantially to the efficiency of the production, distribution or provision of goods and services, but if proved otherwise it can be rejected (Section 11, Pakistan Competition Act, 2007). These regulations were applicable to both national and transnational mergers and acquisitions proposals. Although these regulations have been upgraded over years since 2007, they are remaining crucial in regulating M&A transactions in Pakistan.

The overview conduced in this section suggests that policies, strategies and regulations available on both sides in 2007 were offering an encouraging environment for investment outbound as well as for welcoming foreign investments. The earlier 2000s marked the beginning of the loosening of Chinese regulations toward foreign investments and this has considerably contributed to the growth of their outward investments including M&A. The applicable policies loosened the approval process and eased the procedures of outbound investments projects. They have also given confidence and provided strong support to Chinese companies willing to venture abroad.

3. China Mobile's experience in the Pakistani Market

China investments in the South Asian region has also increased over the past years, supported by the B&R initiative recently introduced in 2013. A number of Chinese corporations have successfully conquered bids in the region allowing Chinese firms to enter new markets. In Pakistan in particular, though Chinese investments were seen to be growing, the number of M&A transactions had not hit high records.

As a state-owned company, China Mobile benefits from Chinese government protection but also bears government intervention in its affairs. Therefore, the geared will of China Mobile to taste foreign markets could also be the indirect government strategy to spread China around the world through the gates of globalization. In this sense, going global meant for China Mobile to bid and seek for foreign holdings opportunities. China Mobile's desire to 巴 expand its operations on international markets has brought it to bid for holdings of foreign corporate shares.

3. 1　Why Pakistan?

In front of many potential international market opportunities, China Mobile may have chosen Pakistan for various reasons. At first, it is important to recall here the close friendly relationship between the two countries that has eased business, trade and investments transactions between them for several years. In the South-Asian region, Pakistan has always been among China's favorite business destinations. The United Nations Conference on Trade and Development (UNCTAD) FDI statistics reported that China FDI outflows have reached its peak in 2007 with approximately US $ 911 millions of investments in Pakistan. China has never reached such investment load in the region between 2003 and 2013. These numbers indicate the strong Chinese government emphasis on Pakistani market for various investment sectors. Such important presence of Chinese investments in Pakistan opened doors to new investments in Pakistan and reinforced the choice of the host country for more Chinese firms.

Secondly, supported by the Government's "Going Global" policy, and considering the volume of Chinese investment in Pakistan, China Mobile couldn't have chosen better destination to expand its operations especially with the sale opportunity obtained from Millicom in the late 2006. At this stage, it is important to notify that China also benefit from its most-favored-nation (MFN) status in Pakistan and thus enjoys preferential investment treatments such as exemptions in the financial and telecommunication sectors. With the relaxation of the international investment conditions, Pakistan allows foreign investors a full equity remittance and investor facilitation services in designated special economic zones (Investment Climate in Pakistan, 2015). In the telecommunication sector, the requirement to start a cellular operation network for foreign investors only relies on the detention of licenses from the Pakistan Telecommunication Authority (PTA). Considering the assets background of Paktel, China Mobile through the acquisition method would already had access to telecommunication licenses in Pakistan, this point probably fostered their choice to maintain their bid on Paktel.

Thirdly, the strategic position of Pakistan and the important size of its telecommunication market made it profitable for China Mobile to operate such promising market. It is also quite cost-effective considering the proximity to mainland which could reduce substantial transport costs. Standing as the main cellular carrier of Chinese telecommunication industry, China Mobile investment in Pakistan served as an example and motive for other Chinese telecommunication firms in their future overseas projects. In 2007, Pakistan was considered as a promising market that counted more than 68 million of mobile subscribers and was regarded by analysts as a great potential for foreign investors (Pakistan Telecommunication Authority, PTA, 2007). The market was also demanding for better mobile services, all this combined has provided China Mobile with more incentives to expand its know how and accumulate foreign experience in Pakistan.

3.2 First step challenges: The Case of Pakistan Telecom

For years, China Mobile had looked for new opportunities in order to apply its international expansion strategy aiming at sharing its experience of constructing and operating mobile communications networks in emerging markets (Wang Jianzhou China Mobile CEO, 2009). Taking the firm's advantage of economy of scale on the Chinese market as a pillar in their international expansion strategy.

In its pursuit for foreign market shares, China Mobile has always considered the Pakistani market as a potential for investment. Thusly, it ran for bidding for the acquisition of Pakistan Telecom but has come out unsuccessful. Yet this first unsuccessful experience had not restrained China Mobile from targeting Pakistan market in its going global perspective. Later on, in 2006, it joined another bid for Paktel and this time was successful.

3.3 The successful bid: From Paktel to Zong

Paktel was set up in 1990 by Cable & Wireless, a UK-based company. Its main operation was related to cellular telephone networking throughout Pakistan. Paktel at that time was the first company with the legal license to carry out cellular phone services in Pakistan.

In the late 1990s, after the dominant concurrence of Millicom International Cellular (MIC), Cable & Wireless started to drop consistent market shares. This situation ended with the acquisition of 98.9% equity interest in Paktel by Millicom in 2000. But in 2006, due to inconsistencies with telecommunication regulators, Millicom decided to withdraw from the Pakistani market and started looking for potential buyers for Paktel. Many companies join the bid such as Mobile Telecommunications Company (MTC) from Kuwait, but at the end it was China Mobile who finally bought out Paktel in February 2007.

China Mobile acquired approximately 89% of Paktel's holdings from Millicom for a firm value including debts worth approximately US $ 477 million. A few months later, in May 2007, China Mobile has increased its holdings in Paktel which has become China Mobile Pakistan and was the sole owner with a 100% equity. Then a year later in April 2008, Paktel was renamed ZONG which stands up to current. Since, China Mobile has increased its investment volume in Pakistan which reached around US $ 800 million in 2008. Acquiring Paktel with the telecommunication licenses has considerably favored the fast integration of Zong into the Pakistani mobile networking market (As shown in the Table 8.8).

Table 8.8   **Different steps from Paktel to Zong**

2006	2007		2008
Bid for Paktel	89% holding acquisition in February 2007forUS $ 460 million	100% equity acquisition in May 2007 at US $ 17 million for the remaining 11% of share.	Renamed Zong in April
Investments	≈ US $ 704 million		≈ US $ 204 million

(Source: PTA 2006-2007 and 2007-2008 Annual Reports.)

This transaction has been executed in a specific context that recalls a period where Chinese policies were becoming more flexible toward foreign investments and encouraging their firms to go abroad, it was also a period where China Mobile had first failed to enter the Pakistani telecom market, and finally where Millicom was seeking for a means to leave Pakistan market. Therefore, observing from the Chinese "Going Global" policy angle, it can be said that this acquisition has successfully met the objective of exporting Chinese companies expertise on international markets for the creation of new markets as means for the distribution of their products . But though the verification process was more relaxed, investments of important sizes still required the approval of the State. Pakistani authorities, on their side through the regulator PTA have also assisted China Mobile in the takeover process as well as in its progressive insertion into the Pakistani telecom market.

3.4   Performance of Zong in Pakistan

Pakistan telecommunication market is currently among the largest of the world, it grows fast and the level of competition is quite high with the presence of domestic and international networking providers competing fairly. Yet, Zong since its entry in this market, has maintained the level of its performance on high in order to increase its market share. Currently ranked third behind top companies such as the synergy Mobilink- PMCL and Ufone, Zong has gradually climbed the stairs of the intensively competitive Pakistani mobile market by grabbing for itself market shares from its competitors. Starting with 1 million of subscribers in 2007, Zong could record in June 2017 approximately 28.8 million of subscribers over the near 140 million that the whole Pakistan has today, corresponding to 20% of the market (PTA, 2017 annual reports) (As shown the Figure 8.13).

Figure 8.13   Zong's performance in Pakistan from 2007 to 2017

(Source: PTA Annual Reports.)

Benefiting from the experience of China Mobile, its mother company which is the largest mobile operator in the world, Zong has quickly integrated the Pakistani market, extended its investments and gradually increased its market share by offering varied telecommunication networking services of quality to its customers.

With the continuous involvement of telecommunication services around the world and with the exigence of high quality services, Zong has not stopped investing in the improvement of the quality of its network services. At the time of its acquisition, China Mobile Pakistan (now Zong) only had 800 base stations but in 2009, it reached 4 300 base stations. Several years later, Zong expanded its network by adding 3G and 4G sites in Pakistan reaching 6, 000 sites in 2016 and taking the overall tally to more than 10 500 sites by the end of 2017 (Wang Jianzhou China Mobile CEO, 2009; Joseph Waring, 2017).

The steady good performance of Zong in Pakistan does not totally match with the findings of previous literature on the performance of Chinese M&A in post-transaction era. According to some previous empirical works, Chinese M&A were identified to perform poorly in post M&A periods. The reasons were mainly associated with a lack of experience in management skills, inexperience on foreign markets, inadequate due diligence, tax regimes differences, cultural differences and poor consideration of the host country's political or security risks (Abdol, 2016). Yet, in the short-run, Chinese M&A tend to perform very well (Gu Lulu, 2011).

Zong's performance in Pakistan provides a different evidence, even ten years after the M&A transaction. However, the observations made in this paper are limited and not exhaustive as they have not been proven empirically, but they provide some insights on the good performance of a Chinese firm on international market after M&A transactions.

3.5　The benefits of the acquisition for both parties

From the investment perspective, this strategic business decision has been beneficial for both sides. For Millicom, it was a great deal to choose the best offer to sell out Paktel as it was planning to exit Pakistan market, while for China Mobile this operation though costly was worth to mark its official entrance on an international market. The sale of Paktel allowed Millicom to seize some cash and focus on the expanding of its other markets.

Besides, Pakistan telecommunication market has also benefited from China Mobile's know how and technology, and has diversified the products available on the market. Higher competition as well as better quality services can also be counted in the benefits from this transaction on Pakistan telecommunication market.

As for the investing firm, the benefits can be observed from various angles. The classical M&A advantages are value creation, generation of cost efficiency through economies of scale, enlargement of market share to increase revenue, benefits from tax gains and favored regulations. Additionally, considering Pakistan as a not highly regulated investment market and very flexible towards international partnerships, it was a good incentive for China Mobile to run for the acquisition of Paktel. Moreover, this deal was a great opportunity for China Mobile to meet one of its international target from which it has enlarged its market share around the world and created new markets to channel its products.

4. Conclusion

In an environment dominated by the effects of the globalization, most companies are seeking to seize opportunities to spread their wings as far as they can to increase their value, mitigate their costs, enjoy favored tax treatments, generate economies of scale or reach new markets. Mergers and acquisitions (M&A) are used as strategic decisions for corporations to become multinationals after considering all costs and benefits.

This article has reviewed the case of China Mobile's successful acquisition of Paktel of 2007. China Mobile entered the Pakistani telecommunication market through the means of M&A and not as a green field investment. This decision has been triggered by the favorable environment offered by Chinese policies in the earlier 2000s.

China Mobile's decision to enter an international market has been encouraged and supported by the new wave of Chinese open policies toward outbound investments. As a result, the backbone of the Chinese mobile telecommunication industry has invested an important capital in Paktel, a dying Pakistani network company, that has later become Zong.

Though Chinese investments in Pakistan have increased considerably during the few past years and even though China has become more and more open towards globalization, yet the number of Chinese corporate M&A in Pakistan is remaining low. Very few cases of M&A have been recorded between the two long time economic partners since the beginning of the 2000s. Still, China Mobile experience in Pakistan remains a reference for other Chinese firms desiring to venture overseas. But, a better analysis of the risks associated with the venture is crucial before any decision of this level.

参考文献

[1] 普华永道. 2015 年中国企业并购市场回顾与 2016 年展望 [R/OL]. (2016-01-31) [2017-09-30]. https://www.pwccn.com/zh/services/deals-m-and-a/publications/ma-2015-review-and-2016-outlook.html.

[2] 普华永道. 2016 年中国企业并购市场回顾与 2017 年展望 [R/OL]. (2017-01-31) [2017-09-30]. https://www.pwccn.com/zh/services/deals-m-and-a/publications/ma-press-briefing-jan2017.html.

[3] 普华永道. 2017 年中国企业并购市场回顾与 2018 年展望 [R/OL]. (2018-01-31) [2018-03-15]. https://www.pwccn.com/zh/services/deals-m-and-a/publications/ma-2017-review-and-2018-outlook.html.

[4] 中国商务部. 2017 年中国对"一带一路"沿线国家投资合作情况 [EB/OL]. (2018-03-05) [2018-03-30]. http://www.mofcom.gov.cn/article/i/jyjl/e/201803/20180302717955.shtml.

[5] 习近平. 构建中巴命运共同体 开辟合作共赢新征程——在巴基斯坦议会的演讲 [EB/OL]. (2015-04-21) [2017-09-30]. http://news.xinhuanet.com/world/2015-04/21/c_1115044392.htm.

[6] 中国商务部. 对外投资合作国别（地区）指南——巴基斯坦（2017 年版）[R/OL]. (2017-12-28) [2018-01-31]. http://fec.mofcom.gov.cn/article/gbdqzn/.

[7] 胡健. 一带一路战略构想及其实践研究 [M]. 北京：时事出版社, 2016.

[8] 孟辽阔. "一带一路"视野下的巴基斯坦战略地位及其实现路径探析 [J]. 世界经济与政治论坛, 2015 (4)：29-45.

[9] 卢进勇, 杜奇华. 国际经济合作 [M]. 北京：对外经济贸易大学出版社, 2014：50.

[10] 杨振宇. 清真之国的商业盛宴——巴基斯坦投资环境简介 [J]. 时代经贸, 2004 (6)：76-79.

[11] 许凌霄, 王达, 许虹, 杨苇. "一带一路"大战略推动下我国海外金矿投资策略 [J]. 资源与产业, 2017 (5)：1-7.

[12] 宋国明. 巴基斯坦矿业投资环境 [J]. 国土资源, 2005 (7)：55-57.

[13] 任治俊, 周任. 巴基斯坦水电项目投资环境及主要投资风险分析 [J]. 党政研

究，2017（2）：23-27.

[14] 张康生. 巴基斯坦的自然环境及存在问题 [J]. 环境科学进展，1997（6）：66 -72.

[15] 中国商务部. 巴基斯坦 2016-2017 财年经济运行情况及 2017-2018 财年经济展望 [EB/OL]. (2017-11-08) [2017-12-31]. http://www.mofcom.gov.cn/article/i/dxfw/cj/201711/20171102667112.shtml.

[16] 网易网. 巴基斯坦总人口突破 2 亿 年均人口增长 2. 4% [EB/OL]. (2017-08-26) [2017-09-30]. https://news.163.com/17/0826/13/CSP62RT500018AOQ.html.

[17] 中国驻巴基斯坦大使馆经济商务参赞处. 巴基斯坦公共债务占 GDP 比重创 15 年来新高 [EB/OL]. (2018-04-19) [2018-04-25]. http://pk.mofcom.gov.cn/article/jmxw/201804/20180402734225.shtml.

[18] 盖尔霍恩，科瓦契奇，卡尔金斯. 反垄断法与经济学 [M]. 任勇，邓志松，尹建平，译. 北京：法制出版社，2009.

[19] International Monetary Fund. Islamic Finance Factsheet [EB/OL]. (2017-02-28) [2017-09-30]. http://www.imf.org/external/themes/islamicfinance/index.htm.

[20] AOSSG Islamic Financing Working Group. Financial Reporting by Islamic Financial Institutions [EB/OL]. (2017-01-31) [2017-09-30]. http://www.aossg.org/images/docs/aossg_fi_wg_jan_2017.pdf.

[21] State Bank of Pakistan. Strategic Plan for Islamic Banking Industry of Pakistan [EB/OL]. (2014-01-31) [2017-09-30]. http://www.sbp.org.pk/departments/pdf/StrategicPlan-PDF/Strategy%20Paper-Final.pdf.

[22] Institute of Chartered Accountants of Pakistan. IFRS/IAS Adoption Status [EB/OL]. (2017-07-22) [2017-09-30]. http://www.icap.net.pk/standards/ifrsadoption.

[23] Institute of Chartered Accountants of Pakistan. Islamic Financial Accounting Standards [EB/OL]. [2017-09-30]. http://www.icap.net.pk/standards/ifas.

[24] Institute of Chartered Accountants of Pakistan. Exposure Draft of IFAS 4 [EB/OL]. (2017-02-17) [2017-09-30]. http://www.icap.net.pk/archives/2982.

[25] Institute of Chartered Accountants of Pakistan. Exposure Draft of IFAS 5 [EB/OL]. (2017-05-19) [2017-09-30]. http://www.icap.net.pk/downloads/open-for-comment.

[26] Shariah Board of State Bank of Pakistan. Essentials for Islamic Mode of Financing [EB/OL]. [2017-09-30]. http://www.sbp.org.pk/press/Essentials/Essentials%20of%20Islamic.htm.

[27] State Bank of Pakistan. BSD Circular Letter No. 03 of 2013 [EB/OL]. (2013-01-22) [2017-09-30]. http://www.sbp.org.pk/bsrvd/2013/CL3.htm.

[28] State Bank of Pakistan. BPRD Circular No. 4 of 2015 [EB/OL]. (2015-02-25) [2017-09-30]. http://www.sbp.org.pk/bprd/2015/C4.htm.

[29] Albaraka Bank (Pakistan) Limited. Annual PKR Financial Statements for the year

ended 31 December 2016 [EB/OL]. [2017-09-30]. https://www.albaraka.com.pk/investor-relations/financial-statements/.

[30] Islamic Banking Department of State Bank of Pakistan. Islamic Banking Bulletin (June 2017). [2017-09-30]. http://www.sbp.org.pk/ibd/Bulletin/2017/Jun.pdf.

[31] 齐虹丽. 巴基斯坦伊斯兰共和国经济贸易法律汇编 [M]. 北京：法律出版社，2014：829-846.

[32] 古德哈特. 外汇市场 [M]. 吉林：吉林人民出版社，2003.

[33] 李勇，李辉富. 巴基斯坦金融发展：理论与实证 [M]. 昆明：云南大学出版社，2013.

[34] 闫丽君. 巴基斯坦商务环境 [M]. 北京：对外经贸大学出版社，2015.

[35] 刘星. 巴基斯坦金融市场研究 [J]. 开放性金融研究，2016 (6)：66-73.

[36] 刘星. 巴基斯坦金融市场现状及我国企业赴巴发展建议 [J]. 国际金融，2016 (5)：46-53.

[37] 齐萌. "一带一路"视角下的伊斯兰金融监管制度研究 [J]. 上海财经大学学报，2015 (5)：106-113.

[38] 李勇. 伊斯兰金融的发展及其对我国的思考与借鉴 [J]. 区域金融研究，2011 (11)：26-31.

[39] 中国商务部. 对外投资合作国别 (地区) 指南——巴基斯坦 (2016 年版) [R/OL]. (2016-12-28) [2018-01-31]. http://fec.mofcom.gov.cn/article/gbdqzn/.

[40] State Bank of Pakistan. Annual Report 2015-2016 (State of the Economy) [R/OL]. (2017-01-22) [2017-09-30]. http://www.sbp.org.pk/reports/annual/index.htm

[41] Ministry of Finance of Pakistan. Pakistan Economic Survey 2016-2017 [R/OL]. (2017-05-31) [2017-09-30]. http://www.finance.gov.pk/survey_1617.html.

[42] Securities and Exchange Commission of Pakistan. Annual Report 2016 [R/OL]. (2016-11-11) [2017-09-30]. https://www.secp.gov.pk/media-center/annual-reports/.

[43] Mutual Funds Association of Pakistan. Yearbook 2017 [R/OL]. [2018-08-15]. http://mufap.com.pk/pdf/yearbook/2017/Index.html.

[44] YAQOOB A, Guangguo Sun, WAQAS B K. Fund-specific Determinants of Performance: An Empirical Study of Islamic and Conventional Mutual Funds of Pakistan [J]. International Journal of Economics and Financial Issues, 2017, 7 (5)：359-370.

[45] 田海峰，黄祎，孙广生. 影响企业跨国并购绩效的制度因素分析——基于2000-2012 年中国上市企业数据的研究 [J]. 世界经济研究，2015 (6)：111-119.

[46] 路丽. 我国制造企业海外并购动机与实现路径研究——万向集团收购 A123 和菲斯科的案例分析 [J]. 现代商贸工业，2016 (6)：43-45.

[47] 李梅. 中国企业跨国并购绩效的实证研究 [M]. 武汉：武汉大学出版社，2010.

[48] 韩坚，钱滢. 并购重组与民营经济绩效的实证研究——以江浙沪民营上市企业

为例 [J]. 中国软科学, 2012 (7): 148-158.

[49] 倪中新, 花静云, 武凯文. 我国企业的"走出去"战略成功吗？——中国企业跨国并购绩效的测度及其影响因素的实证研究 [J]. 国际贸易问题, 2014 (8): 156-166.

[50] 史红燕. 企业并购的支付方式述评 [J]. 财经问题研究, 2003 (4): 88-92.

[51] 王培东. 股权分置改革后上市公司并购支付方式研究 [J]. 北方经贸, 2008 (4): 98-99.

[52] 潘颖. 股权结构与中国上市公司并购绩效关系的实证研究 [J]. 生产力研究, 2010 (11): 92-94.

[53] 朱红军, 汪辉. 并购的长期财富效应——经验分析结果与协同效应解释 [J]. 财经研究, 2005 (9): 102-113.

[54] 颜艳旭. 上市公司溢价并购财务指标分析 [J]. 财会通讯, 2012 (2): 7-8.

[55] 曾昭灶, 李善民. 上市公司并购绩效及其影响因素研究 [J]. 世界经济, 2004 (9): 60-67.

[56] 孙晓晴. 跨行业并购和行业内并购对企业绩效影响的实证研究 [D]. 江苏: 苏州大学, 2016.

[57] 刘睿智, 周超. 并购整合对企业并购绩效影响的实证研究 [J]. 北京交通大学学报. 2014 (2): 49-57.

[58] 陈立敏, 王小瑕. 中国企业并购绩效的影响因素研究 [J]. 浙江大学学报. 2016 (6): 162-174.

[59] 李善民, 朱滔. 多元化并购能给股东创造价值吗？——兼论影响多元化并购长期绩效的因素 [J]. 管理世界, 2006 (3): 129-137.

[60] 李进龙, 吕巍, 郭冰. 制度约束、国家文化差异与企业跨国并购绩效——文化差异的竞争性中介作用 [J]. 上海管理科学, 2012 (8): 12-16.

[61] 吴津钰, 罗立. 中国国家电网海外并购成功策略分析 [J]. 南方能源建设, 2016 (3): 17-20.

[62] 王昶, 胡明华, 周文辉. 技术寻求型跨国并购中公司总部角色演化研究——基于时代电气的纵向案例研究 [J]. 科学学与科学技术管理, 2017 (3): 56-69.

[63] BRUNER R F. Does M&A pay? A survey of evidence for the Decision-Maker [J]. Journal of Applied Finance, 2002 (12): 48-68.

[64] SHLEIFER A, VISHNY R. Value Maximization and the Acquisition Process [J]. Journal of Economic Perspectives, 2003 (25): 123-140.

[65] MATSUSAKA J G. Takeover motives during the conglomerate merger wave. Journal of Economics [J]. 1993 (3): 357-379.

[66] GREGORY A. An Examination of the Long Run Performance of UK Acquiring Firms [J]. Journal of Business Finance and Accounting. 1997 (24): 971-1002.

[67] RAJAN R, SERVAES H, ZINALES L. The cost of diversity: The diversification

discount and inefficient investment ［J］. Journal of Finance，2000（1）：35-80.

［68］张丽娟. 中国与巴基斯坦电力合作的优势、挑战及前景分析［J］. 对外经贸实务，2017（9）：32-35.

［69］余新成. 巴基斯坦电力工程项目风险管理分析与研究［J］. 工程技术研究，2017（8）：174-175.

［70］高咏欣，何召滨. 跨境并购交易过程中的财务风险防范［J］. 财务与会计，2017（12）：26-28.

［71］刘辉群，邹赫. 中国电力工业对外直接投资风险与防范［J］. 海外投资与出口信贷，2016（6）：36-41.

［72］余荣华. 中国电网企业海外并购风险管理研究［D］. 北京：华北电力大学，2016.

［73］马洪厂. 巴基斯坦卡拉奇火电项目投资风险分析及防范研究［D］. 北京：华北电力大学，2016.

［74］张渝. 中国企业海外并购财务风险及相关策略研究［J］. 商场现代化，2016（10）：165-166.

［75］王一非. 中国电力海外投资分析［D］. 北京：对外经济贸易大学，2015.

［76］王洪敏. 我国资源型企业海外并购财务风险控制问题探析［D］. 南昌：江西财经大学，2014.

［77］张华玮. 我国企业海外并购财务风险控制研究［D］. 济南：山东财经大学，2014.

［78］李艾米. 资源性公司海外并购策略研究［D］. 成都：西南财经大学，2012.

［79］王莹. 企业跨国并购风险识别与防范——以吉利并购沃尔沃为例［D/OL］. 四川：西南财经大学，2012［2017-11-21］. http://kns.cnki.net/KCMS/detail/detail.aspx？dbcode = CMFD&dbname = CMFD201301&filename = 1012508541. nh&uid = WEEvREcwSlJHSldRa1FhcTdWajFsM3VKR1k1ZkdhWFNWTk02YzE5eEdjTT0 = $9A4hF_YAuvQ5obgVAq NKPCYcEjKensW4ggI8Fm4gTkoUKaID8j8gFw！！&v = MjYwMDR1eFlTN0RoMVQzcVRyV00 xRnJDVVJMS2ZiK1p1Rnlqqa1ZiM01WRjI2SExhNEZ0VElycEViUElSOGVYMUw =.

［80］许宏伟. 跨国并购的风险识别、测试及防范研究——基于我国资源型企业的分析［D/OL］. 辽宁：东北财经大学，2010［2017-11-21］. http://kns.cnki.net/KCMS/detail/detail.aspx？dbcode = CMFD&dbname = CMFD2012&filename = 1011065528. nh&uid = WEEvREcwSlJHSldRa1FhcTdWajFsM3VKR1k1ZkdhWFNWTk02YzE5eEdjTT0 = $9A4hF _ YAuvQ5obgVAq NKPCYcEjKensW4ggI8Fm4gTkoUKaID8j8gFw！！&v = MDIzMTdXTTFGckNNVUkxLZmIrWnVGeWpsVWI3SVZGGMjZIN08rRzlUT3A1RWJQSVI4ZVgxTHV4WVM3RGgxVDNxVHI =.

［81］杨健. 企业规避跨国并购风险七大原则［N］. 财会信报，2010-12-06（C04）［2017-09-30］.

［82］熊晓晴. 企业并购风险研究［D/OL］. 上海：复旦大学，2010［2017-11-25］. http://kns.cnki.net/KCMS/detail/detail.aspx？dbcode = CMFD&dbname = CMFD2011&filename =

2010185170. nh&uid = WEEvREcwSlJHSldRa1FhcTdWajFsM3VKR1k1ZkdhWFNWTk02 YzE5eEdjTT0 = $9A4hF_YAuvQ5obgVAqNKPCYcEjKensW4ggI8Fm4gTkoUKaID8j8gFw!! &v = MTE5MDg3RGgxVDNxVHJXTTFGckNVUkxLZmIrWnVGeWpsVjdyQlYxMjZIckt3RzlETHI1R WJQSVI4ZVgxTHV4WVM = .

[83] 闵剑. 企业跨国并购风险动态监测研究 [D/OL]. 湖北：武汉理工大学，2013 [2017-11-25]. http://kns. cnki. net/KCMS/detail/detail. aspx? dbcode = CDFD&dbname = CDFD1214&filename = 1013297424. nh&uid = WEEvREcwSlJHSldRa1FhcTdWajFsM3VKR1k1 ZkdhWFNWTk02YzE5eEdjTT0 = $9A4hF _ YAuvQ5obgVAqNKPCYcEjKensW4ggI8Fm4gTko UKaID8j8gFw!! &v = MjEzNTF1RnlqbFc3ckFWRjI2SGJHeEdkWE9xNUViUElSOGVYMUx1e FlTN0RoMVQzcVRyV00xRnJDVVJMS2ZiK1o = .

[84] 王飞翔. 浅析中国企业跨国并购的风险及对策 [J]. 全国商情（理论研究），2010（11）：107-108.

[85] 刘慧颖. 企业并购风险研究 [D/OL]. 辽宁：东北财经大学，2007 [2017-11-25]. http://kns. cnki. net/KCMS/detail/detail. aspx? dbcode = CMFD&dbname = CM-FD2008&filename = 2008037757. nh&uid = WEEvREcwSlJHSldRa1FhcTdWajFsM3VKR1k1Zkdh WFNWTk02YzE5eEdjTT0 = $9A4hF_YAuvQ5obgVAqNKPCYcEjKensW4ggI8Fm4gTkoUKaID8j 8gFw!! &v = MjA5MTZyV00xRnJDVVJMS2ZiK1p1RnlqbVU3dktWMTI3RnJJPN0dkYkpxSkViUE lSOGVYMUx1eFlTN0RoMVQzcVQ = .

[86] 黄利文，冷志明. 浅析企业跨国并购所面临的风险与对策 [J]. 内蒙古科技与经济，2008（18）：56-58.

[87] 王萍，荣忠萍. 论跨国并购风险控制与防范 [J]. 民营科技，2013（1）：63.

[88] 薛凤荣. 企业跨国并购风险管理的研究 [D/OL]. 天津：天津商业大学，2008 [2017-11-25]. http://kns. cnki. net/KCMS/detail/detail. aspx? dbcode = CMFD&dbname = CMFD2009&filename = 2008072944. nh&uid = WEEvREcwSlJHSldRa1FhcTdWajFsM3VKR1k1 ZkdhWFNWTk02YzE5eEdjTT0 = $9A4hF_YAuvQ5obgVAqNKPCYcEjKensW4ggI8Fm4g TkoU-KaID8j8gFw!! &v = MTkyMDVyTy9ITmpJcTVFYlBJUjhlWDFMdXhZUzdEaDFUM3 FUcldN-MUZyQ1VSTEtmYitadUZ5am1VYnJCVjEyN0Y = .

[89] 赵保国，李卫卫. 电信运营商国际化战略研究 [M]. 北京：北京邮电大学出版社，2010.

[90] 袭祥德. 中移动并购 Millicom 幕后 [J]. 商务周刊，2006（15）：72-74.

[91] 崔学刚，张敏. 公司并购尽职调查：问题与借鉴—基于中国移动收购卢森堡电信公司案例的分析 [J]. 财会学习，2012（4）：64-65.

[92] 乐宁. 中国移动巴国演绎动人篇章 [J]. 通信世界，2007（36）：23-27.

[93] 索世儒，郭永宏. 巴基斯坦与中国电信业的比较 [J]. 电信技术，2008（2）：20-23.

[94] 林季红，刘莹. 中国企业海外并购绩效研究——以并购整合为视角 [J]. 厦门大学学报（哲学社会科学版），2013（6）：115-124.

［95］ ABDUL Q M. Pak-China trade: Importance of negotiating the FTA. The Express Tribune［EB/OL］. （2015-08-24）［2017-08-30］. https://tribune.com.pk/story/943392/pak-china-trade-importance-of-negotiating-the-fta/.

［96］ AHMAD R M. The Pakistan-China Bilateral Trade: The Future Trajectory［J］. Institute of Strategic Studies Islamabad, 2017（37）: 66-89. http://issi.org.pk/wp-content/uploads/2017/04/4-Ahmad_Rashid_SS_Vol_37_No.1_2017.pdf.

［97］ AHMAD R, MI Hong. China-Pakistan Economic Corridor and Its Social Implication on Pakistan: How Will CPEC Boost Pakistan's Infrastructures and Overcome the Challenges?［J］. Arts Social Sci J, 2017（8）: 1-8. doi:10.4172/2151-6200.1000265.

［98］ BUCKLEY P J, CLEGG L J, CROSS A R, et al. The determinants of Chinese outward foreign direct investment［J］. Journal of International Business Studies, 2007, 38（4）: 499-518. http://dx.doi.org/10.1057/palgrave.jibs.8400277.

［99］ CHAUDHURY D R. The Economic Times. CPEC could destroy Pakistan economy and society［EB/OL］. （2017-05-18）［2017-09-09］. http://economictimes.indiatimes.com/news/defence/cpec-could-destroy-pakistan-economy-and-society/articleshow/58722033.cms.

［100］ CHAUDHARY M A, ABE K. Pakistan, Japan and ASEAN Trade relations and Economic Development（A Comparative Analysis）［J］. Pakistan Economic and Social Review. 2000（38）: 193-214.

［101］ CHENG L K, MA Zihui. China's Outward Foreign Direct Investment from China's Growing Role in World Trade.［M］. University of Chicago Press, 2010. 03: 545-578. http://www.nber.org/chapters/c10475.pdf.

［102］ SHABIR C. Is Cpec Economic Corridor or a Strategic Game Plan?［M/OL］, AuthorHouseUK, 2017. 06. 16［2017-10-11］. https://www.authorhouse.co.uk/Bookstore/BookDetail.aspx? Book=762340.

［103］ ERUM Z. China's investments lift FDI to $1. 733 billion in July-April. The International News［EB/OL］. （2017-03-16）［2017-09-10］. https://www.thenews.com.pk/print/204573-Chinas-investments-lift-FDI-to-1733-billion-in-July-April.

［104］ Fashionating World. Pakistan Invites Chinese Investors［EB/OL］. （2017-07-05）. ［2017-10-11］. https://www.fashionatingworld.com/new1-2/pakistan-invites-chinese-investors.

［105］ GRIFFITHS J. Just what is this One Belt, One Road thing anyway? CNN online news［EB/OL］. （2017-05-11）［2017-09-08］. http://www.cnn.com/2017/05/11/asia/china-one-belt-one-road-explainer/index.html.

［106］ GR? BLER J. " Western Balkan Countries to profit from Belt and Road Initiative". The Vienna Institute for International Economic Studies［EB/OL］. （2017-05-15）［2017-09-09］. https://wiiw.ac.at/western-balkan-countries-to-profit-from-belt-and-road-initiative

-n-219.html.

[107] JABIN T J. Deciphering the Numbers: Employment in the China-Pakistan Economic Corridor [EB/OL]. (2017-08-22) [2017-10-11]. http://www.e-ir.info/2017/08/22/deciphering-the-numbers-employment-in-the-china-pakistan-economic-corridor/.

[108] National Bureau of Statistics of China. China Statistical Yearbook 2014, 2015, 2016. China Statistics Press [DB/OL]. [2017-09-11]. http://www.stats.gov.cn/english/statisticaldata/AnnualData/

[109] Radio Pakistan. "OBOR is a great initiative and CPEC is its central project which will immensely impact on economic and political stability of Pakistan: It will also increase bilateral trade between Pakistan and China": Analysts [EB/OL]. (2017-05-17) [2017-09-09]. http://www.radio.gov.pk/17-May-2017/obor-is-a-great-initiative-and-cpec-is-its-central-project-which-will-immensely-impact-on-economic-and-political-stability-of-pakistan-it-will-also-increase-bilateral-trade-between-pakistan-and-china.

[110] SALMAN S. CPEC investment pushed from $55b to $62b. THE EXPRESS TRIBUNE [EB/OL] (2017-04-12) [2017-09-08]. https://tribune.com.pk/story/1381733/cpec-investment-pushed-55b-62b/.

[111] State Bank of Pakistan. Third Quarterly Report for the year 2016-17 of the Board of Directors of State Bank of Pakistan [R]. 2017.

[112] UNCTAD. World Investment Report 2017 [R]. 2017.

[113] World Bank. Pakistan's Investment Climate Laying The Foundation For Renewed Growth. Volume I: The Main Report [R]. 2009.

[114] Xinhua News. China-Pakistan Economic Corridor core component of Belt and Road Initiative: Pakistani PM. New China. English. news. cn [EB/OL]. (2017-05-05) [2017-09-08]. http://news.xinhuanet.com/english/2017-05/18/c_136294322.htm.

[115] Xinhua. China unveils action plan on Belt and Road Initiative [EB/OL]. (2015-03-28) [2017-09-08]. http://english. gov. cn/news/top_news/2015/03/28/content_281475079055789.htm.

[116] Xinhua News. Full Text: Vision and actions on jointly building Belt and Road, English. news. cn [EB/OL]. (2015-03-28) [2017-09-08]. http://news.xinhuanet.com/english/china/2015-03/28/c_134105858.htm.

[117] YUSUF S. Can Chinese FDI Accelerate Pakistan's Growth? [J]. The International Growth Centre. Working Paper, 2013.

[118] DOROZYNSKI T, KUNA-MARSZALEK A. Investment Attractiveness. The Case Of The Visegrad Group Countries [J]. Comparative Economic Research. 2016 (10): 119-140.

[119] GU Lulu. A Study of Chinese Overseas Mergers and Acquisitions. University of Canterbury. PHD thesis [D/OL]. 2011. https://ir.canterbury.ac.nz/handle/10092/5265.

[120] Global Telecoms Business. Interview: Wang Jianzhou of China Mobile [EB/OL].

（2009 - 07 - 28） ［2017 - 10 - 28］. https://www. globaltelecomsbusiness. com/article/b11vzfdnmm427s/interview-wang-jianzhou-of-china-mobile.

［121］ HUANG Wenbin, WILKES A. Analysis of China's overseas investment policies ［J］. Center for International Forestry Research（CIFOR）, Bogor, Indonesia, 2011: 32.

［122］ CHANG Y M. A Formal Modeling Of The Imbalance Theory To Explain Two Directions Of Foreign Direct Investment ［J］. Journal of International Business and Economy. 2004（5）: 117-132.

［122］ JAMAL M, YALDRAM F, HAYAT S. The Merger Control Review. Chapter 31 Pakistan. Law Business Research ［M］. 2012.

［123］ MA Si. Carrier set to invest ＄200m in Pakistan. China Daily ［EB/OL］. （2017-02-10） ［2017-10-28］. http://www. chinadaily. com. cn/business/tech/2017-02/10/content_28159429.htm.

［124］ MIDDLETON J. China Mobile snaps up Paktel. Telecoms. com（News） ［EB/OL］. （2007-01-22） ［2017-10-28］. http://telecoms.com/7867/china-mobile-snaps-up-paktel/.

［125］ M&A Statistics. The International Mergers and Acquisitions（IM&A） Institute ［DB/OL］. （2017） ［2017-11-23］. https://imaa-institute.org/m-and-a-statistics-countries/.

［126］ Pakistan Telecommunication Authority. Annual Report 2006-2007 and 2016-2017 ［R］. 2017.

［127］ Pakistan Telecommunication Authority, Indicators, 2017 ［DB/OL］. （2017-02-12） ［2017-10-28］. http://www.pta.gov.pk/en/telecom-indicators.

［128］ PENG Zhang. Towards an internationalized sustainable industrial competitiveness model ［J］. Competitiveness Review: An International Business Journal, 2013 （23）: 95-113.

［129］ RIZWAN I. Right Jobs website. Top 10 Telecommunication Companies in Pakistan ［EB/OL］. （2016-10-31） ［2017-11-24］. https://rightjobs. pk/blog/telecommunication-companies-in-pakistan/#4.

［130］ SOOFI AS. China's Foreign Direct Investments: Challenges of Due Diligence and Organizational Integration ［J］. Economic and Political Studies, 2015 （3）: 112-143.

［131］ The Financial Times. China Mobile Expands With Paktel Deal ［EB/OL］. （2007-01-23） ［2017-10-28］. http://www.ftchinese.com/story/001009115/ce.

［132］ WARING J. Zong earmarks ＄200 for Pakistan 3G/4G expansion. Mobile World Live ［EB/OL］. （2017-02-09） ［2017-11-23］. https://www.mobileworldlive.com/asia/asia-news/zong-earmarks-200m-for-pakistan-3g4g-expansion/.